U0678075

河北省社会科学基金项目（HB24GL015）资助

数字化转型赋能制造业企业高质量发展

理论机制与实证检验

THEORETICAL MECHANISM AND EMPIRICAL TEST

THE EMPOWERING EFFECT OF DIGITAL TRANSFORMATION ON HIGH-QUALITY DEVELOPMENT OF

MANUFACTURING ENTERPRISES

许 龙 著

社会科学文献出版社
SOCIAL SCIENCES ACADEMIC PRESS (CHINA)

前　言

在数字经济与实体经济加速融合的时代背景下，数字化转型已成为制造业企业适应全球竞争格局、推动产业升级和高质量发展的重要战略途径。制造业作为国民经济的支柱产业，面临着提升创新能力与实现可持续发展的双重任务。在此情境下，如何依托数字技术实现组织结构优化、开展绿色创新实践、促进资源协同配置，并在充分考量区域、行业及企业特质基础上，有效推动数字化转型赋能制造业企业高质量发展，是本书聚焦的关键问题。

为此，本书采用理论分析、文献计量、内容分析与定量实证等研究方法，将我国制造业企业沪深 A 股上市公司作为研究对象，构建理论模型，开展实证研究，分析发现，CEO 自恋特质能够显著促进制造业企业数字化转型；同时，数字化转型有助于推进制造业企业实现突破式创新与绿色创新等，在这一过程中，人力资本重构、动态能力形成等发挥着重要作用，政策环境、市场环境等具有重要的调节效应。在此基础上，本书进一步聚焦高碳企业这一制造业群体，识别并检验了数字化转型赋能高碳企业碳绩效提升的四种模式，并验证了其通过促进环境信息披露实现绿色形象重构的作用机制。

整体而言，本书拓展了数字化转型赋能制造业企业高质量发展的理论研究，构建了“驱动因素—技术赋能—管理变革—组织后果”的跨层次机制模型，从 AMO 理论、信号理论和有限理性视角，为数字化转型研究提供了较为系统的理论阐释。在实践层面，可为制造业企业制定差异化转型策略和组织变革方案提供实证依据，也可为政府部门和行业监管机构优化产业政策、完善绿色制度提供参考，对推动我国制造业在数字经济时代实现可持续、智能化和绿色化发展有一定的指导意义。

目　录

导　论

第一节　研究背景与问题提出

在全球新一轮科技革命与产业变革的大背景下，新一代数字技术正以前所未有的速度深度融入制造业，引发了全球制造业格局的深度变革。大数据、云计算、人工智能、物联网等新兴技术的蓬勃发展，不仅重塑了行业竞争格局，也促进制造业企业在生产模式、组织架构和商业模式等方面发生了全面变革。数字技术的广泛应用，为制造业企业提供了全新的发展机遇，也带来了前所未有的挑战。

在这一浪潮中，数字化转型（Digital Transformation）已成为制造业企业实现可持续发展的核心战略选择。数字化转型不仅是对传统业务流程的数字化升级，更是一场涉及组织结构、业务流程、商业模式和产业生态的全方位变革（曾德麟等，2021；吴江等，2021；朱秀梅和林晓玥，2022）。通过数字化转型，企业能够打破传统的组织边界，构建跨部门、跨平台、跨产业的协同创新网络，从而在快速变化的市场环境中保持敏捷性和创新能力。这种转型不仅有助于企业提升生产效率和产品质量，还能推动企业在商业模式创新、客户服务优化等方面取得突破。

从全球范围来看，企业对数字化转型的投入持续增加，关注度也不断提升。Fitzgerald 等（2020）指出，全球范围内约 40%的技术支出用于数字化转型，仅 2019 年企业就投入 2 万亿美元。即便在 2020~2022 年全球经济发展面临巨大压力、52%的企业削减开支的情况下，仍有超过 90%的企业维持或增加了在数字化转型方面的投入。世界经济论坛（World Economic Forum）的调查数据显示，到 2025 年全球平台经济规模将达 100 万亿美元，其中约 2/3 来自数字化转型所带来的贡献。同时，预计约 90%的新企业应用将融入人工智能技术，进一步推进企业数字化转型。然而，尽管数字化转型的重要性已得到广泛认可，但全球范围内仅 21%的企业成功实现数字化转型，大部分企业仍处在探索过程中。

数字化转型的实践表明，数字技术的应用能够帮助制造业企业突破传统行业边界，实现产品、服务和价值链的重塑（Bughin，2017；Cozzolino 等，2018）。以美国科技巨头苹果（Apple）、微软（Microsoft）、亚马逊（Amazon）、谷歌（Alphabet）及脸书（Facebook）为例，它们利用数字技术对传统行业进行深度改造和跨界创新，不仅拓展了业务范围，还提升了市场竞争力和全球影响力（Iansiti 和 Lakhani，2020；Venkatraman，2017）。对于制造业企业而言，数字化转型的价值不仅体现为生产运营效率提升，还体现为供应链协同、营销模式创新和客户服务优化等。随着数字技术的不断发展和应用场景的日益丰富，数字化转型对企业的影响呈现因果关系复杂、路径多样化和交互作用显著等特点（Barrett 等，2015）。

与此同时，世界各国纷纷将制造业数字化转型作为提升国家竞争力和推动经济发展的重要战略，如美国提出的“工业互联网”战略、德国推出的“工业 4.0”计划，以及中国的“数字中国”等政策举措，旨在通过推动数字技术的广泛应用，实现制造业等实体经济与数字经济的深度融合，提升制造业的智能化、绿色化和服务化水平，从而实现高质量发展。这些政策举措的出台，为制造业企业的数字化转型提供了有力的支持和发展机遇。然而，不同企业在经营规模、技术基础、管理水平和组织文化等方面存在差异，进而在数字化转型过程中的进展和成效也存在显著差异（Cennamo 等，2020；Fraser 和 Ansari，2021）。

从宏观层面来看，中国制造业正处于从高速增长转向高质量发展的关键时期。高质量发展不仅要求提升经济效率和创新能力，还强调企业在绿色发展、社会责任和可持续发展方面的责任与担当。随着“双碳”战略的深入实施，制造业企业面临着节能减排和绿色转型的多重挑战。在这一背景下，制造业企业如何通过数字化转型赋能高质量发展，已成为学术界和实践界共同关注的重要课题。目前学术界对这一领域的研究仍存在一定的局限性。第一，数字化转型与高质量发展之间的内在激励机制尚不明晰。数字化转型涉及企业内部技术、组织、管理等多方面、全方位的系统变革，同时也受到外部产业生态、政策环境等因素的影响。然而，当前对于数字化转型如何影响企业绩效、创新能力与可持续发展的内在机制，仍旧缺乏系统的理论梳理与经验证据。第二，数字化转型的赋能路径与过程复杂多样。数字技术的多样性及其组合模式的复杂性，决定了制造业企业数字化转型的路径和方式具有多样性特征。从生产自动化到业务流程再造，从供应链协同到商业模式创新，数字化转型的路径选择对企业高质量发展的影响机制和作用效果存在差异。第三，企业内外部环境因素的调节作用有待深入探索。除了技术因素外，企业领导力、战略导向、组织文化和资源配置，以及外部的制度环节、市场竞争和产业链协同等因素，都会对数字化转型与高质量发展之间的关系产生调节作用。然而，现有研究较少从多维度视角综合分析这些内外部因素的影响机制。第四，数字化转型的前因与后效研究仍需要进一步拓展。在数字化转型的过程中，制造业企业想要实现高质量发展，必须兼顾绿色发展和创新突破的双重目标。数字技术如何促进企业节能减排、绿色创新和突破式创新，以及在提升核心竞争力的同时实现可持续发展等，仍是亟待深入研究的重要问题。

综上所述，本书以“数字化转型赋能制造业企业高质量发展”为核心主题，从多维度系统分析数字化转型对制造业企业高质量发展的影响机制、实施路径和经济后果。通过综合运用理论分析和实证研究方法，结合企业战略、组织管理、外部环境等关键因素，深入探讨数字化转型和高质量发展之间的内在关联。本书不仅有助于丰富数字化转型、高质量发展、信息技术等相关领域的研究成果，也可为政策制定者、企业管理者等提供具有针对性的决策建议，从微观层面助力制造业企业在数字化时代实现高质量发展。

第二节　研究目标、内容与意义

一　研究目标

本书聚焦制造业企业数字化转型与高质量发展之间的内在关联，综合运用文献分析、定量实证、案例研究等方法，全面且深入地回答“数字化转型赋能制造业企业高质量发展”这一核心命题，即在数字经济背景下，制造业企业的数字化转型受到哪些因素的影响，会产生哪些组织后果？如何实施数字化转型以规避其潜在风险并最大化利好？

针对以上研究问题，本书从理论构建、实证检验和实践参考三个层面进一步细化目标。

第一，搭建系统理论与分析框架。以现有相关文献为基础，综合运用内容分析法、文献计量法等方法，以求在“资源—能力—结果”框架下全面细致地梳理制造业企业数字化转型的前因变量和组织后果，以及在“准备期—应用期—跃迁期”阶段下明晰制造业企业数字化转型的实践路径，从而构建起具有系统性和前瞻性的数字化转型研究框架，为后续研究提供坚实的理论支撑和分析范式。

第二，深度探究赋能机制与权变要素。借助定量实证研究与定性研究相结合的方式，深入考察数字化转型对企业微观层面行为和绩效产生的影响效果与内在机制。一方面，详细分析管理者特质、内部资源与能力等内部要素在数字化转型中的作用机制；另一方面，精准剖析环境规制、市场竞争等外部情境发挥的调节效应。同时，充分考量制造业企业在规模、行业属性、产权性质、区域环境等方面存在的异质性影响，从而为后续制定针对性转型策略提供经验证据。

第三，提出具有综合性、针对性的对策建议。一方面，立足理论与实证研究的结论，从企业微观运营、行业中观协调及政府宏观政策三个层面提出制造业企业数字化转型赋能高质量发展的策略与建议。另一方面，聚焦高碳企业这类特殊制造业群体，在资源局限与任务艰巨背景下，识别不同数字技术组合潜在的碳绩效提升效应及其对绿色形象重塑的影响，进而为高碳企业绿色转型提供更切实可行和具有高度操作性的策略建议。

二　整体框架与研究内容

为系统化探索数字化转型赋能制造业企业高质量发展的内在逻辑与作用机制，遵循“驱动因素—技术赋能—管理变革—组织后果”的逻辑线索，理论分析与实证研究相结合，构建并检验相应理论模型，整体研究框架如图 0-1 所示。

首先，数字化转型是本书的核心议题，既包括对组织结构与业务流程的重塑，也涵盖了基础技术应用与生态协同模式的创新。为明晰这一核心概念，第一章至第二章开展理论综述与文献分析，对其概念内涵、影响因素和实施路径等进行研究。第一章聚焦数字化转型与高

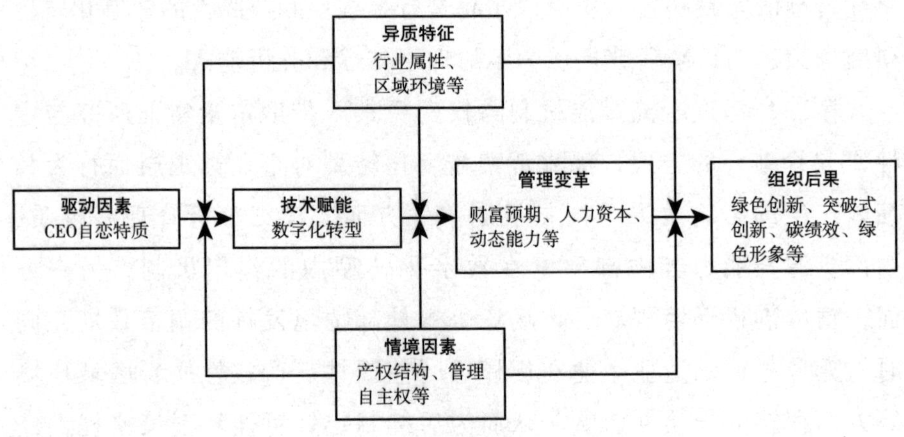

图 0-1　整体研究框架

质量发展的理论基础与文献综述，明确关键概念、理论脉络与研究范畴，重点从企业战略与领导、组织内部机制、生态环境与协同发展三个维度夯实分析基础，并对数字化转型、高质量发展的概念和发展脉络进行界定。第二章在“资源—能力—结果”框架下运用内容分析法，深入挖掘和归纳制造业企业数字化转型的主要影响因素，并基于企业生命周期理论梳理数字化转型的阶段特征及实现路径，从而为企业实践及后续研究奠定理论基础。第三章采用 CiteSpace 数据可视化分析软件，开展关键词共现与聚类分析，进一步刻画制造业企业数字化转型的阶段演化规律，并构建“准备期—应用期—跃迁期”的协同路径研究框架，阐述外部驱动和内部基础等在企业数字化转型不同阶段的作用机理。

其次，基于理论分析，第四章在对我国制造业企业数字化转型与高质量发展现状进行分析的基础上，探析制造业企业数字化转型赋能高质量发展的驱动因素、内在机制与边界条件。第五章以企业层面微观特征为切入点，聚焦 CEO 自恋特质这一高层管理者特质，探索其在推进数字化转型过程中的驱动作用及具体机制，并检验与融资约束、财富预期等相关的中介机制。第六章进一步关注数字化转型对企业突破式创新的影响效应与内在机制，以人力资本为核心中介机制，阐明数字化转型在激活内部资源、促进技术跃迁和实现突破式创新中的核心地位，并辨析所有权、地区和科技属性等异质性差异。第七章从绿色创新出发，检验数字化转型与绿色创新之间的关联机制及边界条件，尤其是关注动态能力、环境规制和市场竞争等在其中的作用效果，阐明数字化转型赋能制造业企业绿色转型的内在逻辑。第八章和第九章进一步聚焦高碳企业这一制造业群体，一方面借助 fsQCA 和面板回归方法深入分析人工智能、区块链、云计算和大数据等数字技术组合对碳绩效提升的组态差异与作用机制；另一方面聚焦高碳企业绿色形象重塑这一主题，探索数字化转型对高碳企业绿色形象的影响效应及环境信息披露的中介机制，分析了环保背景的调节效应，进一步丰富了数字化与绿色化交互发展的研究维度。

最后，在前述理论与实证研究的基础上，对全书的核心发现与主要贡献进行归纳总结，明确数字化转型赋能制造业企业高质量发展的关键机制和作用逻辑，并结合研究中存在的不足提出未来可行的研究方向与管理建议。

三　创新之处与理论价值

本书围绕制造业企业数字化转型与高质量发展的互动机理，从高阶梯队理论、AMO 理论、动态能力理论、信号理论与组态分析等多元视角，系统探讨了从“决策驱动—技术赋能—能力进化—价值创造”的全链条过程，具有以下理论意义。

第一，构建多元理论整合框架，拓展数字化转型研究的深度与广度。在整合高阶梯队理论、有限理性理论与行为战略的基础上，一方面，将心理学中的“CEO 自恋特质”纳入数字化转型决策过程中，通过“心理特质—认知偏差—战略决策”三阶段分析揭示了 CEO 自态特质对数字化转型决策的跨层传导机制。另一方面，基于AMO（能力—动机—机会）框架，进一步探讨了数字化转型重塑人力资本多维度协同效应。此外，从动态能力理论出发，揭示环境感知、资源获取与能力重构等动态过程对绿色创新的驱动路径。

第二，深化对技术协同与组织能力演化的研究，为“技术—组织—绩效”关系提供新洞见。通过组态分析方法，细化了人工智能、区块链、云计算、大数据等关键技术的协同组合模式及其在“低碳化”与“绿色形象”构建中的差异化影响，拓展了对单一技术或整体数字化的研究视野。一方面，不同技术在可信数据、实时检测与智能分析等环节存在互补优势，通过功能耦合产生“1+1>2”的协同增益，推进企业碳绩效提升。另一方面，以信号理论为视角，识别了数字化转型在增强数据透明度、环境信息披露与战略叙事能力方面的微观机制，阐明了“技术—组织—绩效”多维联动的动态演化规律。

第三，完善对数字化转型在“创新—绿色”双元目标中的情境适用性研究，拓展可持续竞争优势理论。制造业企业在数字化转型中不仅追求经济绩效，还面临绿色发展、社会责任及长期可持续竞争力的多重目标。本书从突破式创新、绿色创新与碳绩效等多元维度出发，系统分析了数字化转型如何通过人力资本重塑、动态能力培育及高管特质激发等机制，实现“创新升级”与“绿色转型”的双元共生。一方面，识别环境规制、市场竞争、高管环保背景等外部与内部边界条件的交互效应；另一方面，将数字化转型纳入可持续竞争优势理论的核心分析范畴，提出了技术赋能、组织治理与生态协同多重要素共进的新型演化路径。该研究不仅为学界提供了关于“创新—绿色”双元耦合的一体化分析框架，也为企业与政策制定者应对数字经济时代的挑战提供了理论指引。

综上所述，通过多理论视角的交叉整合、关键技术组态分析以及对边界条件的细致检验，系统揭示数字化转型赋能制造业企业实现高质量发展的内在机理与关键路径，既为学术研究提供了多维度范式，也为产业实践和政策制定提供了扎实的理论支撑与可行的实践指引。

第三节　研究方法与技术路线

一　研究方法

本书聚焦制造业企业数字化转型与高质量发展这一研究领域，采用理论研究、案例研究与实证研究相结合的混合研究范式，具体采用了以下研究方法。

第一，文献研究与理论分析法。该方法是组织与管理研究中常用的定性研究方法。通过系统收集、分类和分析相关学术文献、政策文件及企业报告，梳理已有研究的知识脉络、主要观点和不足。本书运用此方法，梳理国内外数字化转型、高质量发展等领域的文献，挖掘企业战略与领导、组织内部机制、生态环境协同等关键理论以构建理论基础与分析框架。同时，对数字化转型、高质量发展、突破式创新、绿色创新等核心概念进行界定和内涵剖析，提炼影响因素与作用机制，为实证研究奠定理论基础。

第二，内容分析法。该方法通过对文本（包括学术文献、公开报道、企业年报、政策文件等）进行系统编码、分类和归纳，以提炼关键主题、概念、变量及其相互关系的研究方法。该方法具有较高的可重复性与客观性，有助于探索研究领域的整体脉络和挖掘文本潜在结构。本书运用内容分析法，对已有文献和典型企业案例进行文本编码，结合“资源—能力—结果”理论框架提炼数字化转型的前因变量和阶段性实践特征，为构建转型实施路径提供基础。

第三，数据可视化与文献计量法。该方法借助 CiteSpace 工具对海量文献进行关键词共现、聚类分析和突现词检测，以揭示学术领域的研究热点、演化趋势和学术结构。运用该方法，分析与“数字化转型”“制造业企业高质量发展”等相关的核心期刊及主要数据库文献，把握研究热点词的演变规律及相互关系，确定研究切入点。通过关键词聚类和可视化网络分析，明确“准备期—应用期—跃迁期”中的关键任务与协同机制。

第四，定量实证研究。该方法以大样本数据为基础，运用统计学与计量经济学方法，检验变量之间的因果关系、作用路径机制和边界条件。运用面板数据回归分析（包括固定效应、异质性分析、稳健性检验、内生性检验等方法），收集制造业 A 股上市公司的财务数据、专利数据和企业年报披露信息，实证测度数字化转型程度与创新绩效的相关性及内在机制。

第五，模糊集定性比较分析（fsQCA）。该方法是兼具定量与定性研究优势的综合性方法，能在多元复杂条件下识别不同变量组态对结果变量的影响。与传统回归分析关注单个因素对结果变量的边际效应不同，fsQCA 更注重“要素组合”与“因果复杂性”。运用 fsQCA 方法，针对高碳企业应用人工智能、区块链、云计算、大数据等技术的情境，探索不同技术配置下的碳绩效变化规律，揭示“单一技术”与“多技术协同”对高碳企业碳绩效的差异化影响。基于 fsQCA 的因果组态分析，对比识别不同类型或规模企业在数字化转型中的成功路径，为制定差异化管理策略与政策提供依据。

二　技术路线

本书的研究内容与技术路线如图 0-2 所示。

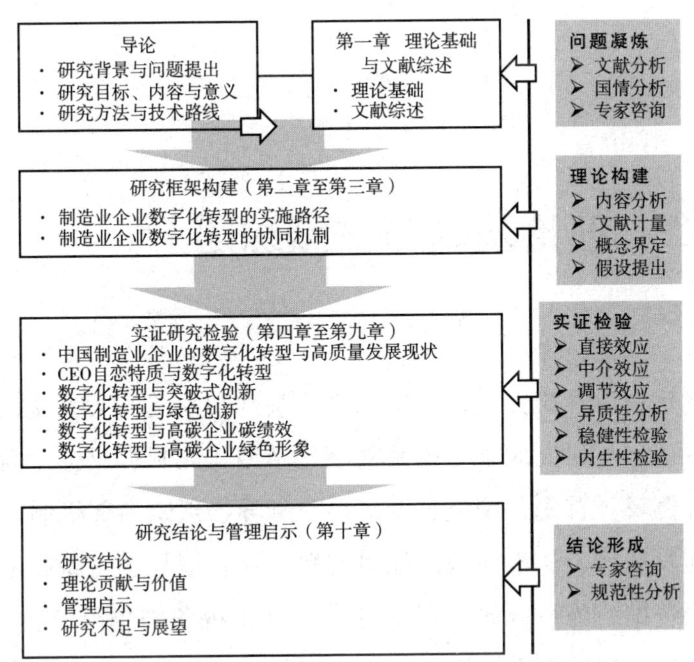

导论
· 研究背景与问题提出
· 研究目标、内容与意义
· 研究方法与技术路线
第一章 理论基础与文献综述
· 理论基础
· 文献综述
研究框架构建（第二章至第三章）
· 制造业企业数字化转型的实施路径
· 制造业企业数字化转型的协同机制
实证研究检验（第四章至第九章）
· 中国制造业企业的数字化转型与高质量发展现状
· CEO自恋特质与数字化转型
· 数字化转型与突破式创新
· 数字化转型与绿色创新
· 数字化转型与高碳企业碳绩效
· 数字化转型与高碳企业绿色形象
研究结论与管理启示（第十章）
· 研究结论
· 理论贡献与价值
· 管理启示
· 研究不足与展望
问题凝炼
➢ 文献分析
➢ 国情分析
➢ 专家咨询
理论构建
➢ 内容分析
➢ 文献计量
➢ 概念界定
➢ 假设提出
实证检验
➢ 直接效应
➢ 中介效应
➢ 调节效应
➢ 异质性分析
➢ 稳健性检验
➢ 内生性检验
结论形成
➢ 专家咨询
➢ 规范性分析

图 0-2 研究内容与技术路线

第一章　理论基础与文献综述

本章旨在为本研究提供坚实的理论基础和系统的文献支撑，通过梳理相关理论与研究成果，阐明数字化转型赋能制造业企业高质量发展的核心逻辑。首先，围绕企业战略与领导、组织内部机制、生态环境与协同发展等，从不同视角探讨与数字化转型与企业高质量发展相关的理论基础，为后续研究形成综合性理论视角与框架支撑。其次，聚焦数字化转型的概念、影响因素及组织后果，结合现有研究深入分析其多维内涵与关键驱动因素。最后，基于高质量发展的政策背景与学术界对其内涵的多角度解读，明确制造业企业高质量发展的概念及其影响因素，并剖析其经济与社会效益。

第一节　理论基础

数字化转型是一项复杂的系统工程，不仅包括战略目标的设定，还要求优化组织内部机制并获得生态环境的协同支持。在推动创新模式和绿色发展方面也扮演着至关重要的角色。鉴于此，为了系统地分析数字化转型赋能制造企业高质量发展的理论基础，本节将从三个维度进行分析。首先，从企业战略与领导的角度出发，基于高阶梯队理论、资源基础论和动态能力理论探讨高层领导在战略决策中的核心作用，以及资源整合与能力重构驱动数字化转型的潜在机制。其次，从组织内部机制的视角，结合社会技术系统理论、组织学习理论和技术接受模型，分析数字化技术与组织行为之间的相互作用，并揭示其对企业转型效果和高质量发展的深远影响。最后，从生态环境与协同发展的角度，依托商业生态系统理论、价值共创理论和交易成本经济学理论，阐释在数字化背景下制造企业通过外部协作实现价值增值和效率提升的潜在路径。通过上述理论的综合梳理与整合，本节不仅为数字化转型与高质量发展的研究提供了系统化的理论框架，还揭示了各层面理论之间的内在逻辑联系，为后续的实证分析奠定了坚实的理论基础。

一　企业战略与领导

数字化转型作为企业应对外部环境变化、重塑竞争优势的重要战略，离不开清晰的战略目标指引和高效的领导决策支持。本部分聚焦企业战略与领导，从高阶梯队理论、资源基础论与动态能力理论三个理论框架出发，探讨企业在数字化转型中实现战略与资源的动态匹配的决策基础。高阶梯队理论提供了洞察高管特质与战略决策之间关系的重要视角，强调领导者的个性、认知偏好和行为模式在企业数字化转型中对战略决策的影响。资源基础论进一步揭示，企业在高度不确定的数字化转型环境中获取持续竞争优势的关键在于其对稀缺资源的识别、积累与有效利用。与此同时，动态能力理论则突出企业应对外部环境变化的适应性与动态性，强调企业通过感知、把握与重构资源实现自身的持续创新与变革。通过整合这三大理论视角，本部分从企业战略规划到资源配置的全链条探讨数字化转型的动力机制与影响路径，为理解企业借助战略与领导力实现数字化能力重塑提供了理论依据。

（一）高阶梯队理论（Upper Echelons Theory）

高阶梯队理论最初源于组织行为学与管理学领域对领导力及其决

策的探讨，其缘起与发展和管理学思潮趋于一致（长青等，2024）。早期受泰勒提出的科学管理理念限制，管理者的决策被视为完全理性的产物，未关注可能由个体差异带来的潜在影响。随着行为科学的发展，学者逐渐意识到个体行为和决策并非完全理性，会因个体差异而不同，进而影响组织行为与决策。在这一趋势下，有限理性理论（Bounded Rationality Theory）被提出，认为个体在面对复杂环境时并非完全理性，而是受其认知能力限制做出有限理性决策（Conlisk，1996）。受有限理性理论影响，为探索高层管理者对企业绩效与决策的深层影响，Hambrick 和 Mason 于 1984 年首次提出“高阶梯队理论”这一概念。其核心观点是将组织视作高层管理者的镜像（The Organization as a Reflection of Its Top Managers）。在这一奠基性研究中，两位学者认为，组织的战略决策与绩效在很大程度上受高层管理者及其团队的年龄、职业轨迹、教育经历等个人特征制约（Hambrick 和 Mason，1984）。这种影响的内在机制源于高层管理者及其团队基于个人特征的差异而对组织内外部环境进行独特的解读，并据此作出差异化战略选择，机制如图 1-1 所示。

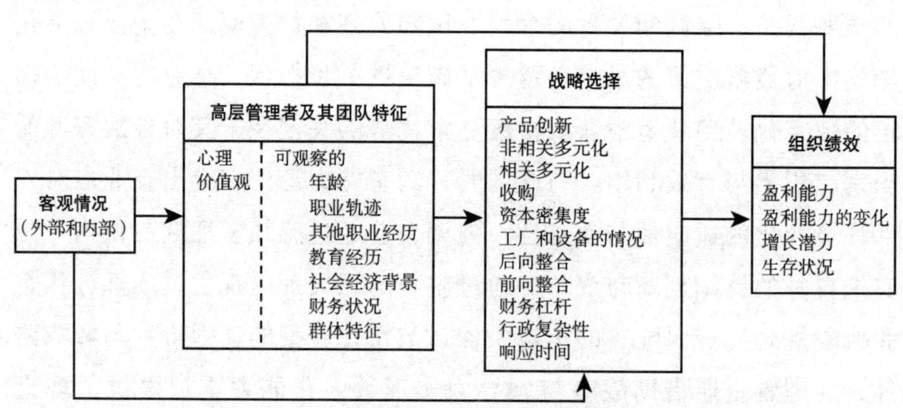

图 1-1　Hambrick 和 Mason 的高阶梯队理论

资料来源：（Hambrick 和 Mason，1984）。

图 1-1 借助结构化框架，详细阐述了高阶梯队理论在将外部环境与组织绩效相联系的过程中所发挥的作用的逻辑链条，并强调了高层管理者及其团队特征在战略选择及组织绩效中的决定性影响。在应对组织所面临的复杂内外部环境时，高层管理者及其团队会因认知基础、价值观等心理因素以及年龄、教育经历、职业轨迹等人口统计学特征的差异，作出不同的战略选择。这些战略选择包括但不限于多元化战略、一体化战略等，从而导致了组织绩效在盈利能力、增长潜力与生存状况等方面的显著差异。

在此基础上，Carpenter 等（2004）更加全面地剖析了高层管理者及其团队构成的前因、要素和后果，并形成了如图 1-2 所示的理论框架。

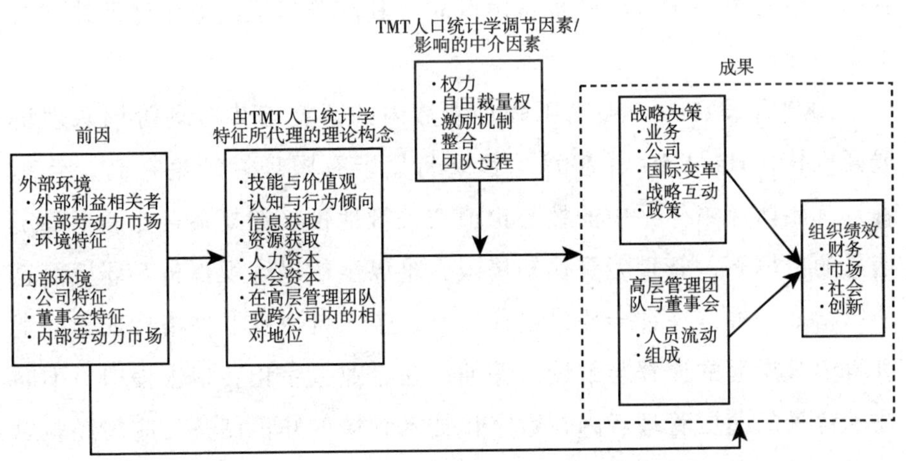

图 1-2 Carpenter 等的高阶梯队理论

资料来源：（Carpenter 等，2004）。

在前因维度，Carpenter 等（2004）进一步细化了组织所面临的客观内外部环境，外部环境包括外部利益相关者、外部劳动力市场与环境特征等，内部环境包括公司特征、董事会特征、内部劳动力市场等，两者形成了高层管理者及其团队所面临的客观世界，对管理决策及其效能具有重要影响。在要素维度，Carpenter 等（2004）识别了高层管理者及其团队由人口统计学特征所代理的理论构念（Theoretical Constructs），包括技能与价值观、认知与行为倾向、信息获取、资源获取、人力资本、社会资本、在高层管理团队或跨公司内的相对地位等。在后果维度，Carpenter 等（2004）将其分为战略决策（如业务、公司、国际变革、战略互动、政策）、高层管理团队与董事会（如人员流动、组成）及组织绩效（财务、市场、社会、创新）。除此之外，Carpenter 等（2004）创新性地提出了高层管理者及其团队对企业相关产出的影响并非简单线性关系，还受到权变因素的影响。这些权变因素包括自由裁量权（Discretion）、激励机制（Incentives）、团队过程（Team Process）等。比如，当高层管理者及其团队享有更高水平的管理自由度时，其高管特征能够更好地体现在组织绩效中。

2007 年，Hambrick 基于彼时领域内的研究态势对高阶梯队理论展开重构。Hambrick（2007）着重凸显了有限理性理论在高层管理者及其团队决策体系中的核心价值与关键地位。在复杂且充满不确定信息的情境下，管理者受认知局限，难以全然以客观视角对环境信息予以精准把握，往往会凭借以往经验、个人价值观及性格特征等要素进行主观层面的诠释与解读。譬如，在企业数字化转型进程中，不同技术背景的高层管理者因在数字化技术领域的知识储备与应用经验以及思维模式的差异，会对相同的数字化转型趋势与技术变革信号有截然不同的认知与理解，进而制定差异化的数字化转型规划与管理决策路径（徐梦等，2024）。

不仅如此，这种基于有效理性所形成的决策范式，其影响力并非局限于单一的管理决策事件，而是会深度渗透至组织的战略遴选与绩效产出等全流程。鉴于组织战略本质上是由一系列相互关联且层层嵌套的管理决策构成，这些决策无一例外地会受到管理者有限理性的强力约束与深刻塑造。此影响的作用机制主要受制于两大核心权变因素——管理自由度（Managerial Discretion）和执行工作需求（Executive Job Demands）。所谓管理自由度，即高层管理者在组织决策制定和行动实施进程中所掌握的自主决策空间与权力作用范围；而执行工作需求则表征着高层管理者在履行职责过程中所面临的各类复杂挑战以及工作压力负荷。以企业数字化转型这一典型情境为例，当高层管理者享有较高的管理自由度时，那些具备创新特质与冒险精神的高层管理者将更具倾向性与可能性去果敢地调配资源，大力推动企业全面开展数字化变革，并显著加快转型的节奏与速率；相应地，当高层管理者所面临的执行工作需求处于较低水平时，他们能够更从容且深入地对数字化转型方案进行全方位评估与精细化调整，从而有效地促进组织内部的创新活力释放与适应性调整，最终助力企业成功实现数字化转型战略目标，并确保稳定的产出与持续的绩效提升。

上述具有奠基性意义的学术文献，为后续学者在高阶梯队理论框架下开展实证研究奠定了坚实的理论基石。由此也引发了大量聚焦高层管理者及其团队特征与组织绩效产出之间的作用机制的实证研究，呈现多学科交融与跨领域交叉的显著特征。

一是高阶梯队理论显著拓展了高管特征的理论维度空间。基于该理论，大量学者深度挖掘了高层管理者的个人特征要素，将组织战略决策进程中有关键作用的CEO、董事等个体纳入理论视域范畴。

二是在个人特质剖析的基础上，进一步关注群体层面的特征变量，如高层管理团队在年龄、学历、工作经验等维度上的异质性特征，以及董事会层面的异质性特征对组织绩效和成长能力的潜在影响。

三是高阶梯队理论的应用领域也日趋多元化与广泛化。在国际业务领域，Popli等（2022）通过系统梳理基于高阶梯队理论的企业国际化决策与绩效相关研究成果，明确指出高层管理团队特征对企业国际化决策及其绩效表现有决定性的作用。在新兴市场研究情境下，Peng 和 Luo（2000）发现，由管理者与其他企业高层管理人员以及政府官员之间构建的微观人际关系网络有助于提升组织绩效水平，且会因所有制类型差异、所处产业特性、企业规模等因素的变化而呈现出显著的差异性特征。

四是心理学、社会学、经济学等学科理论和方法与高阶梯队理论相互融合，从不同视角诠释了高层管理者及其团队行为决策机制对组织层面关键绩效的作用路径。企业数字化转型、社会责任与可持续发展等新兴研究主题不断涌现。例如，王象路等（2024）基于数字战略认知框架的研究表明，高层管理者及其团队所具备的信息技术背景能够显著推进企业数字化转型，冗余资源、环境动态性及其联合作用能够正向调节此促进效应，并且这一效应的实现依托于企业数字化创新、战略资源变动及商业模式转型等内在机制。

五是在对相关研究主题与现象的探讨过程中，研究方法亦实现了持续创新与优化升级，通过整合问卷调查、案例研究、实验研究、纵向研究等多种方法的优势，为确保高阶梯队理论的有效性提供了更为丰富多元且坚实可靠的实证依据。

（二）资源基础论（Resource-Based Theory）

资源对组织成长与发展至关重要，一直是组织与管理学者关注的焦点问题之一。独特资源不仅能增强组织的竞争优势，还可减少其对外部环境的依赖。尤其是面对不稳定、不确定、复杂的外部环境时，企业要突破环境约束，就必须广泛吸收外部资源、充分挖掘内部资源，以推进自身能力持续升级，实现跨越式发展。然而，资源的获取、维持与有效配置并非易事。在当今社会，企业利益相关者日趋多样，各行为主体也日趋多元，这进一步增加了内外部资源有效配置与协调的难度。因此，现代企业如何通过有效管理内外部资源以适应资源情境，从而在激烈竞争中获取并维持竞争优势，已成为学者和实践者广泛关注的焦点问题。其中，资源基础论是最为重要的理论之一。

资源基础论的起源可回溯至20世纪50年代末。1959年，Penrose在《企业成长理论》书中提出“企业是资源集合”的创新性见解（Penrose，2009），为资源基础论的萌生构筑了基石。1984年，Wernerfelt开创性地提出资源基础观（Resource-Based View，RBV），这一理念的提出使得企业竞争优势来源的探索视角发生重大转变，从以往聚焦外部宏观和产业环境转向内部资源（Wernerfelt，1984）。在以往针对企业竞争优势获取的学术研究中，学者们惯常将研究重心置于企业外部环境要素，如产业结构、市场竞争态势等。而资源基础观的问世，彻底扭转了这种传统研究范式，促使众多学者尝试从企业内部的资源与能力维度去挖掘竞争优势的根源。在这一发展阶段，学者们的研究呈现零散性且个体性特征。他们将有形的物质资源以及无形的知识、技术等资源纳入战略考量范畴，逐步认识到企业所掌控资源的独特性及资源的合理配置对于增强竞争优势而言具有至关重要的基础性作用（张璐等，2023）。

直至1991年，Barney在整合既有研究成果的基础上，进一步聚焦资源特性，提出了极具影响力的VRIN框架（Barney，1991）。该框架强调，企业若想获取并维持竞争优势，关键在于拥有具备价值性（Value）、稀缺性（Rarity）、不可模仿性（Imitability）和不可替代性（Non-Substitutability）的资源。从内涵层面剖析，资源的价值性着重体现在其能够赋能企业敏锐洞察并有效利用外部环境所潜藏的机会，同时有力抵御外部环境中所滋生的威胁，从而确保企业在复杂且动态变化的外部格局中维持相对稳定的发展态势。稀缺性表征为相关资源在行业竞争格局中呈现出的独特稀缺态势，即该资源为竞争对手所匮乏或仅为极少数竞争对手所持有，此稀缺特质构成企业竞争优势的关键差异化要素。不可模仿性强调企业所拥有的这类资源具有高度独特性，其内在的属性组合、结构范式或形成机制等具有显著的复杂性、历史依赖性，致使其他企业难以通过常规手段对其进行精准复制与模仿，进而为企业在市场竞争中构筑起“模仿壁垒”。不可替代性凸显了这类关键资源在企业运营与竞争战略实施过程中所发挥功能与价值的独一无二性，即不存在其他等效资源能够全然替代其在企业价值创造与竞争优势塑造过程中的核心角色与关键作用。借助对资源 VRIN 特性的精准界定与深度理解，企业在战略资源管理实践中得以更为精准且高效地甄别出那些具有战略价值潜能、有可能成为竞争优势源泉的核心资源。基于此，企业能够以更为科学严谨、合理有序的方式对这些关键资源进行全面管理、优化配置和高效利用，为企业在作出与资源相关的决策提供了理论依据与实践指导。

20 世纪 90 年代，资源基础论研究迎来了快速发展阶段。在这一时期，众多学者积极投入到对该理论的深度钻研之中。其中，极具代表性的当数 Peteraf（1993），他从经济学视角对资源基础论展开阐述，进一步对资源基础论的核心概念以及理论框架进行了系统且严谨的剖析。具体而言，他着重强调，企业若要获取和维持竞争优势，需满足以下四个关键条件。一是资源异质性。在企业运营过程中，不同企业之间所拥有的资源以及生产要素存在差异，这会使得部分企业能够凭借其掌握的优质资源获得相应的租金。其中，一部分租金表现为“李嘉图租金”，其产生根源在于资源的稀缺性；另一部分则体现为“垄断租金”，主要源于企业所具备的市场权力和产量限制。二是事后竞争限制。资源异质性通过因果模糊、历史依赖等隔离机制，具备了难以模仿且不完全替代的特征。正是这些特征的存在，资源能够长久维持其异质性特征，有效防止因竞争而致使所获取的租金消失的情况，从而保障企业能够持续受益于这种资源优势。三是不完全流动性。资源的不完全流动意味着特定资源无法在市场上自由交易。这一特性至关重要，它确保了相应资源能够长期被企业持有和使用，且在此过程中，潜在租金由企业和资源所有者共同分享，为企业维持稳定的收益奠定了基础。四是事前竞争限制。企业在着手建立竞争优势之前，必须确保其他企业尚未意识到竞争优势地位的重要性，同时也没有展开激烈竞争。唯有满足这一前提条件，企业才能确保因获取竞争优势所带来的预期回报不会因竞争而被消耗殆尽，进而实现预期的收益目标，稳固自身的竞争优势地位。

到 21 世纪初，资源基础论研究逐渐进入成熟发展阶段，呈现出以实证研究为主体的研究趋势，通过实际的数据资料和丰富多样的企业案例对资源基础论的内在科学性与实践可行性展开验证。在众多研究中，Crook 等（2008）开展的元分析研究具有重要价值。其对 125 项包含 29000 个组织的实证研究发现，战略资源与组织绩效之间的关联系数为 0.22，当资源契合 VRIN 框架且绩效衡量不受潜在价值分配影响时这一关系更为显著。

值得注意的是，以上诸多研究是静态视角，重点关注企业所具备的异质性资源对其构建核心能力及竞争优势所蕴含的价值意义。在此过程中，对于这些异质性资源是如何形成的，以及其在企业内部是怎样配置等缺乏应有的关注和讨论。鉴于此，后续研究呈现出新的发展趋势。一方面，部分学者尝试将动态能力理论与资源基础论有机结合，进而形成动态资源基础论。这一理论着重剖析组织通过动态能力实现战略资源的有效配置以适应动态变化的外部环境。另一方面，部分学者聚焦组织内外部资源获取与配置的具体行动，催生了资源拼凑理论和资源编排理论等不同的分支。这些理论从行动视角出发，旨在明晰企业聚焦内外部资源的动态行为在组织资源积累与能力构建之间的关键作用及其内在机制。

其中，资源拼凑理论是由 Baker 和 Nelson（2005）结合资源基础论，基于对资源受限企业展开的调查研究而提出的，创新性地引入了“资源拼凑”（Resource Bricolage）这一概念，具体逻辑关系如图 1-3 所示。

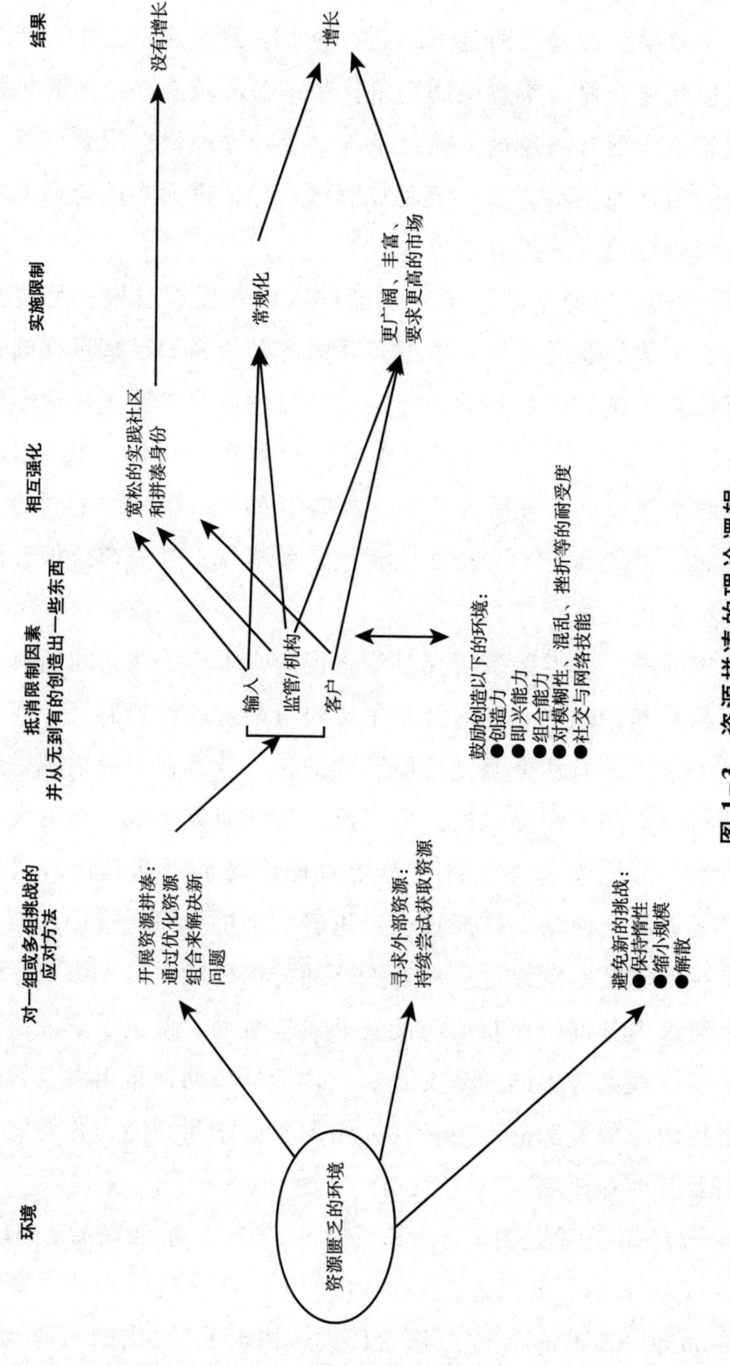

图 1-3 资源拼凑的理论逻辑

资料来源：（Baker 和 Nelson，2005）。

在传统的资源基础论中，通常默认企业所处的资源环境是客观既定的，企业在这样的设定下往往只能处于被动适应的地位。然而，Baker和Nelson的研究却揭示了一种与之不同的现实情况：多数新创企业尽管面临着颇为严峻的资源限制环境，却依然能够在资源匮乏的环境中，凭借对现有资源进行重组与调配，进而推出独特产品或服务，以此达成自身的生存与发展目标。为了深入阐释这一现象，Baker和Nelson采用田野研究范式，针对两个群体的小型资源受限企业开展调研。研究结果发现，当企业置身于资源匮乏的环境时，通常会面临三种选择路径：其一，寻求外部资源，即尝试从企业外部获取更多资源来缓解自身资源紧张状况；其二，逃避新的挑战，即选择避开那些因资源匮乏而带来的潜在难题；其三，开展资源拼凑，即通过对现有资源进行巧妙的整合利用来应对困境。这些资源受限企业在综合考量可利用资源、监管与制度环境以及客户需求等多方面因素的基础上，逐步形成常规化操作，通过锚定更广阔、更丰富、要求更高的市场，助力自身成长。在这一过程中，企业展现出了诸多独特特征，如创造力，即能够在有限资源条件下产生新颖的想法与方法；即兴能力，可根据实际情况灵活应变、及时做出决策与行动；组合能力，善于将不同资源进行组合以产生新的价值；对模糊性、混乱和挫折等的耐受度，即便面对复杂且不利环境也能保持积极应对的心态；社交与网络技能，即利用良好的人际关系与社会网络实现资源的高效调配等。

资源编排（Resource Orchestration）理论是由Sirmon等（2011）在整合资源管理框架（Resource Management）和资产编排框架（Asset Orchestration）的基础上提出的，具体内容如图1-4所示。在以往的资源基础论相关研究中，存在以下较为明显的局限性：一方面，研究往往过度聚焦资源的存量及其所具备的内在属性，却在一定程度上忽视了企业针对资源进行动态管理与有效利用的潜在可能。

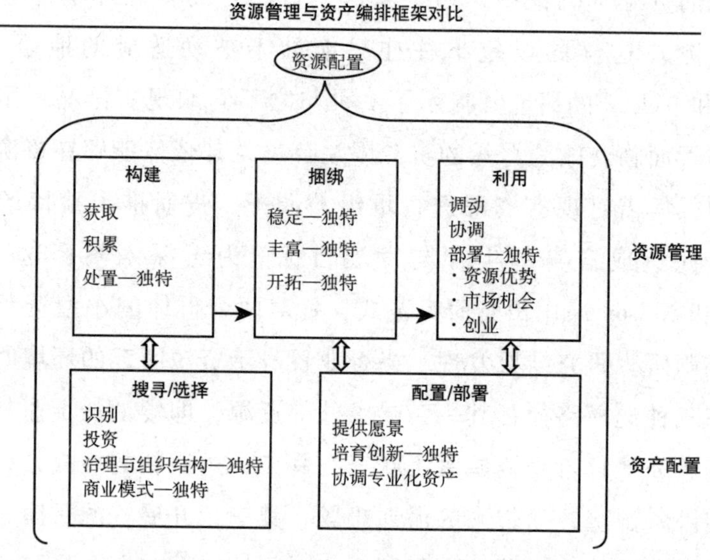

图 1-4　资源编排的理论逻辑

资料来源：(Sirmon 等，2011)。

注：图中“独特”是指该元素在互补框架中没有概念上的对等物。

另一方面，研究缺乏对管理者价值的深入探索，未能明晰管理者在资源获取、整合以及部署等关键过程中的重要影响，从而未能对企业资源管理这一复杂系统理解到位。鉴于此，Sirmon 等（2011）提出了“资源编排”这一概念。该概念强调管理者在整个资源管理过程中所发挥的核心作用，并且将这一过程具体细化为三个重要阶段，即构建（Structuring）、捆绑（Bunding）和利用（Leveraging）。在构建阶段，主要通过资源的获取、积累以及处置等操作来构建资源组合。在捆绑阶段，管理者要通过稳定、丰富且具有开拓性的手段来整合资源进而形成企业能力。在利用阶段，管理者最终要通过调动、协调与部署等来实现市场价值的获取。在此基础上，Sirmon 等（2011）还引入了广度、深度和生命周期三个维度，以此对资源编排的动态性和差异性进行全面诠释。其中，广度维度，聚焦企业战略层次与组织单元之间的协同，体现了资源编排需使不同战略层面及组织单元之间形成有效配合；深度维度，聚焦管理层级的资源同步，反映出不同管理层级在资源编排过程中保持协调一致的重要性；生命周期维度，着眼于企业所处的发展阶段，意味着企业资源编排的策略和重心会随着其发展阶段的变化而动态调整，以此适应企业在不同时期的资源管理要求。

从整体视角审视，资源基础论在发展历程中，伴随着实践需求的不断变化与研究深度的逐步拓展，呈现了由静态向动态、由资源基础到资源行动的演进特征。通过对以往资源基础理论的系统梳理，张璐等（2023）构建了如图 1-5 所示的知识框架。如图 1-5 所示，影响资源管理行动的因素较多，包括资源基础、创业导向、企业家精神、高管能力、制度情境等。在这些因素的交互影响下，管理层基于自身认知的战略判断，指导组织行为层的战略执行，从而催生出组织的资源行为逻辑，形成构建、捆绑和利用等具体的资源行动路径。这些资源行动促进了企业抽象管理能力向具体操作能力的转化，而操作能力又进一步支撑了资源行动，并进一步实现对资源情境的反馈与突破。

（三）动态能力理论（Dynamic Capabilities Theory）

动态能力理论源于资源基础论，聚焦企业在动态环境中进行适应性调整以获取竞争优势这一核心问题。该理论弥补了传统战略管理理论对外部环境的动态性和复杂性关注不足的缺陷。20 世纪 80 年代，主流的竞争战略理论（以波特的五力模型为代表）主要基于静态视角分析行业结构与市场势力，强调企业通过市场定位和进入壁垒等获取竞争优势。然而，这些理论对外部环境的快速变化缺乏有效的应对机制。同样，资源基础论虽然关注企业内部资源的独特性，但其对资源的动态适应性探讨亦显不足。针对这一理论空

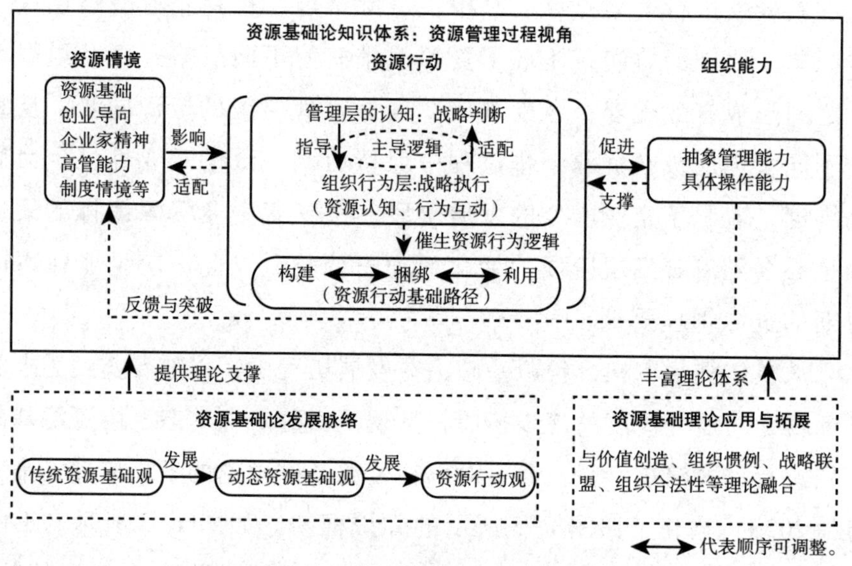

图 1–5　资源基础论的知识框架

资料来源：（张璐等，2023）。

白，Teece 等（1997）提出“动态能力”这一概念，以应对“创新驱动竞争”和“创造力破坏”所带来的环境挑战。在这一开创性研究中，动态能力被定义为企业在快速变化环境中整合、构建和重组内外部资源以应对变化的能力。动态能力理论具有以下特征：首先，强调企业对技术变革和市场需求变化的快速响应，这在“时机敏感（Time-Sensitive）”和“技术主导（Technology-Driven）”的行业中尤为重要。其次，突破了传统战略管理理论的静态视角，不仅关注企业当前的资源配置，更强调资源的动态调整与重组，以实现与环境的动态匹配。这使得企业能够从根本上提升资源利用效率和适应能力。此外，通过提升动态能力，企业可以在复杂多变的竞争环境中持续创新，从而确保长期竞争优势。这种可持续性不仅反映为企业的市场表现，也反映为其在应对环境不确定和技术冲击时的内在韧性。进一步，动态能力理论围绕三个关键要素展开：过程（Processes）、位置（Positions）和路径（Paths）。动态能力依赖于企业内部的管理与组织过程，这些过程涵盖了资源的协调与整合、学习与创新、适应性变革等，决定了企业内部协作的效率和战略目标的实现方式。位置反映了企业的当前资源禀赋和市场地位，包括技术资产、补充性资源、客户关系及声誉等，这些因素构成了企业竞争优势的基础，同时也为未来的发展和探索提供了条件。路径依赖性凸显了动态能力的重要特征，企业的未来选择受到历史决策和资源积累的深刻影响，过去的投资与学习经验塑造了其能力的边界，从而决定了企业创新方向和发展轨迹。

在 Teece 等（1997）的研究基础上，Eisenhardt 和 Martin（2000）对动态能力理论进行了进一步的深化和创新，弥补了原理论的部分局限性。尽管 Teece 等（1997）对动态能力的概念界定以及关键要素展开了详尽阐述，但其并未关注动态能力在不同环境特征下的具体表现，同时针对实践层面缺乏明确的指导。为此，Eisenhardt 和 Martin（2000）将动态能力进一步界定为“明确且可识别的战略与组织过程”，包括产品开发、战略决策、联盟管理等，旨在帮助企业高效整合资源以应对环境变化。这一界定强调，动态能力不只是抽象的理论概念，更是在实践中表现为具体的管理机制。更重要的是，Eisenhardt 和 Martin（2000）引入了“市场动态性”这一关键因素，深入探讨了动态能力在中等动态市场和高度动态市场中的表现差异。在中等动态市场中，企业通常依赖于复杂而稳定的流程逐步优化资源配置，例如通过分阶段的产品开发增强市场竞争力。而在高度动态市场中，由于环境具有非线性和不可预测性特征，动态能力则表现为基于快速试验和经验积累的简单迭代流程，企业通过实时数据、快速原型开发等方式实现资源的快速重组。这不仅拓展了动态能力的理论内涵，也强调了动态能力因市场条件而展现出的异质性，突破了 Teece 等（1997）假设的动态能力通用性框架。

与此同时，Eisenhardt 和 Martin（2000）还提出了动态能力的“最佳实践”特征，即尽管动态能力的具体表现因企业而异，但其基本模式（如跨职能团队协作或通过战略联盟获取资源等）具有一定程度的共性。这一论断挑战了 Teece 等（1997）偏向于强调动态能力独特性的观点，为动态能力的同质性与可替代性研究提供了新的视角。此外，在动态能力的演化机制方面，Eisenhardt 和 Martin（2000）更加注重学习过程的作用，认为实践积累、错误反馈和节奏适宜的学习对动态能力的提升至关重要。这一强调学习过程的观点部分挑战了 Teece 等（1997）提出的路径依赖特征。换言之，动态能力可被视为组织动态学习的结果，通过持续的探索和试验，企业能够不断提升自身的动态能力。这样的提升不仅帮助企业在快速变化的市场中调整资源配置，还使其能够创造出一系列“临时竞争优势”。这种动态能力提升的视角，可为企业应对高度环境提供实践指导，也在理论层面丰富了动态能力研究范式。

Zollo 和 Winter（2002）从组织学习视角深入研究了动态能力演化路径，提出了一种更为系统化的理论框架。他们将动态能力界定为“通过系统性活动不断生成和修改操作性常规的学习模式”。这一界定强调了动态能力与组织学习之间的内在联系，将其演化归因于企业在经验积累、知识表述和知识编码三个层次上的协同作用。在这一模型中，经验积累是动态形成的基础，企业通过实践活动不断获取隐性知识，并在重复操作中逐步优化组织流程，从而提高效率和灵活性。知识表述通过集体反思和显性化讨论，将隐性知识结构化，深化组织成员对流程和目标的理解，这一过程对于复杂环境下的能力调整而言尤为重要。知识编码通过将显性化的知识转化为正式文档、操作手册或流程规范，进一步推动知识的传播与复用，为动态能力的稳定和可传承提供保障。这种三层次的学习机制不仅揭示了动态能力的微观基础，还说明了动态能力通过学习过程实现持续演化及适应动态环境的内在逻辑。在此基础上，Zollo 和 Winter（2002）进一步探讨了任务特性对动态能力学习机制选择的影响。他们指出，在任务频率低、异质性高或因果关系模糊的情境下，知识表述与编码显得尤为重要，其能够有效降低复杂性并提升执行的一致性。而在任务频率高且异质性低的情境下，经验积累则更具价值，其能够快速优化流程、提高效率并适应稳定性要求。上述情境分析拓展了动态能力理论的适用范围，为企业在不同任务特征下提升动态能力提供了明确的指导。此外，Zollo 和 Winter（2002）还提出了“知识演化循环”模型，将动态能力的演化路径与知识生成、选择、扩散、固化过程紧密结合。他们指出，动态能力的持续优化源于对现有知识的迭代循环，同时强调知识循环在形成全新能力方面的关键作用。这一模型不仅丰富了动态能力的理论内涵，也为企业在复杂多变环境中应对不确定性和挑战提供了系统性指引。

在上述研究基础上 Teece（2007）对动态能力理论进行了系统性深化，进一步明确了动态能力的核心机制与微观基础。他提出动态能力由三大核心要素构成——感知（Sensing）能力、捕捉（Seizing）能力和重构（Reconfiguring）能力。感知能力是企业通过监控技术趋势、市场变化和竞争动态，及时识别外部环境中的机遇与挑战；捕捉能力是企业将机遇转化为商机的能力，一般通过资源整合和商业模式创新等手段实现；重构能力强调企业在快速变化的环境中，能够动态调整组织结构和资源配置，以保持或重塑竞争优势。Teece（2007）的研究表明，动态能力的形成不仅依赖于企业的战略决策，还与具体行动（如组织流程、管理实践和领导行为等）密切相关，这些具体行动构成了动态能力的微观基础。邓少军和芮明杰（2010）以此为基础，进一步构建了如图 1-6 所示的组织动态能力演化微观认知机制模型。

以上研究完善了动态能力理论的内涵与框架（如图 1-7 所示），

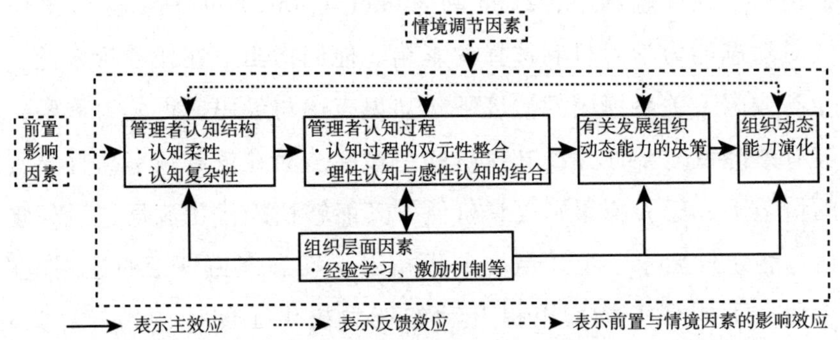

图 1-6　组织动态能力演化微观认知机制模型

资料来源：（邓少军和芮明杰，2010）。

为后续的大量实证研究奠定了坚实的基础。梳理现有文献发现，在研究领域上，动态能力的应用已从最初的战略管理拓展至创新管理、知识管理、组织学习和创业管理等多个学科。近年来，大量研究进一步探索了动态能力在企业数字化转型、生态系统协同以及社会责任管理等新兴领域的重要价值（邓少军和芮明杰，2010；焦豪等，2021；孟韬和李佳雷，2019）。这一跨学科研究趋势体现了动态能力理论的广泛适用性。在研究方法上，动态能力研究经历了从早期以案例研究为主的定性研究范式逐渐向问卷调查法、仿真模拟法等量化研究范式的转变。随着研究技术的进步，大量学者尝试通过经验证据对动态能力进行测度与验证，同时结合行为实验、网络分析、大数据分析等新兴研究方法，动态能力理论的研究方法愈加多元化和精细化（焦豪等，2021）。这不仅拓展了动态能力理论的应用范围，还提升了其在复杂管理实践中的价值，为未来的深入研究提供了更多可能性。

二　组织内部机制

在企业通过数字化转型实现高质量发展的过程中，优化和完善组

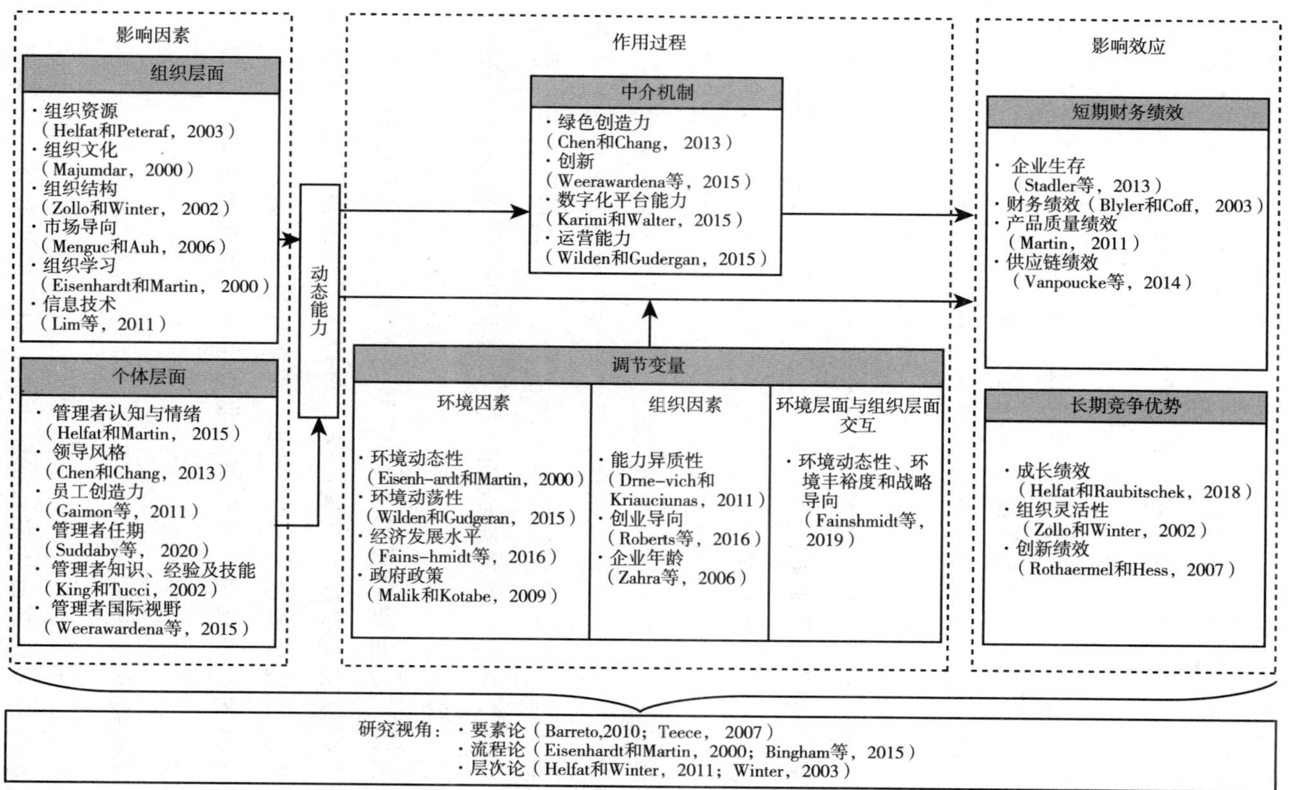
影响因素
组织层面
· 组织资源
（Helfat和Peteraf，2003）
· 组织文化
（Majumdar，2000）
· 组织结构
（Zollo和Winter，2002）
· 市场导向
（Menguc和Auh，2006）
· 组织学习
（Eisenhardt和Martin，2000）
· 信息技术
（Lim等，2011）
个体层面
· 管理者认知与情绪
（Helfat和Martin，2015）
· 领导风格
（Chen和Chang，2013）
· 员工创造力
（Gaimon等，2011）
· 管理者任期
（Suddaby等，2020）
· 管理者知识、经验及技能
（King和Tucci，2002）
· 管理者国际视野
（Weerawardena等，2015）
动态能力
作用过程
中介机制
· 绿色创造力
（Chen和Chang，2013）
· 创新
（Weerawardena等，2015）
· 数字化平台能力
（Karimi和Walter，2015）
· 运营能力
（Wilden和Gudergan，2015）
调节变量
环境因素
· 环境动态性
（Eisenh-ardt和Martin，2000）
· 环境动荡性
（Wilden和Gudgeran，2015）
· 经济发展水平
（Fains-hmidt等，2016）
· 政府政策
（Malik和Kotabe，2009）
组织因素
· 能力异质性
（Drne-vich和Kriauciunas，2011）
· 创业导向
（Roberts等，2016）
· 企业年龄
（Zahra等，2006）
环境层面与组织层面交互
· 环境动态性、环境丰裕度和战略导向
（Fainshmidt等，2019）
影响效应
短期财务绩效
· 企业生存
（Stadler等，2013）
· 财务绩效（Blyler和Coff，2003）
· 产品质量绩效
（Martin，2011）
· 供应链绩效
（Vanpoucke等，2014）
长期竞争优势
· 成长绩效
（Helfat和Raubitschek，2018）
· 组织灵活性
（Zollo和Winter，2002）
· 创新绩效
（Rothaermel和Hess，2007）
研究视角：· 要素论（Barreto,2010；Teece，2007）
· 流程论（Eisenhardt和Martin，2000；Bingham等，2015）
· 层次论（Helfat和Winter，2011；Winter，2003）

图 1-7　动态能力整合研究框架

资料来源：（焦豪等，2021）。

织内部机制是关键。如果说企业战略和领导层决策为数字化转型指明了方向，那么其高效落地、持续迭代并有效对冲不确定性的关键在于组织内部对技术变革的接纳和整合能力。本部分围绕社会技术系统理论、组织学习理论与技术接受理论展开讨论，分析这些理论在企业数字化转型过程中的适用性与机制性作用。首先，社会技术系统理论提供了理解数字化转型的整体视角，关注技术变革与组织结构、制度、文化等社会因素之间的动态匹配。这一理论强调，技术与社会因素的协同至关重要，仅仅依赖技术升级无法充分推动转型效果，必须在组织层面进行制度化调整和形成文化认同，以实现技术与组织环境的有效整合。其次，组织学习理论为企业应对技术升级与流程再造提供了有效的框架，强调企业需通过知识获取、共享与转化不断构建适应技术变革的能力。数字化转型不仅涉及技术工具的引入，还需要企业在流程再造、业务模式重构和员工技能提升等方面形成持续学习的机制。通过组织学习，企业能够将外部技术机遇转化为内部能力，提高数字化水平，从而在技术变革中保持灵活性与竞争力。最后，技术接受理论聚焦个体与群体层面对新技术的认知、态度及使用行为，能够为分析数字化工具和系统在组织内部的实际应用效果提供参考依据。该理论指出，员工对技术的接受程度受感知易用性和感知有用性的双重影响。因此，企业在推进数字化转型过程中，需注重用户体验优化、培训支持及文化引导，以提高员工对技术工具的接受度并增强实际适用效果。通过整合以上三大理论，本部分旨在剖析数字化转型在组织内部运行的微观机理，为理解企业数字化转型的动态复杂性提供理论支持。

（一）社会技术系统理论（Socio-Technical System）

社会技术系统理论由 Trist 和 Bamforth（1951）率先提出，源于对英国煤矿行业长壁采煤法（Longwall Method）的研究。长壁采煤法作为 20 世纪中期的一项新型采煤技术，在极大提升煤矿开采效率的同时，也对工作方式和团队结构产生了深远影响。这一技术变革打破了传统的小组合作模式，取而代之的是个体作业，导致工人之间的社会支持网络瓦解，工作满意度下降，士气受挫。由此暴露出技术驱动的变革中组织设计若忽视社会因素可能带来严重问题。通过对煤矿作业的详细观察，Trist 和 Bamforth（1951）揭示了技术变革对社会系统的影响。首先，长壁采煤法改变了工人的互动模式，将以协作为中心的团队工作转变为以技术为主导的个体作业，这显著削弱了工人之间的社会联系。其次，社会关系的弱化引发了工人的心理防御机制，例如对变革的抵制情绪以及孤立感的增强。基于现象表明，单纯追求技术改进可能对组织稳定性和效能造成不利影响。基于这些观察，Trist 和 Bamforth（1951）提出了社会技术系统理论，认为工作系统由“社会”和“技术”两部分构成，两者相互依赖、不可分割。该理论强调，单纯优化技术而忽视社会因素，不仅会破坏组织的稳定性，还会削弱整体效能。因此，成功的组织变革应协调社会要素（如人际关系、团队文化等）与技术要素（如工具、流程等）的关系，以实现组织的适应性和可持续性提升的双重目标。这一理论不仅为组织设计和变革提供了新的视角，还奠定了现代组织管理中综合考虑技术与人文因素的基础。

在此研究的基础上，Bostrom 和 Heinen（1977a，1977b）将社会技术系统理论应用于管理信息系统（Management Information System，MIS）研究，显著提升了 MIS 设计的有效性和用户满意度。他们指出，MIS 设计失败的原因在于忽视了社会系统的行为问题，例如用户参与不足、不信任系统及高压操作环境导致的抵触情绪等。为此，两位学者通过引入社会技术系统理论，提出了一种兼顾任务目标完成和工作生活质量提升的 MIS 系统化设计框架。他们创新性地引入“战略设计阶段”，明确系统设计目标、用户需求及参与者责任。这一阶段强调用户的早期深度参与，通过共同定义系统目标和操作流程，增强用户对系统的信任感和适应性。此外，他们主张在系统实施过程中持续监控绩效，根据环境变化动态调整系统设计，以确保技术与社会系统的协调发展。这一研究不仅扩大了社会技术系统理论的应用范围，将其从组织设计领域拓展至信息系统领域，为复杂技术与社会系统的融合和优化提供了理论和实践支持。通过结合技术与社会维度，这一研究也为 MIS 的设计和管理提供了更具使用价值的框架，进一步丰富了社会技术系统理论在解决多领域复杂问题时的应用场景。

从动态社会变迁和系统转型视角，Geels（2004）对社会技术系统理论进行了进一步深化，将其分析范围从传统的生产端扩展到技术的生产、扩散和使用全过程。他主张，社会技术系统并不仅仅是技术的集合，更是通过物质要素、社会要素和制度规制共同满足社会功能（如交通、能源、通信等）的复杂网络，特别强调用户视角的融入，将社会技术系统作为新的分析单元，这显著增强了该理论对实际问题的解释力。为探讨社会技术系统的动态变迁，Geels（2004）提出了多层次分析框架，将社会技术系统分为宏观层面的社会技术景观、中观层面的社会技术体系和微观层面的技术利基。宏观层面的社会技术景观包含社会文化趋势、宏观经济环境和政策背景等慢变量，其对系统变迁具有长期性和深远影响。中观层面的社会技术体系指现有的技术与社会的稳定网络，包括行业结构、市场规则和主流技术路径。微观层面的技术利基是创新的孵化空间，通过支持新兴技术的发展为系统转型提供潜在动力。Geels（2004）指出，不同层次之间的动态交互对系统转型而言至关重要。例如，宏观层面的环境压力可能引发中观层面的体制不稳定，从而通过微观层面的创新推动系统变革。此外，Geels（2004）将规制与制度的作用引入社会技术理论，认为认知、规范和规制性规则不仅提升了社会技术系统的稳定性，还通过塑造技术路径、调整用户行为和推动政策创新，成为系统转型的重要驱动力。这些规则在保持系统稳定的同时，也为创新提供了方向和支持，从而实现“稳定”与“变革”的动态平衡。这一研究的贡献主要体现在以下三个方面：首先，进一步明确了社会技术系统是由物质要素（如技术和基础设施）、社会要素（如规范和价值观）以及制度规则共同构成的复杂网络，从而扩大了理论的适用范围。其次，引入了“共同演化”这一关键概念，强调技术发展、用户实践、政策变迁和文化意义之间的相互作用，突出了系统变迁的多元驱动因素。最后，通过路径依赖和锁定（Lock-in）的分析，揭示了社会技术系统的动态稳定性来源，并从多层次视角阐明了层次间的交互如何打破锁定、实现系统转型的具体机制。

为更好应对复杂系统问题和全球性挑战，Davis 等（2014）主张重新审视“系统”的定义，将其从狭义的技术或组织系统拓展到多层次的复杂社会系统，包括多组织协作和全球性议题。他们指出，来自人群管理、环境可持续性和健康护理等方面的挑战，已经超越了传统组织边界，要求整合外部环境与内部系统的动态交互。这不仅需要关注单一系统内部的优化，还需系统性地分析外部环境对各组成要素的影响，以实现整体协同。Davis 等（2014）进一步提出，社会技术系统理论应从传统的事后分析转向事前预测，通过识别潜在风险并制定解决方案，发挥更大的预测性作用。他们认为，仅依赖事后调整的思维已难以应对快速变化的环境和多变的挑战，而通过前瞻性设计可使系统在动态环境更具韧性和适应力。为实现这一目标，Davis 等（2014）提出了由目标、人员、技术、流程、文化和基础设施六大核心要素构成的分析框架。这一框架不仅关注系统内部的运行机制，还系统性地将外部环境的影响纳入考量，为复杂系统的设计提供了结构化方法。例如，在目标设定上，他们强调需要从全局视角出发，将长期可持续性和短期绩效目标相结合；在文化层面，主张构建支持创新与合作的组织文化，以增强系统的灵活性和适应性。同时，Davis 等（2014）特别强调技术与行为要素的深度整合。例如，在环境可持续性方面，单纯依靠技术改进无法完全实现目标，必须结合员工行为和组织行为的改变。技术的有效应用与组织成员的认知、态度和行为转变有关，而行为变革的实现又需要组织在文化、流程和激励机制等方面进行相应调整。

总体来看，社会技术系统理论经过多领域的拓展与创新，已发展成为理解技术与社会相互作用的重要框架，其研究范围逐步从工业设计扩展至信息系统、智能制造、环境可持续性和社会安全等诸多领域。随着研究的不断深化，这一理论已从早期针对技术与社会因素的简单要素分析，演进到包含目标、人员、技术、流程、文化和基础设施在内的六要素框架，从而能够更加全面地捕捉复杂系统的多维互动特性。社会技术系统理论的核心价值在于强调社会与技术要素协同优化。通过关注技术变革与社会环境的动态匹配，这一理论研究不仅显著增强了复杂系统的适应性和韧性，还为社会变革和技术创新提供了可持续的解决方案。在实践层面，这一框架能够指导组织和政策制定者在快速变化的环境中实现系统化设计与动态调整，为应对全球化、数字化和生态化等多重挑战提供理论支撑。伴随着全球性挑战的日益严峻，如气候变化、能源转型、公共卫生危机和社会不平等等问题，技术社会系统理论研究必须进一步推动跨领域、多学科的协作，并在应对复杂问题中发挥更大作用。其在多层次、多主体的动态互动中，将为社会技术共创与可持续发展注入新的动能，为构建更包容、韧性和可持续的未来提供有力支撑。

（二）组织学习理论（Organization Learning Theory）

组织学习理论致力于研究组织如何通过内外部信息交流、经验积累、知识获取与转化来确保适应性、创新性和竞争力。这一理论框架的提出，得益于20世纪中期管理学和社会学对组织本质认识的深化。当时的研究发现，组织不仅是资源分配的工具，更是一个动态适应系统，其生存和发展依赖于持续学习的能力，以应对环境中的不确定性和复杂性。同时，技术与市场环境的快速变化对传统管理模式提出了挑战，促使企业通过学习提升适应能力和创新能力。然而，组织中的问题（如重复性错误）以及防御性机制的存在，往往阻碍了深层次变革的实现。在这样的理论和实践背景下，Argyris 和 Schön（1978）基于行动理论（Theory of Action），提出了组织学习的核心内容，包括单回路学习、双回路学习和防御性机制（阿吉里斯和舍恩，2021）。他们指出，当组织行动与预期结果不一致时，可以通过调整行动策略来解决问题，而无需改变目标或基本假设。这是纠错模式专注于在规则框架内优化行动，适用于稳定环境中的效率提升，可称为单回路学习。然而，在复杂且不确定环境中，单回路学习往往难以应对更深层次的问题。为此，Argyris 和 Schön（1978）提出了双回路学习的概念，即通过深度反思，重新审视并改变行动背后的基本假设与目标，实现组织的根本性变革。这一学习模式有助于组织打破既定框架，实现适应性进化和持续创新。然而，组织中常存在一些阻碍双回路学习的防御性机制，例如回避反思、抵制变革及对失败的恐惧等。这些机制不仅限制了组织成员对现状的深刻认识，还削弱了组织进行变革的能力。因此，克服防御性机制成为实现深度学习和变革的关键。这一研究首次将行动理论与组织学习相结合，提出了单回路学习和双回路学习的层次划分及其动态过程。他们强调，单回路学习通过纠错提升效率，而双回路学习则通过反思性学习促成深层次变革。此外，他们提出，通过改变组织内隐含的假设和行为模式，可以显著提高组织对复杂环境的适应能力。这一理论不仅为组织学习提供了结构化分析框架，也为组织变革和持续发展提供了实践指导，成为组织管理理论发展的重要里程碑。

20 世纪 80 年代，全球化浪潮与技术创新加速推动着商业环境的剧烈变革，组织面临着日益复杂、不确定性且快速变化的挑战。以控制为导向的传统管理方式难以满足动态环境的需求，知识逐渐取代传统生产要素，成为驱动组织竞争力提升的核心资源。为应对这些挑战，组织亟须通过学习获取和应用知识，以适应环境变化并保持竞争优势。在此背景下，彼得·圣吉在1990年出版的《第五项修炼》（*The Fifth Discipline*）中提出了“学习型组织”（Learning Organization）的概念。他将学习型组织定义为一个动态适应系统，其通过整体优化和持续改进，不仅能解决现有问题，还能主动创造未来（彼得·圣吉，2009）。圣吉认为，学习型组织的核心在于培养持续学习的能力，而这一能力的实现依赖于五项相互关联的修炼（Disciplines）。这些修炼构成了学习型组织的理论框架，为组织在动态环境中生存与发展提供了系统性的指导。一是系统思考（Systems Thinking）。系统思考是学习型组织的核心修炼，强调从整体视角理解组织中的复杂关系。圣吉认为，组织是一个由相互关联的要素构成的复杂系统，单一事件背后往往隐藏着深层次的系统结构。通过系统思考，组织能够识别因果关系，避免“头痛医头，脚痛医脚”的短视行为，从整体性和长期性角度解决问题，提升应对复杂性和动态变化挑战的能力。二是个人掌握（Personal Mastery）。组织的学习能力源于个体的成长与发展。个人掌握指员工通过持续学习实现“自我实现”和“追求卓越”的目标，同时使个人发展与组织目标保持一致。圣吉指出，个人掌握不仅是组织学习的基础，也是推动组织创新和适应性提升的关键动力。三是心智模式（Mental Models）。心智模式是个体对世界的深层假设和信念，深刻影响其思考方式与行为倾向。圣吉强调，通过揭示并挑战组织成员的固有假设和传统观念，可以促进更加开放和反思性的思维方式。这种修炼有助于组织避免路径依赖，形成更加包容和创新的文化。四是建立共同愿景（Building Shared Vision）。共同愿景是学习型组织的内在驱动力，是全体成员共同认可并持续努力实现的目标。通过建立共同愿景，组织能够激发成员的使命感和凝聚力，引导各方朝着一致的方向努力，从而为持续学习提供内生动力。五是团队学习

（Team Learning）。团队是学习型组织的基本单位，团队学习通过对话和协作提升集体智慧。圣吉认为，团队学习不仅能够改善内部沟通质量、减少冲突，还能提升集体决策的质量，从而提升组织在复杂环境中的整体学习能力。通过整合这五项修炼，学习型组织实现了个体学习向集体学习的转变，进而推动组织整体能力的提升。圣吉的研究将组织学习理论从个体和局部扩展到系统层面，强调内部要素的协同作用以及整体性和长期性视角的重要性。这一理论不仅深化了组织学习的内涵，还为组织在快速变化的环境中实现持续学习和创新提供了实践指导，对组织学习理论发展而言具有重要意义。

在彼得·圣吉提出的五项修炼理论基础上，Otto Scharmer（2007）在《U 型理论》（*Theory U*）中进一步拓展和深化了组织学习的内涵，系统阐述了组织通过深度学习和变革实现持续发展的内在机制。他提出了一种组织学习的深度框架，将学习过程分为三个关键阶段——观察与感知（Sensing）阶段、反思与内省（Presencing）阶段、创造与行动（Realizing）阶段。这一理论不仅延续了双回路学习和学习型组织的核心概念，还融入了心理与情感维度，进一步丰富了组织学习理论。在观察与感知阶段，组织需要放弃既定框架和假设，从全新的视角观察和感知环境。这一阶段强调通过开放心态（Open Mind）克服已有的认知障碍，避免受到传统模式的限制，深入理解系统的复杂性以及组织所面临的真实问题与潜在机遇。通过建立对外部环境的敏锐感知，组织可以获取行动的初步线索。在反思与内省阶段，组织通过深度反思和内省，探索深层次的意义和方向。此阶段不仅要求组织成员开放心灵（Open Heart）和意识（Open Will），还需要集体反思，从共同愿景中汲取灵感，突破心理和文化上的局限。这一过程是组织重新定位和确定变革方向的关键，为后续行动提供了坚定的意识和价值基础。在创造与行动阶段，组织基于新的感知与意识，使愿景转化为具体的实践。这一阶段要求组织成员齐心协力，把创新想法转化为实际行动，并通过循环式学习不断验证和优化行动。这一过程不仅促进了组织能力的增强，也帮助其在动态环境中实现持续改进和发展。U 型理论以“观察—反思—创造”的深度框架，强调组织学习不仅是调整行动策略和假设，更需要通过内省连接组织愿景与未来潜力。这一理论创新性地引入“开放心态、开放心灵和开放意志”，将学习细化到心理和情感层次，提出了“创造性学习”（Generative Learning）的概念，强调学习是组织从“过去模式”向“未来潜力”转变的动态过程。总体而言，U 型理论通过系统性框架为组织适应复杂环境和引领未来变革提供了全新视角。它不仅深化了组织学习理论，还提供了明确的实践路径。在组织变革、领导力发展和系统性创新等领域，U 型理论的“观察—反思—创造”框架为组织创造性应对复杂问题提供了具有可操作性的解决方案，推动了理论与实践的深度结合。

除了以上学者的重要贡献外，March（1991）的研究也对组织学习理论产生了深远影响。他提出了探索（Exploration）式学习与利用（Exploitation）式学习框架，解决了组织在动态环境中如何平衡短期效率和长期适应的问题。这一理论诞生于 20 世纪下半叶全球化加速、技术革命以及知识经济兴起的特定背景下。首先，全球化和技术革命（如信息技术的普及和工业自动化）带来了市场的剧烈变化，企业在优化现有资源以获取短期收益的同时，必须通过创新来应对长期的不确定性。其次，竞争环境日益激烈，全球化趋势迫使组织在探索与利用之间重新分配资源。知识经济的兴起进一步提升了知识和技术在生产要素中的地位，要求组织通过学习和创新保持竞争力。此外，社会变迁和组织结构的复杂化使得组织需要适应多样化的需求，从而对探索与利用的动态平衡提出了更高要求。在此背景下，March（1991）指出，探索式学习关注创新、试验和未来收益，但其回报具有高度的不确定性且往往滞后；利用式学习则强调效率提升和当前收益，但可能陷入路径依赖和次优均衡困境。他进一步指出，考虑到有限理性，组织常常会陷入“适应性陷阱”，即过度关注利用式学习带来的快速回报，忽视了探索式学习对组织长期适应能力提升的影响。为应对这一问题，March（1991）构建了探索与利用的互惠学习模型（Mutual Learning Model），用以描述个体与组织之间的学习互动过程。在这一理论框架中，个体知识（Individual Knowledge）和组织代码（Organizational Code）之间的知识交换是关键，通过制度和文化等方式的社会化过程，组织将引导个体的知识向组织代码靠拢；同时，个体的经验和创新可能反过来影响并更新组织代码，从而实现知识的动态调整。这一过程是一个趋同的动态平衡过程，最终可能达到个体与组织代码一致的均衡状态。模型中的关键参数包括个体学习速率（Socialization Rate）和组织代码更新速率（Learning Rate of Code），两者直接影响着组织知识的多样性及其探索能力。过快的个体学习速率可能导致知识趋同化，从而削弱组织的探索能力和创新潜力；而适度的知识差异和人员流动则有助于保持知识的多样性，为长期创新提供支持。通过揭示探索式学习和利用式学习的平衡机制，March（1991）的研究为组织在动态环境中的知识管理与创新设计提供了重要的理论依据，不仅深化了对组织学习过程的理解，还为在实践中实现探索式学习和利用式学习的平衡提供了指导。

Huber（1991）从信息流动和知识管理的角度深化了对组织学习过程的理解，有别于以往侧重于行为调整和适应性改造的研究，他将组织学习视为一个通过信息流动和知识管理实现适应与创新的动态过程，并提出了包括信息获取（Knowledge Acquisition）、信息分布（Information Distribution）、信息解释（Information Interpretation）和组织记忆（Organizational Memory）在内的四个关键环节。这一系统框架不仅细化了组织学习的操作过程，还强调了学习的动态性和知识积累的重要性，为组织学习理论发展奠定了基础。在信息获取环节，Huber（1991）强调组织需要通过识别、收集和整合新信息以适应外部环境变化。在这一过程中，直接经验、研究开发、市场调研和外部合作等是关键的信息来源。通过多渠道的信息获取，组织能够及时感知环境变化和市场需求，从而为决策提供依据。这一阶段体现了组织学习的基础性环节，为后续知识加工和共享奠定了信息基础。信息分布环节强调信息在组织内部的共享和扩散过程，这不仅是组织知识积累的关键环节，也是促进集体学习和跨部门协作的核心机制。Huber（1991）指出，高效的信息分布能够打破"信息孤岛"，提升组织整体的信息透明度与协作能力，从而促进跨层次、跨职能的集体学习和创新。在信息解释环节，Huber（1991）强调组织成员通过讨论、分析和反思将信息转化为共同理解和组织认知的过程。这一阶段不仅塑造了组织对外部环境的整体认知，还直接影响战略决策和问题解决。信息解释环节强调多角度分析和跨部门交流，通过集体反思消除偏差和误解，从而提高组织适应能力和创新能力。组织记忆环节是Huber（1991）提出的创新性概念，关注知识的长期存储与检索机制。组织记忆包括正式记录（如文档与报告）、非正式文化习惯（如规范与价值观等）和技术系统（如数据库与信息平台）等，能够确保组织知识的积累与传承。Huber（1991）指出，有效的组织记忆不仅能够将过去的经验转化为决策依据，还能通过存储和检索功能帮助组织避免重复发生错误，提升学习效率与创新能力。这一环节突出了知识管理的核心作用，将组织学习从即时反应拓展到长期发展，进一步增强了组织的韧性和竞争力。这一研究强调了组织学习的动态性和循环性，不仅将组织学习细化为四个具有可操作性的环节，还从信息流动和知识管理的角度实现了组织学习的跨层次整合。这一框架在实践中为学习型组织的构建、创新管理及信息技术整合提供了理论指导，推动了组织学习理论在现代管理和信息系统领域的广泛应用。同时，通过创造性地引入“组织记忆”这一概念，Huber（1991）进一步拓展了组织学习的时间维度与战略意义，夯实了知识存储、共享与再利用的理论基础，丰富了组织学习理论的内涵与实践价值。

Crossan等（1999）在以往研究的基础上，从跨层次视角探索了组织学习在个体、群体和组织层面的跨层级过程，并提出了战略更新（Strategic Renewal）这一概念，进一步推动了组织学习理论研究的深化。他们定义了组织学习的“4I过程”框架——直觉化（Intuiting）、解释化（Interpreting）、整合化（Integrating）和制度化（Institutionalizing），系统阐释了组织如何通过跨层次互动实现知识创造、共享与嵌入的动态过程。直觉化是组织学习的起点，主要发生在个体层面，强调个体对新模式和可能性的识别，突出创造性洞察和机会感知的作用。该阶段依赖于个体经验、隐性知识和直觉判断，为后续学习过程提供原始信息。解释化将个体的直觉转化为共享理解，是从个体层面向群体层面传递学习成果的关键环节。通过语言和对话等交流，组织成员能够整合信息、统一认知，并构建共同的认知图谱，从而促进知识共享和共识形成。整合化进一步推动群体层面的协调行动，是将共享理解转化为具体实践的过程。通过群体讨论、试验和调整，使学习成果逐步内嵌于组织实践之中，为制度化奠定基础。制度化是组织层面的最终环节，指将有效的行为、流程和经验嵌入制度和规则中，以确保学习成果的可持续性和可复制性。制度化通过标准化、规范化和流程化等机制，巩固学习成果，使其成为组织保障长期竞争优势的基础。在这一过程中，Crossan等（1999）强调，组织需要在探索和利用之间实现战略更新的动态平衡，以解决短期收益与长期创新之间的潜在冲突。这一平衡可通过两个关键机制得以实现——前馈过程（Feedforward Process）和反馈过程（Feedback

Process）。前馈过程强调从个体到群体再到组织层面的学习流程，主要支持创新与探索活动，推动新知识和新想法从底层逐步嵌入组织规范和标准之中。通过这一机制，组织能够将个体洞察转化为集体能力，并通过制度化实现长期价值。反馈过程则关注从组织到群体再到个体的知识流动，强调利用与优化现有资源和能力，确保组织规范和标准能够向下传递，并指导个体行为与能力提升。这一过程有助于知识的巩固和复制，提升组织效率与执行力。Crossan 等（1999）指出，组织学习并非简单的线性叠加，而是一个动态循环和往复交互的过程。前馈过程和反馈过程的相互作用不仅促进了探索与利用的有机结合，也确保了组织在动态环境中的持续适应与创新能力。总体来看，这一理论框架弥合了个体学习与组织学习之间的层级断裂，通过跨层次机制揭示了组织学习由个体洞察起步、经群体协调深化、最终在组织层面固化并反哺个体能力提升的动态机制，不仅丰富了组织学习理论的内涵，而且为战略更新、知识管理和创新实践提供了操作框架。

陈国权（2017）在组织学习理论的基础上，引入时间（过去、现在和未来）与空间（内部、外部）维度的交互分析，突破了以往研究基于特定单一时间和静态条件的局限性，形成了面向时空发展的组织学习模型（如图 1-8 所示）。他强调，组织学习不仅要关注当前或过去的经验，还要结合历史教训、现有资源和未来趋势，进行全局性和动态性的规划。为此，陈国权（2017）提出了传承式、创造式和传创式三种动态学习模式，并构建了四个关键模型，以期实现组织学习效率的最佳效果。传承式学习模式依靠已有知识和经验，应对可预测的环境变化。该模式强调知识传承与经验积累，适合稳定或渐进式变化的情境，通过优化和改善来提升组织效率。创造式学习模式通过试验、探索或想象来应对不可预测的环境变化，适用于具有高度不确定性且由创新驱动的场景，强调突破性创新和新知识创造。传创式

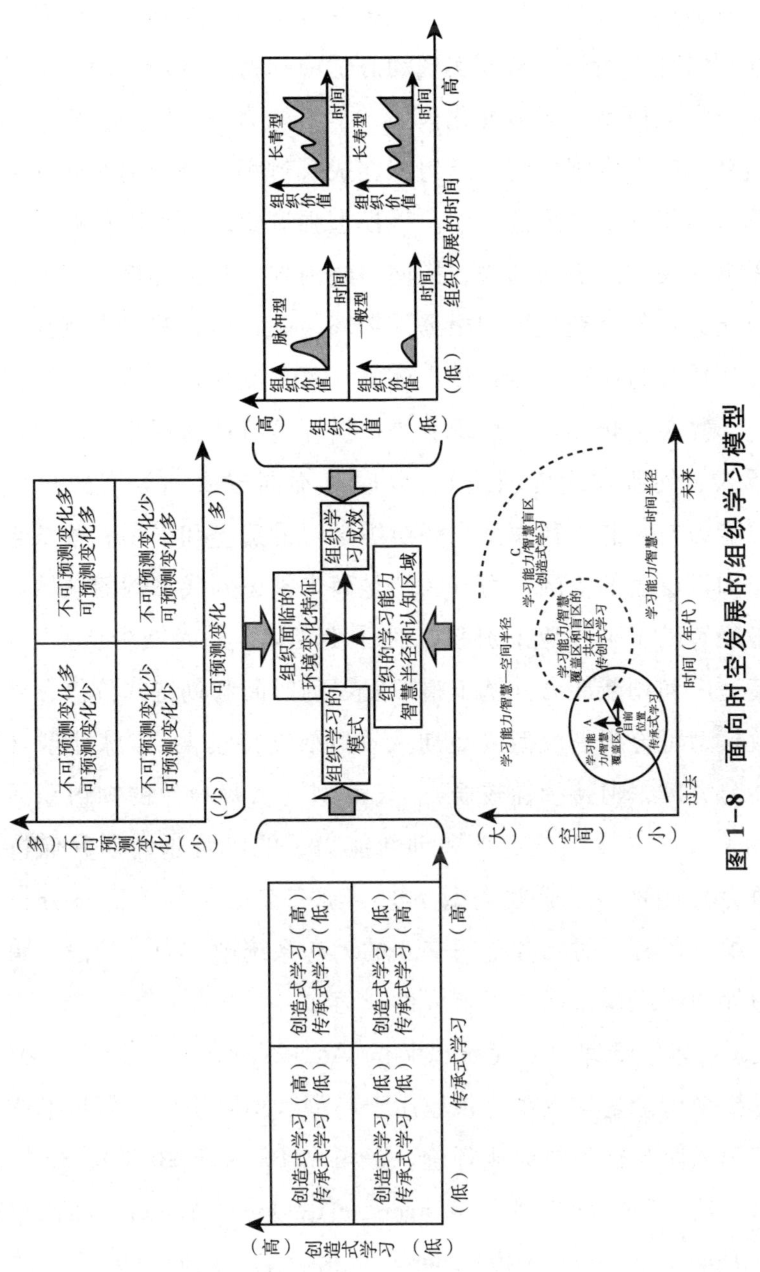

图 1-8　面向时空发展的组织学习模型

资料来源：（陈国权，2017）。

学习模式结合传承和创造策略，兼顾经验和创新能力，以平衡效率与灵活性，可适应复杂多变的环境。这种模式帮助组织在稳健性和灵活性之间找到最佳平衡点，从而实现动态适应和持续创新。四个关键模型包括时空发展模型、环境变化模型、学习能力与智慧半径模型、学习成效模型。时空发展模型揭示组织在成长过程中经历的时间和空间变化及其对组织适应能力的影响。该模型强调组织学习不仅要立足当前，还需纵向关注历史与未来，横向关注内部与外部环境，从而形成动态适应能力。环境变化模型根据外部环境的稳定性和可预测性，将组织所处环境分为四种类型：稳定环境、可预测变化环境、不可预测变化环境、复杂变化环境。组织需要根据环境特征选择相应的学习模式（传承式、创造式或传创式），以应对不同层次和类型的环境挑战。学习能力与智慧半径模型强调组织学习的边界和限制。智慧半径代表组织知识覆盖的范围，而盲区则是尚未被识别或掌握的领域。扩大学习半径有助于更好地识别和应对环境变化，同时减少认知盲区，从而提高适应和创新能力。基于组织发展的时间和创造的价值，组织学习成效模型可分为一般型（短期见效但缺乏持续性）、脉冲型（阶段性创新与突破，但持续性较弱）、长寿型（依赖稳健的知识积累和改进）和长青型（兼顾稳定性和创新能力，能够跨越周期并保持活力与竞争力）四种学习成效类型。这一研究突破了传统静态分析框架，将组织学习置于时间和空间交互的动态系统中，为跨阶段、跨层次和跨边界的组织模型提供了整合性视角。

（三）技术接受理论（Technology Acceptance Model，TAM）

技术接受理论是信息系统领域用于解释和预测用户对新技术或信息系统使用意愿与行为的经典理论，最早由 Davis 于 20 世纪 80 年代中期提出，基于理性行为理论（Theory of Reasoned Action）和计划行为理论（Theory of Planned Behavior）演化而来。随着后续研究的不断拓展和完善，TAM 已成为研究用户信息技术接受和使用行为的核心框架。

20 世纪 80 年代中期，信息技术的迅速发展为提高工作效率创造了巨大潜力。然而，现实中用户对新系统的接受度普遍较低，导致技术应用效果未能充分发挥。早期研究虽然探讨了个体、组织和技术变量对接受行为的影响，但缺乏有效测量工具来预测用户对信息系统的接受程度（Davis，1989；Davis 等，1989）。这使得用户行为预测模型之间的相关性较低，研究结果存在较大差异。为解决这一问题，Davis（1989）提出了 TAM 模型，以探究用户接受行为背后的关键心理机制，并开发了具体的测量工具。TAM 模型聚焦两个关键变量——感知有用性（Perceived Usefulness，PU）和感知易用性（Perceived Ease of Use，PEOU）。感知有用性指用户相信使用某一系统能够提升其工作绩效的程度。当用户认为某项技术能显著提高生产效率或简化任务流程时，其接受意愿更强。感知易用性反映用户认为使用该系统不会消耗大量精力的程度。当用户认为某项技术简单易学且便于操作时，更愿意接受并使用该技术。这两个关键变量直接或间接影响用户的行为意图（Behavioral Intention）和实际使用行为（Actual Usage）。Davis（1989）通过两项涉及 152 名用户和 4 个应用程序的实证研究，开发并验证了 TAM 模型中核心变量的测量工具，不仅确认了 PU 和 PEOU 量表的信度与效度，还揭示了感知有用性指标对用户接受行为的预测作用强于感知易用性指标，同时感知易用性指标通过影响感知有用性指标对用户接受行为产生间接影响。这一研究首次将技术接受的心理过程量化，将用户接受行为的研究从经验描述层面提升至理论建模层面，为理解用户对新技术的接受机制提供了科学依据，还为技术推广和使用预测提供了理论框架并成为信息系统领域的重要理论工具之一。

在 Davis（1989）研究的基础上，Venkatesh 和 Davis（2000）进一步拓展并提出了 TAM2 模型，如图 1-9 所示，从更系统和动态的视角解释用户技术接受行为的决定因素及其变化过程。TAM2 模型在保留原始 TAM 模型核心变量的基础上，通过纳入社会影响过程和认知工具过程提升了模型的解释力度，为理解用户技术接受行为提供了更加精细化和动态化的理论框架。TAM2 模型将社会影响过程视为用户行为意图的关键因素，包括三个核心变量——主观规范（Subjective Norm）、形象（Image）和自愿性（Voluntariness）。主观规范指个体感知到他人期望其采用技术的社会压力，尤其在技术使用初期，这种压力会显著影响个体的使用意图。形象指用户希望通过使用技术提升社会地位或个人形象，其影响用户对技术有用性的认知。自愿性指个体技术使用的自愿程度。在强制环境下，社会压力的作用更强，但随着用户使用经验的增加，自愿性的作用逐步提升。TAM2 模型进一步引入了与用户任务和目标相关的认知因素，强调技术的工作效能对感知有用性的直接影响，具体包括工作相关性（Job Relevance）、输出质量（Output Quality）、结果可展示性（Result Demonstrability）和感知易用性（PEOU）四个关键指标。工作相关性指技术与工作需求的匹配程度影响用户对系统有用性的评价。用户对系统提供结果的准确性和可靠性的感知直接影响其使用意愿。技术应用结果的可衡量和可展示程度有助于提高用户对系统有效性的信任感。感知易用性保留了原始 TAM 模型的作用逻辑，既直接影响使用意愿，也通过增强感知有用性直接影响使用行为。Venkatesh 和 Davis（2000）通过四个组织的纵向实证研究，验证了 TAM2 模型的解释力。研究结果表明，首先，感知有用性依旧是使用意图的最强预测变量，解释力达到了 40%~60%，进一步巩固了感知有用性在技术接受模型的核心作用。其次，社会影响过程在技术使用初期具有显著作用，但这种影响会随着用户经验的积累而逐渐减弱。最后，认知工具过程对感知有用性的长期稳定影响更为显著，尤其是工作相关性和结果可展示性对用户态度和行为具有持续推动作用。TAM2 模型的应用范围广泛，为信息技术推广、用户体验设计和企业信息化战略提供了理论依据和实践指导，进一步巩固了技术接受理论在信息系统领域的核心地位。

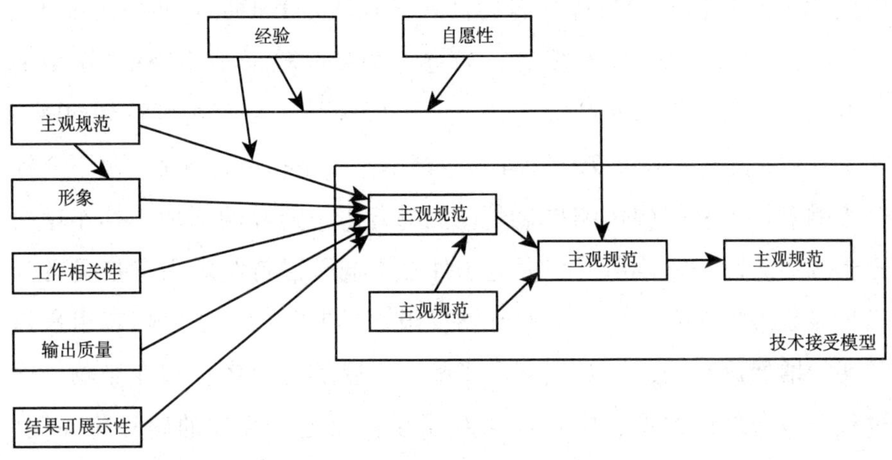

图 1-9 TAM2 模型

资料来源：(Venkatesh 和 Davis，2000)。

Venkatesh 等（2003）针对信息技术接受领域模型的多样性和碎片化，进一步整合已有理论，提出了统一技术接受与使用模型(Unified Theory of Acceptance and Use of Technology，UTAUT)，具体如图 1-10 所示。该模型旨在解决以下核心问题：如何统一解释信息技术用户的接受与使用行为？如何整合各理论模型的核心变量和机制以增强模型的解释力和预测力？影响技术接受行为的关键变量是否受到用户特征（包括性别、年龄、经验等）的权变影响？为此，Venkatesh 等（2003）整合了理性行为理论、计划行为理论、TAM 及 TAM2、创新扩散理论等理论模型，提炼了包括绩效期望（Performance Expectancy）、努力期望（Effort Expectancy）、社会影响（Social Influence）、便利条件（Facilitating Conditions）在内的四大核心构成要素。其中，绩效期望是用户认为使用技能能提升工作绩效的程度，努力期望是用户认为技术易于使用的程度，社会影响是他人期望和社会规范对用户行为的影响，促进条件是环境因素和资源支持等对用户使用技术的助力程度。该研究采用纵向实证研究设计，通过对 4 个组织的用户在不同使用环境（自愿性和强制性）和时间节点（培训后、1 个月、3 个月）的技术接受行为进行测量，验证了 UTAUT 模型的有效性和解释力。实证研究发现，一是 UTAUT 的解释力度达到 69%~70%，显著高于 TAM、TAM2 等其他模型；二是在强制使用情境下，社会影响对行为意图的影响更显著，但随着用户经验的增加，其作用会逐步减弱；三是绩效期望和促进条件在不同阶段持续对用户接受行为产生显著影响，而努力期望的影响仅限于早期阶段，之后随着用户熟悉度的增加而减弱；四是性别、年龄、经验等均会产生权变影响。通过整合多个理论模型，UTAUT 解决了以往研究中存在的碎片化问题，为用户接受行为提供了更系统、更广泛的解释框架，为管理者预测技术接受率和优化推广策略提供了有力的工具，同时也为组织管理、数字化转型、技术推广等相关研究提供了科学工具和方法论支持。

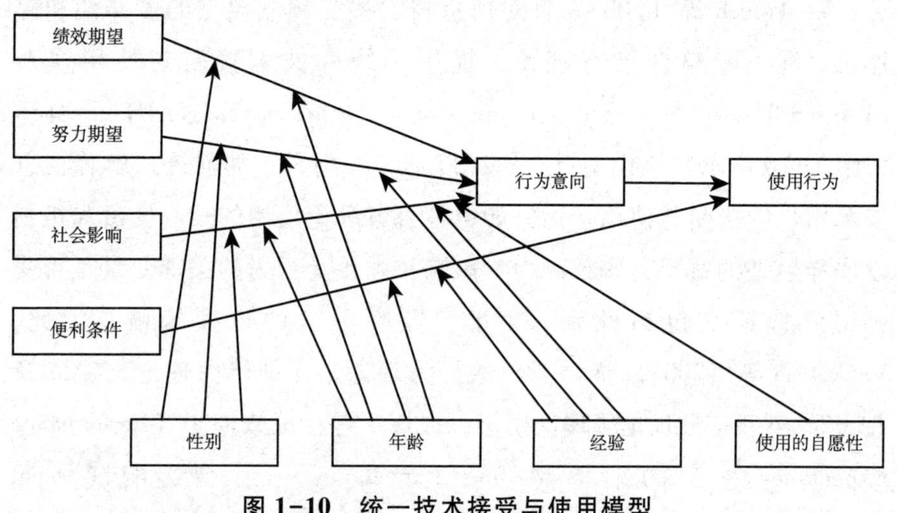

图 1-10　统一技术接受与使用模型

资料来源：（Venkatesh 等，2003）。

三　生态环境与协同发展

数字化转型作为一项复杂系统工程，已超越企业内部资源和能力的简单重塑，要求企业在动态且复杂的生态环境中实现跨组织的协同发展。为此，本部分从商业生态系统理论、价值共创理论和交易成本经济学理论三个核心视角出发，探索企业在数字化转型过程中与外部环境的互动机制，分析如何通过生态协同与价值共创推动高质量发展。首先，商业生态系统理论强调，企业应打破传统竞争视角，关注生态网络中的协同合作与资源共享，以共同创造和捕获价值，从而实现整体繁荣与可持续发展。数字化平台的崛起加速了商业生态系统的重塑，需要基于平台经济和网络效应构建生态优势，并借助数据驱动实现资源配置优化与系统间的高效互动，从而提升生态系统的整体韧性和竞争力。其次，价值共创理论（Value Co-Creation）进一步揭示了数字平台与协作机制在企业与利益相关方之间的互动作用，强调客户、合作伙伴和其他生态参与者在创新和价值创造中的积极参与。价值共创理论强调，企业在数字化转型中需要主动培育互动平台和生态机制，以实现跨主体间的知识共享与协同增值，从而推动价值创造过程的动态优化。最后，交易成本经济学理论（Transaction Cost Economics）强调企业组织形式与交易效率的关系，为理解数字化转型对资源配置和协同效率的影响提供了经济学视角的解读，强调数字化转型降低了信息不对称与交易成本从而促进企业效率提升。总体来看，商业生态系统理论提供了跨组织合作和动态协同的宏观视角，强调生态整合与价值共享的长期战略价值；价值共创理论揭示了数字平台和互动机制是推动客户和合作伙伴参与价值创造，实现增值协同的具体机制；交易成本经济学理论则从降低成本和优化流程视角对提升数字化转型协同效率提供了支撑。

（一）商业生态系统理论

商业生态系统理论强调，企业不再是孤立竞争的个体，而是与供应商、合作伙伴、消费者及其他利益相关者共同组成一个互赖协同的动态网络。这一理论的核心观点在于价值共创与协同创新，强调平台化的四维结构和关键企业（Keystone）在生态系统中的重要作用，通过连接与激发各方资源潜力来实现共赢。商业生态系统理论融合了战略管理、组织生态学和创新经济学等多学科视角，为理解当代商业世界的竞争逻辑、复杂网络关系以及可持续价值创造提供了新的系统化框架。

Moore（1993）是商业生态系统理论的奠基人。他在 1993 年发表于 *Harvard Business Review* 上的文章 "Predators and Prey：A New Ecology of Competition" 中首次将生态学中的 "生态系统" 概念引入商业竞争相关讨论，为企业如何在复杂环境中竞争与合作提供了全新的视角。Moore 指出，随着市场复杂性和技术革新的加剧，传统强调零和竞争的商业模式已难以适应快速变化的环境，取而代之的是一个强调互利共生和动态演进的商业生态系统。企业在其中通过相互依存的网络关系共同演化，既竞争又合作，从而实现创新和市场拓展。Moore（1997）进一步丰富了商业生态系统理论，将其应用扩展至零售、制药等多个行业，增强了生态系统管理的普适性和复杂性，并更关注生态系统领导力、治理结构及技术变革创新战略。Moore（1993）将商业生态系统的发展划分为以下四个阶段。在诞生阶段（Birth），企业通过创新吸引资源和合作伙伴，探索市场需求和产品价值主张。这一阶段强调创新能力与初步网络的搭建。在扩展阶段（Expansion），企业通过协调供应商和合作伙伴关系，推进市场份额的快速扩张。此阶段关注生态网络的扩展性和网络效应的增强。在领导阶段（Leadership），企业通过确立行业标准和市场规则，保持技术和市场主导地位，防止竞争者挑战其生态系统核心地位。平台型企业往往在此阶段发挥主导作用，通过制度与规范巩固领导地位。在自我更新或衰退阶段（Self-Renewal or Death），企业需要持续创新，推动生态系统的动态更新与适应，避免因技术变革或市场重构而被新兴生态系统替代。此阶段强调生态系统的韧性和自我调整能力。在商业生态系统中，平台型企业和关键企业发挥着重要作用。平台型企业提供基础架构和技术平台，连接生态系统中的参与者，降低交易成本，促进资源共享和创新协作。关键企业负责维护生态系统的稳定与活力，推动创新与价值共享，从而确保生态系统的资源流动和规则制定，还承担生态系统内外部关系协调的角色。无论是平台型企业或是关键企业，都需要着重构建治理机制，引导生态成员协同创新，平衡利益分配，以保持生态系统的持续健康发展。总体来看，商业生态系统理论突破了传统竞争视角的局限，强调企业在复杂动态网络中的协同发展与价值共创，为理解现代商业环境中的竞争与合作提供了新的思路，也为生态治理、平台战略和数字化转型等提供了基础性框架。

在此之后，管理学、组织生态学及产业经济学等跨学科学者从不同学科视角探讨了商业生态系统的运行机制、价值创造与竞争优势来源等。例如，组织生态学的共同演化（Co-Evolution）、种群密度（Population Density）等概念为理解企业在生态系统中的繁衍与竞争提供了重要的理论支撑。比如，共同演化指生态系统中的个体或组织在相互依赖的关系中，通过持续互动而共同适应和演变的动态过程（Tsai 等，2009），强调企业与生态系统内其他参与者（如供应商、客户和合作伙伴）之间的协同发展及动态适应，能够解释商业生态系统通过合作与竞争实现持续创新与成长的机制。再如，种群密度反映了生态系统中同类企业或组织数量及其分布特征。较高的种群密度会带来竞争压力，从而推动组织创新与效率提升；而较低的种群密度则可能降低市场活力，影响生态系统的可持续发展等。因此，种群密度可用于分析企业进入、退出和生存策略，以及产业集群和市场演化的动态变化。相关概念还包括生态位（Niche）、适应性变异（Adaptive Variation）等，从资源占有、功能分工和适应性调整等角度进一步揭示了商业生态系统的复杂性和动态性。

20 世纪初，在互联网和信息技术蓬勃发展的背景下，“平台”（Platform）概念迅速兴起。微软、英特尔、苹果、谷歌等平台型企业，通过搭建开放式技术或商业平台，吸纳上下游合作伙伴与第三方开发者，共同形成“平台生态系统”（Platform Ecosystem）。这一阶段的研究基于 Moore（1993，1997）提出的“平台领导力”（Platform Leadership）概念及其与商业生态系统的交互影响，尤其关注平台架构的设计与平台治理议题。其中，Gawer 和 Cusumano（2002）的研究具有代表性。他们系统探讨了平台领导力的内涵，分析平台型企业如何通过管理合作伙伴和技术标准推动产业创新，并主导商业生态系统的演化过程。平台领导者被定义为通过开放或半开放技术架构（如操作系统或硬件标准）吸引大量合作伙伴，共同推动创新并主导市场的企业。这些平台型企业不仅提供核心产品或服务，还创建了一个吸引第三方开发者和合作伙伴共同参与的生态系统。在此过程中，平台领导者需要平衡两种关键力量：一种是控制力，即通过掌控关键技术标准和战略资源确保平台的核心地位与竞争优势；另一种是开放性，即利用技术接口、应用程序编码接口（APIs）和模块化架构吸引外部创新资源，增强生态系统的多样性和活力。Gawer 和 Cusumano（2002）进一步提出，构建和提升平台领导力涉及四个关键维度。首先是范围（Scope），指平台是否应拓展到其他领域或维持核心业务的专注性，以适应生态系统演化需求。其次是产品技术（Technology Design），即通过技术标准和模块化设计降低进入壁垒，吸引开发者参与生态系统建设。再次是合作伙伴管理（Relationship Management），强调与合作伙伴之间的动态合作关系，平衡创新与控制之间的张力。最后是内部组织能力（Internal Organization），要求企业具备支持平台扩展和创新的动态能力，以确保生态系统的持续演进。基于上述维度，平台领导者通常采用“选择性开发”（Selective Openness）战略，在保持一定开放度以吸引合作伙伴的同时，保留对关键技术和标准的控制权。这一策略有助于在生态系统建立互利共生的关系网络，同时巩固平台企业的主导地位。该研究以英特尔、微软等公司在生态系统中的领导力为案例，进一步拓展了商业生态系统治理和战略管理的研究深度，强调了网络效应和数据驱动创新的重要性。通过用户规模的扩大，平台企业可以不断提升吸引力和市场份额；同时依托数据分析优化平台功能与用户体验，推动持续创新与生态系统价值创造。这些理论框架不仅为理解平台经济中的动态竞争机制和技术架构演化提供了系统性分析工具，也为商业生态系统治理与战略管理提供了重要的实践指导。

聚焦商业生态系统内的企业角色与特征，Adner（2006）、Iansiti和Levien（2004）共同探讨了生态系统战略和企业价值主张这一商业生态系统理论中的核心议题。这两项研究皆以Moore（1993）的核心理论为基础，强调企业竞争应从传统的个体竞争视角转向更为复杂、互联的生态系统视角，通过合作与竞争实现协同创新和价值共创。不同的是，Iansiti和Levien（2004）侧重于商业生态系统的治理结构与角色分析，强调平台领导者在维持商业生态系统健康性（包括生产力、稳健性和利基创造能力）中的关键作用；而Adner（2006）则关注创新生态系统的风险管理，提出需要重点关注项目风险（Initiative Risks）、互依风险（Interdependence Risks）和整合风险（Integration Risks）三大维度，强调创新成功不仅取决于企业自身能力，还依赖于合作伙伴和市场整合的协调推进。具体而言，Iansiti和Levien（2004）将商业生态系统中的关键角色划分为三类：一是关键物种（Keystone），指通过提供平台或标准（如微软的Windows系统或沃尔玛的供应链平台）来维持生态系统的稳定性和创新能力的企业；二是主宰者（Dominators），指通过垄断资源和技术直接控制生态系统的企业，这类角色虽然可能在短期内占据优势，却容易破坏商业生态的可持续性；三是利基企业（Niche Players），指专注于特定市场需求，与生态系统中的其他角色协同合作推动创新与多样性。相较之下，Adner（2006）则进一步强调了创新生态系统的协调与配置，提出生态领导者需要综合评估整体风险，并制定有效的应对策略，例如调整时间节点、优化资源配置以及提高互联互通效率等，以确保创新成果能够顺利落地并产生持续价值。总体来看，这些研究解释了商业生态系统治理与创新管理的复杂性和动态性，为理解企业在生态系统中的角色定位及其战略选择提供了重要的理论框架。这些观点不仅强调了企业间协同合作和资源整合的必要性，也突出了复杂生态系统中平衡创新风险与收益的现实挑战，为生态系统战略的制定与实施提供了重要的理论指导和实践指导。

进一步，伴随着服务主导逻辑（Service-Dominant Logic，SDL）与价值共创（Value Co-creation）等观念在市场营销和创新管理领域的兴起，学者们逐渐认识到商业生态系统中的价值创造机制已从传统的单向模式转向多主体协作模式。企业需要与顾客、合作伙伴协同，创造并分享价值，以促进生态系统的繁荣和可持续发展。Vargo 和 Lusch（2008）提出的“服务主导逻辑”指出，传统的“产品主导逻辑”（Goods-Dominant Logic，GDL）已难以适应现代商业生态系统的发展需求，企业应转向服务主导逻辑，强调服务是所有经济交换的本质，即“通过资源整合和服务交换创造价值”。SDL 强调价值共创（Co-Creation of Value）、资源整合（Resource Integration）和服务导向（Service Orientation）三大核心概念。首先，价值共创强调价值的创造过程是消费者、企业及其他利益相关者共同参与的动态交互过程，而非企业单方面赋予产品和服务价值；其次，资源整合突出生态系统内参与主体共享资源，通过协同合作提升整体价值创造能力；最后，服务导向则进一步指出产品只是服务的载体，服务才是价值交付的核心方式。这一理论框架表明，商业生态系统中的价值创造依赖于多方主体的动态交互与持续合作，通过资源互补和服务协同构建价值网络，并最终以服务为内核提供产品。这为理解生态系统内多方互动和动态价值共创机制奠定了理论基础。在此基础上，Ramaswamy 和 Ozcan（2018）提出了互动价值创造（Interactional Value Creation）框架，以进一步揭示数字化平台在商业生态系统中推动价值共创的动态机制。该框架强调，价值不再仅仅是在商品和服务的交易过程中实现，而是在互动过程中动态形成。互动包括人与人、人与物及物与物之间的连接，强调价值由多主体共同创造，而非企业单方面决定。这一框架突出了数字化平台在促进动态互动和价值共创中的重要作用，认为企业应更加重视与顾客的持续联系和动态合作，通过将产品和服务转化为数字化交互平台，利用交互式系统和环境中的数字化工具、接口和流程，为顾客提供持续创新和价值增值的空间。总体来看，这些研究不仅重塑了商业生态系统中的价值创造的理论范式，也强调了数字化时代背景下动态合作与资源整合的重要性。SDL 和互动价值创造框架共同揭示了生态系统内多方协同创新和价值共创的内在机制，为理解商业生态系统的运行逻辑及其可持续发展提供了重要依据和实践指导。

到 20 世纪中后期，商业生态系统理论进入了成熟与拓展阶段，学者们将研究重点放在生态系统内部，深入探索商业生态系统的边界、结构与演化机制。例如，Jacobides 等（2018）系统性地分析了商业生态系统的定义、动态机制以及价值创造过程，为商业生态系统理论提供了深入的分析框架。其将生态系统定义为一组具有多边依赖关系的参与者，这些参与者因互补性而相连，但不受层级结构的完全控制。与传统市场或供应链模式相比，生态系统强调模块化结构与互动性的交互作用，以促进价值创造和捕获。该研究通过分析生态系统中的互补性，提出了三类关键互补机制——通用型互补性（Generic）、独特型互补性（Unique）和超模块型互补性（Supermodular），并进一步阐述了这些机制在生态系统价值共创和动态演化中的作用。该研究呈现了三种主要的价值系统结构——层级型、生态系统型和市场型，并揭示了生态系统治理和价值创造的演化路径，如图 1-11 所示。具体而言，层级型价值系统（Hierarchy-based Value System）以焦点企业为中心，通过垂直供应链管理各供应商，强调企业对资源和流程的直接控制。这一结构适合合作与竞争并存的传统制造业供应链管理模式，通常表现为封闭式产业链。生态系统型价值系统（Ecosystem-based Value System）强调企业与多个互补合作伙伴之间的协作，通过资源整合和特定互补性满足客户需求。该系统具有高度协调需求和协同创新能力的特征，典型案例包括智能手机与应用开发生态系统等。市场型价值系统（Market-based Value System）强调独立产品之间的市场竞争关系，通过开放市场进行交易，适合标准化产品和服务，常见于电子商务平台等开放市场模式。

进一步分析互补机制，不同类型的价值系统结构需要匹配相应的互补机制，以实现价值共创和动态演化。如图 1-12 所示，通用型互补机制适用于标准化产品组合，这类机制对生产端协调需求较低，适合生产兼容组件。独特型互补机制（如笔记本与 USB 设备、Wi-Fi 模块等）则要求生产端遵循标准协议进行协调生产，但无需高度同步开发；消费端的联合使用可以带来更高价值，但仍具备独立使用的可能性。超模块型互补机制表现出更高程度的依赖和协调需求，生产端需要高度模块化设计以降低成本和提高质量；消费端则因联合使用而产生更高效用，分开使用后则价值大幅降低，典型案例包括安卓生态系统与兼容 App 等。Jacobides 等（2018）的研究强调，不同类型的互补机制要求不同程度的协调与管理，尤其是超模块型互补机制需

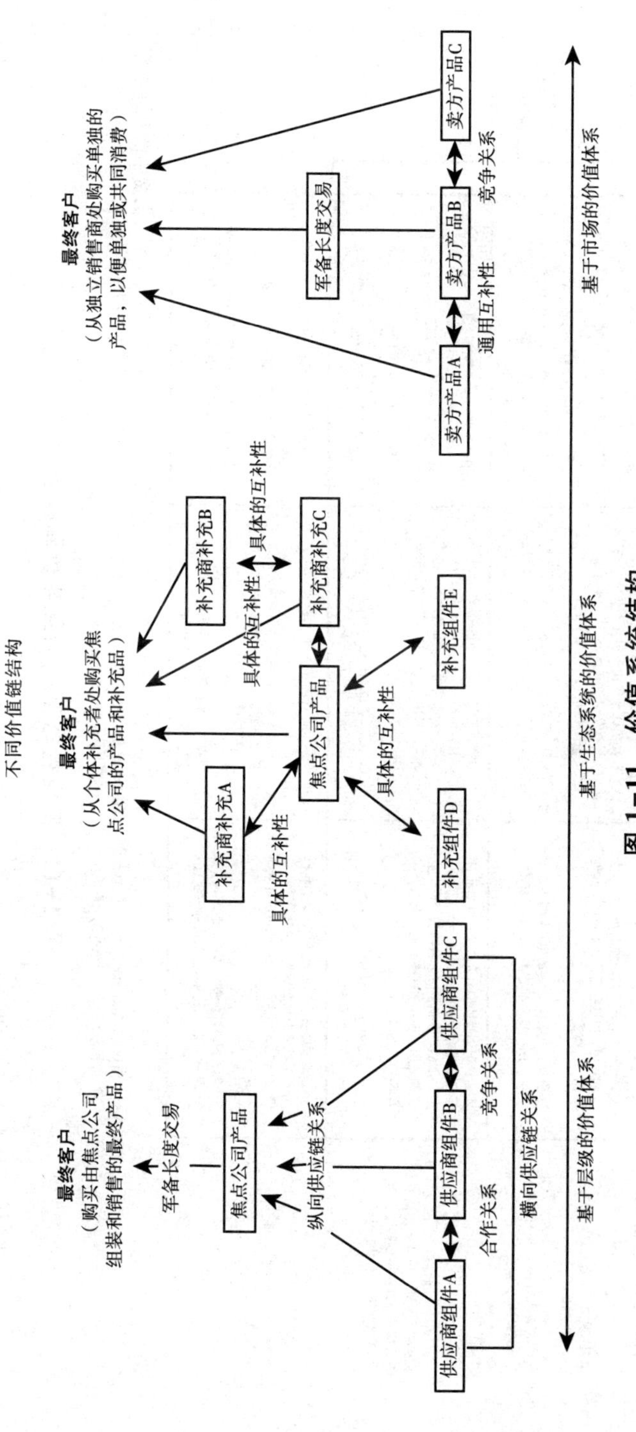

图 1-11　价值系统结构

资料来源：（Jacobides 等，2018）。

生产中的互补类型 \ 消费中的互补类型	通用型 共同消耗会比单独消耗产生更大的效用，但这些补充也可以与其他补充一起消耗	独特型 联合消费会比单独消费产生更大的效用，而这些互补品不联合消费时价值较低	超模块型 互补品联合消费的收益递增
超模块型 生产的产品A越多，生产的产品B和C越便宜（或质量越好） 或 制备B过程中涉及的制剂A越多，B的质量就越好 或 进行的活动A越多，执行活动B和C的效率就越高	· 不需要群体级协调，但生产数量的增加会逐步提高兼容组件的质量/可用性，并降低成本 · 互补品的联合消费较单独消费会产生更大的效用，但这些互补品也可以与其他产品一起消费 （例如，3G和4G兼容的电信网络和兼容设备，现在3G和4G已经是稳定的标准）	· 生产中需要群体级协调，随着协调的增强，它提高了兼容组件的质量/可用性，并降低了生产成本 · 互补品的联合消费较单独消费会产生更大的效用，这些互补品在不联合消费时价值较低 ［例如，5G兼容的物联网产品系统（5G尚未标准化）；NASA主导的创新竞赛］	· 生产中需要群体级协调，随着协调的增强，它提高了兼容组件的质量/可用性，并降低了生产成本 · 联合消费互补产品的回报递增 （例如，Android这样的开源软件，在生产中受到超模块化互补性的影响，即“更多的关注会发现更多的漏洞”；在消费中也受到超模块化互补性的影响，即“更多的Android兼容应用程序将增加消费Android的价值”）
独特型 如果没有制造商之间的协调或遵守模块化系统中的标准，项目A和B（和C）就无法生产	· 不需要群体级协调来允许生产兼容组件，但需要遵循开放标准 · 互补品的联合消费较单独消费会产生更大的效用，但这些互补品也可以与其他产品一起消费 （例如，电脑笔记本和开放标准的蓝牙、USB或Wi-Fi兼容外设）	· 生产者之间需要群体级协调以允许生产兼容组件 · 互补品的联合消费较单独消费会产生更大的效用，这些互补品不联合消费时价值较低 （例如，太阳能光伏板生产商、支架生产商和安装服务提供商）	· 生产者之间需要群体级协调以允许生产兼容组件 · 联合消费互补产品的回报递增 （例如，耐克产品和连接的可穿戴技术设备及运动应用程序；苹果ios和兼容应用程序；索尼兼容视频游戏和索尼视频游戏机）
通用型 项目可以协调制作，也可以相互独立制作	· 不需要群体级协调来允许生产兼容组件 · 互补品的联合消费较单独消费会产生更大的效用，但这些互补品也可以与其他产品一起消费 （例如，风格匹配的家居或服装配饰；交响乐团的乐器；酒店、健身房和游泳池）	· 不需要群体级协调来允许生产兼容组件 · 互补品的联合消费较单独消费会产生更大的效用，这些互补品不联合消费时价值较低 （例如，汽车和轮胎；手动剃须刀和通用刀片及剃须膏；网球拍和网球）	· 不需要群体级协调来允许生产兼容的互补产品 · 联合消费互补产品的回报递增 ［例如，多边平台（MSP）eBay、Airbnb或Uber；芭比娃娃和芭比兼容的衣服］

这些灰色块是生态系统

图 1-12　商业生态系统的互补机制模型

资料来源：（Jacobides 等，2018）。

要更高的协调性和同步开发，更适合高度复杂和互联互补的生态系统结构。这一研究将商业生态系统理论从宏观结构扩展至微观机制，深入揭示了互补性和协调需求对创新的影响，不仅丰富了商业生态系统的理论框架，也为生态系统治理和战略管理提供了新的视角。

近年来，随着数字化技术的快速发展，商业生态系统理论研究进一步拓展。数字化转型依托区块链、人工智能、物联网等技术的广泛应用，重新定义了企业间的协作模式和价值创造机制。这一变革催生了数字商业生态系统（Digital Business Ecosystem）。该概念将技术赋能、网络互动和实时适应性纳入生态系统理论的研究框架（Senyo等，2019）。数字商业生态系统被定义为基于数字技术交互形成的动态商业环境，是传统商业生态系统的演进和扩展形式。与传统商业生态系统相比，数字商业生态系统展现出更显著的动态性和复杂性，具体表现为四大特征：首先是平台（Platform）。数字平台既可以是硬件系统（如手机平台），也可以是软件平台（如应用商店），通过提供工具、服务和技术集合，成为价值创造和交互的核心基础。其次是共生关系（Symbiosis）。合作伙伴之间具有高度的相互依赖性，通过资源共享和能力互补形成稳定的合作网络，从而提高整体竞争力。再次是协同进化（Co-Evolution）。依托区块链、人工智能等新兴技术，商业生态系统具备更强的实时数据交互与智能分析能力，有助于推动数字商业生态系统的自适应能力，帮助企业根据市场变化和外部环境动态调整战略与运营模式。最后是动态互补性（Dynamic Complementarity）。数字商业生态系统中的互补关系不再是静态固定的，而是能够根据需求变化进行动态调整与充足，以更好地促进创新和价值创造。数字商业生态系统作为商业生态系统理论的延伸和深化，充分体现了数字化转型对价值创造与产业结构的重塑。在传统商业生态系统的基础上，它进一步强调动态互补性和实时适应能力，通过技术赋能和跨行业协作推动创新与竞争优势的形成。这种模式不仅打破了传统企业边界，还推动了跨行业融合与新型商业模式的形成。

（二）价值共创理论

价值共创是商业生态系统理论的核心特征，以服务主导逻辑为基础，并随着商业生态系统的不断融合与发展，在营销、服务创新、供应链管理等领域得到了广泛关注。Vargo 和 Lusch（2008）提出“服务就是经济交换的基本单位”这一观点，标志着营销理论逻辑由产品主导转向服务主导，强调消费者及其他利益相关者应深度参与价值创造过程，价值在各主体的交互过程中共同生成。延续这一思路，Prahalad（2004）明确提出“价值共创”（Value Co-Creation）概念，强调企业与消费者之间的伙伴关系及其战略价值，指出消费者不仅是价值接受者，更是产品、服务创新与生产过程的积极参与者。这一观点进一步拓展了共创模式、共创机制和价值网络等研究议题。同样地，Lusch 等（2007）进一步明确价值共创是企业与顾客及合作伙伴互动、协同创造价值的核心过程，强调价值在使用中生成（Value-in-Use）而非生产中嵌入（Value-in-Exchange）。企业应将顾客视为积极协作者，通过资源整合和信息技术赋能共同提升创新能力和竞争优势。

以服务主导逻辑和价值共创理念为基础，Ramaswamy 和 Ozcan（2014）进一步聚焦价值共创议题，提出价值共创是企业获取竞争优势的关键，强调通过对话（Dialogue）、接触点（Touchpoints）、平台（Platforms）和体验（Experiences）等要素构建价值共创的协同互动机制。其中，对话是价值共创的基础，通过透明、持续的双向交流，促进创新与合作；接触点是企业与利益相关者互动的具体节点，通过精心设计增强用户体验和关系黏性；平台作为参与载体，集成人工制品、人员、流程和界面，放大资源整合与协作能力，为价值共创提供结构化支持；体验是价值共创的核心结果，强调功能需求与情感需求的双重满足，从而提升用户满意度和增进整体福祉。该研究通过系统框架和案例分析，强调企业需构建开放、动态的生态系统，充分调动利益相关者的主动性和创造力，从而推动商业环境下的创新与竞争力提升。

聚焦价值共创的概念框架和操作流程，Payne 等（2008）进一步分析客户与供应商之间的互动与学习机制，构建了过程导向的价值共创框架，如图 1-13 所示。该框架强调客户和供应商之间的协作关系，并从过程视角讨论了价值共创的动态机制。客户通过情感、认知和行为三个维度形成“关系体验”（Relationship Experience），并在持续互动中增强学习能力；供应商则通过共创机会识别、规划和实施等步骤优化流程，同时依托组织学习不断提升服务设计与交付能力。双方通过动态接触点进行双向沟通与反馈，推动价值共创的持续改进。该研究进一步细化了价值共创的操作流程，并形成如图 1-14 所示框架，具体映射了客户、供应商、接触流程中的各阶段任务和支持措施。从客户的目标设定、计划、决策、准备、执行到后续跟进，该流程详细展示了客户流程的全周期活动；供应商在各阶段提供指南支持、规划支持、决策支持、准备支持、执行支持和跟进支持等，以确保互动协同和服务优化。同时，接触流程作为双方互动的桥梁，贯穿于整个流程，为共创提供信息交流和资源整合的渠道。该研究强调客户与供应商在价值创造过程中的对等关系和协同互动。客户的需求与体验驱动供应商的规划与执行，而供应商通过接触过程提供支持和学习反馈，形成闭环共创系统。

Grönroos 和 Voima（2013）进一步将价值共创划分为三个关键领域，即提供者领域（Provider Sphere）、联合领域（Joint Sphere）和顾客领域（Customer Sphere），系统揭示了企业与顾客在价值创造过程中的角色分工和互动机制，如图 1-15 所示。在提供者领域，企业主要扮演“资源提供者”和“价值促进者”角色，通过产品或服务的生产和交付，为顾客的价值创造提供必要的资源和条件。然而，在这

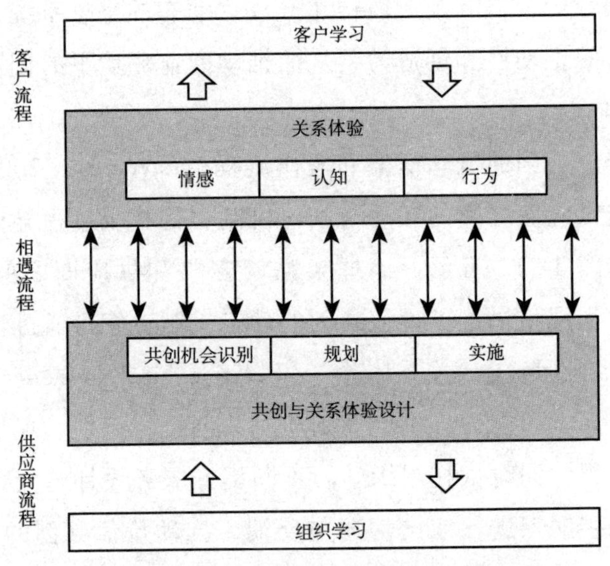

图 1-13　过程导向的价值共创框架

资料来源：（Payne 等，2008）。

一阶段，企业仅能创造潜在价值（Potential Value-in-Use），实际价值的实现仍取决于顾客在使用过程中的具体应用情境。例如，旅行社通过发送宣传手册和预订系统，间接支持顾客的决策和规划，但不直接参与顾客的最终体验塑造。进入联合领域后，企业和顾客通过直接互动，共同参与价值共创过程。在这一阶段，企业角色从“资源提供者”转变为“共同创造者”（Co-creator），与顾客进行资源整合和信息交换，形成动态对话机制，实现真实价值（Real Value-in-Use）。例如，顾客与旅行社通过电话预订或实时调整行程规划，共同优化旅行方案，提升体验效果。该领域强调协作和共同生产过程，凸显了互动在价值塑造中的关键作用。在顾客领域，顾客扮演“价值创造者”（Value Creator）的角色，通过在特定情境下使用产品或服务，创造个体或集体层面的价值。在此阶段，企业退居次要角色，仅作为“价值促进者”（Value Facilitator）间接提供资源支持。例如，

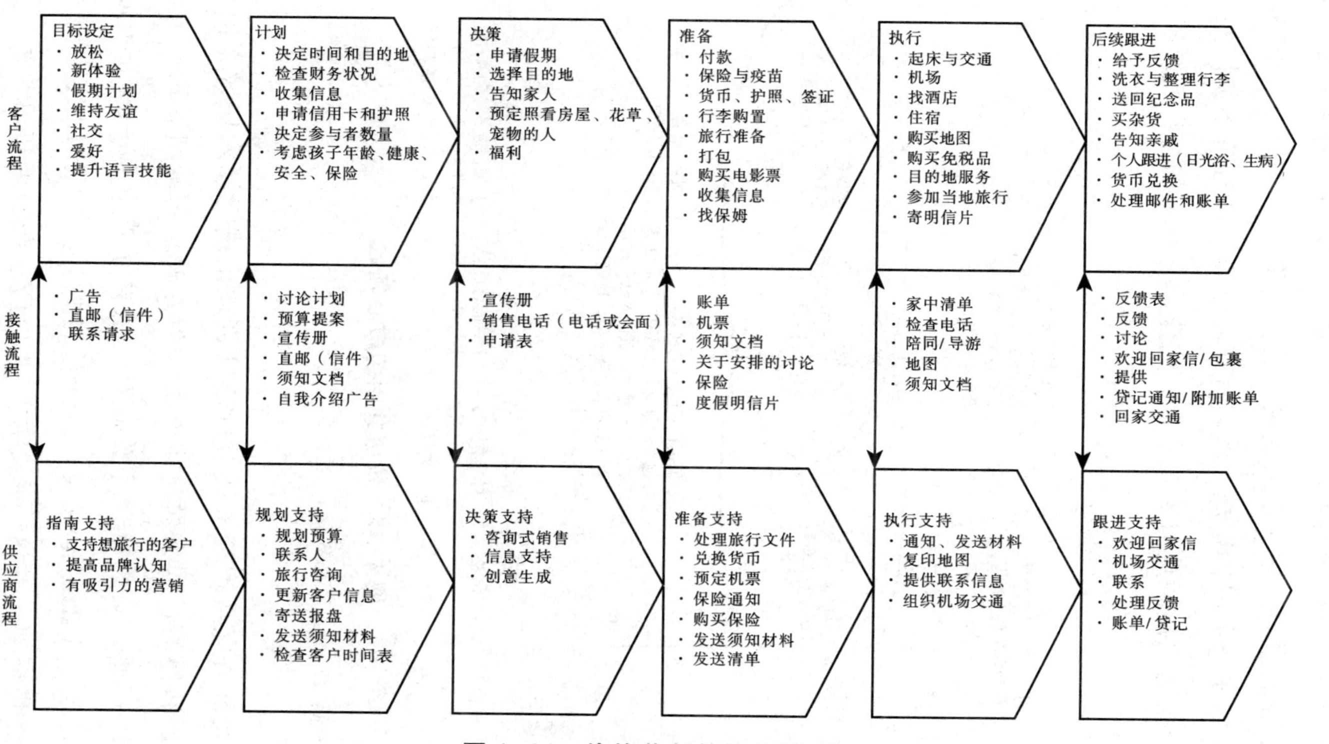
客户流程
目标设定
· 放松
· 新体验
· 假期计划
· 维持友谊
· 社交
· 爱好
· 提升语言技能
计划
· 决定时间和目的地
· 检查财务状况
· 收集信息
· 申请信用卡和护照
· 决定参与者数量
· 考虑孩子年龄、健康、安全、保险
决策
· 申请假期
· 选择目的地
· 告知家人
· 预定照看房屋、花草、宠物的人
· 福利
准备
· 付款
· 保险与疫苗
· 货币、护照、签证
· 行李购置
· 旅行准备
· 打包
· 购买电影票
· 收集信息
· 找保姆
执行
· 起床与交通
· 机场
· 找酒店
· 住宿
· 购买地图
· 购买免税品
· 目的地服务
· 参加当地旅行
· 寄明信片
后续跟进
· 给予反馈
· 洗衣与整理行李
· 送回纪念品
· 买杂货
· 告知亲戚
· 个人跟进（日光浴、生病）
· 货币兑换
· 处理邮件和账单
接触流程
· 广告
· 直邮（信件）
· 联系请求
· 讨论计划
· 预算提案
· 宣传册
· 直邮（信件）
· 须知文档
· 自我介绍广告
· 宣传册
· 销售电话（电话或会面）
· 申请表
· 账单
· 机票
· 须知文档
· 关于安排的讨论
· 保险
· 度假明信片
· 家中清单
· 检查电话
· 陪同/导游
· 地图
· 须知文档
· 反馈表
· 反馈
· 讨论
· 欢迎回家信/包裹
· 提供
· 贷记通知/附加账单
· 回家交通
供应商流程
指南支持
· 支持想旅行的客户
· 提高品牌认知
· 有吸引力的营销
规划支持
· 规划预算
· 联系人
· 旅行咨询
· 更新客户信息
· 寄送报盘
· 发送须知材料
· 检查客户时间表
决策支持
· 咨询式销售
· 信息支持
· 创意生成
准备支持
· 处理旅行文件
· 兑换货币
· 预定机票
· 保险通知
· 购买保险
· 发送须知材料
· 发送清单
执行支持
· 通知、发送材料
· 复印地图
· 提供联系信息
· 组织机场交通
跟进支持
· 欢迎回家信
· 机场交通
· 联系
· 处理反馈
· 账单/贷记

图 1-14　价值共创的操作流程

资料来源：（Payne 等，2008）。

顾客在浏览旅行照片或分享旅行体验时，通过回忆和社交互动进一步塑造和强化价值体验。这一框架强调了价值创造是一个动态、多层次的过程，贯穿于企业提供资源、顾客直接互动以及顾客自主使用的全周期，为企业优化接触点与交互平台、构建动态开发的合作系统提供理论支撑。

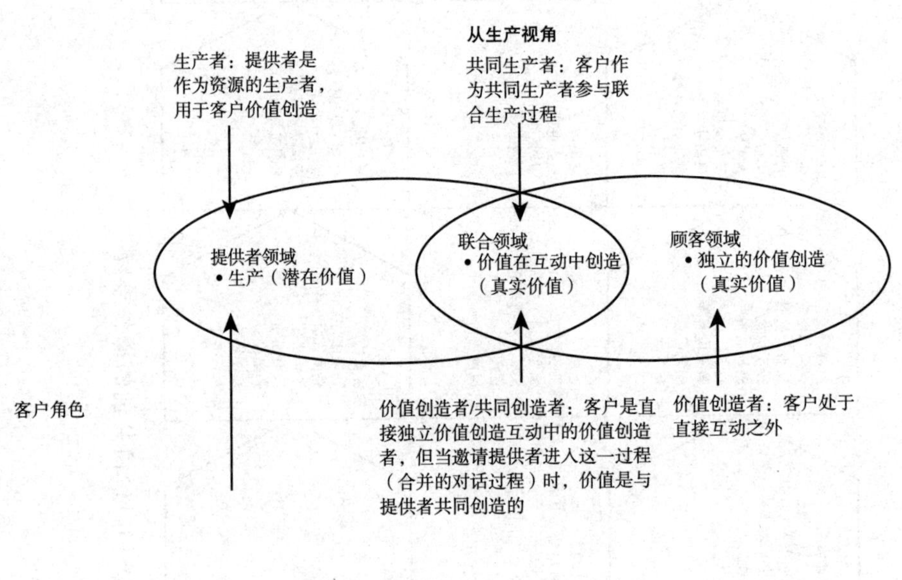

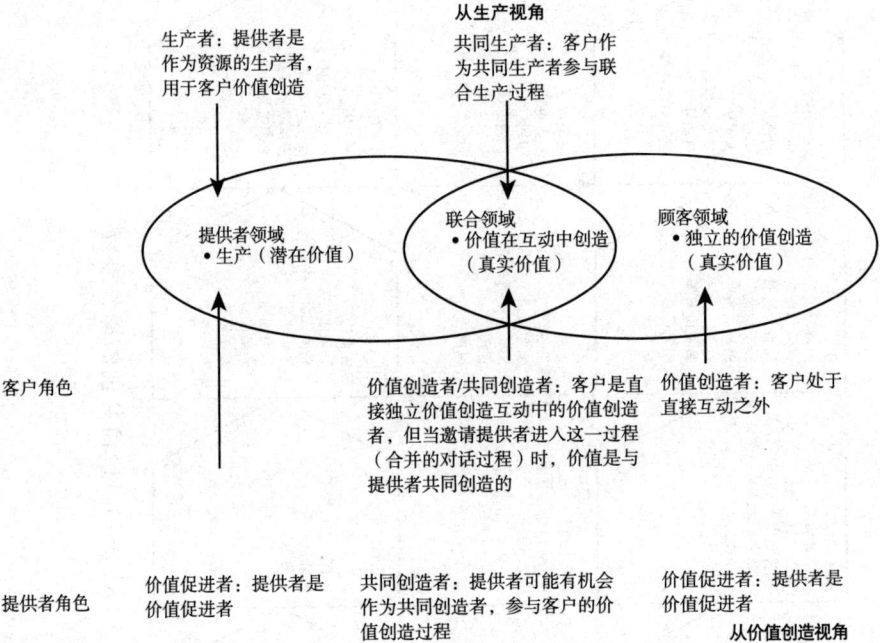

图 1-15　价值共创的核心领域

资料来源：（Grönroos 和 Voima，2013）。

尽管大量研究从理论层面对价值共创理论进行深入探讨，但该理论在实证和经验证据方面仍显不足。为弥补这一缺口，Ranjan 和 Read（2016）通过系统梳理相关研究，从共生产（Co-Production）和使用中价值（Value-in-Use）两个维度构建了如图 1-16 所示的可操作化测量框架。在这一框架中，共生产主要涵盖知识共享、公平性和互动三个核心要素，而使用中价值则包括体验、个性化和关系等关键维度。Ranjan 和 Read（2016）基于文献分析提炼出 175 项测量指标，并通过经验数据验证最终保留了 37 项具有代表性的测量题项。该研究不仅为后续实证研究提供了相对成熟的测量工具，也进一步推动了价值共创理论从理念探讨向可量化的经验研究转型。

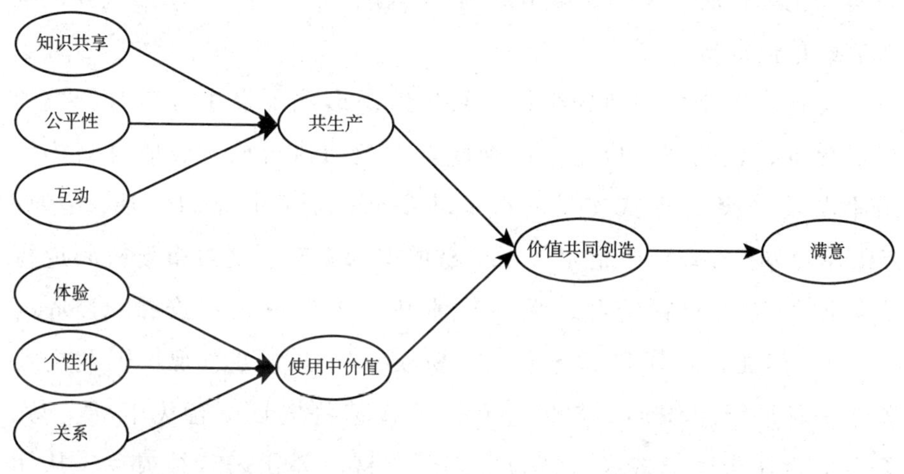

图 1-16　价值共创的可操作化测量框架

资料来源：（Ranjan 和 Read，2016）。

总的来看，价值共创理论经历了从顾客—企业双边互动到多主体、多维度、多层次生态系统共创研究的演进过程。在这一过程中，研究焦点逐步从探讨企业与顾客之间的互动机制扩展到对商业生态系统内多主体协同和客户深度参与等关键议题的探索。这种转变不仅强调企业与顾客之间的价值共创，也进一步关注供应商、商业伙伴、平台运营等多元主体在生态系统中的协作关系及共同作用。此外，随着信息技术的发展，顾客从被动接受者转变为积极参与者，通过共创活动直接影响产品与服务的开发、改进与交付。这一趋势推动了价值共创研究向更广泛的协同创新和生态系统治理方向发展，强调在动态环境下构建共赢型合作模式和价值共享机制。

（三）交易成本经济学理论（Transaction Cost Economics）

交易成本经济学理论是现代制度经济学和组织经济学的重要分支，其核心观点是市场交易并非“零成本”进行，而是会产生各种成本。这一理论由 Ronald Coase 提出，Oliver E. Williamson 进行了进一步深化和拓展，从而逐渐形成用于解释企业边界、组织形式和治理机制的理论框架。

交易成本是指在市场交易或某种组织形式下发生交易时产生的各类成本，包括搜寻成本、谈判成本、契约执行成本、监督与协调成本以及冲突处理成本等。Ronald Coase 在《企业的性质》（*The Nature of the Firm*）中指出，当交易成本为零时，通过市场机制进行交易即可高效配置资源，无须其他制度干预或组织安排（Coase，1937）。然而，在现实市场中，交易成本往往不可忽视，因此企业作为一种层级组织形式得以存在，并在某些情景下替代市场交易。企业的存在与规模扩张，是为了通过交易内部化来节约成本，从而减少市场交易中的不确定性与风险。具体而言，当市场交易成本较高时，企业会倾向于采用纵向一体化等组织形式，通过内部治理降低交易成本，提高运行效率。交易成本经济学理论进一步强调，由于有限理性（Bounded Rationality）和机会主义（Opportunism）的存在，交易过程中的契约往往是不完全的，需要在后续执行中予以调整和完善。因此，不同治理结构需要权衡以下因素——资产专用性（Asset Specificity）、不确定性和交易频率。资产专用性是指投资是否具有专门用途，以及一旦交易失败是否存在资产损失风险。不确定性是市场和技术条件变化是否导致交易无法预期完成。交易频率是指交易发生的频度对成本和效率的影响。根据上述因素，企业可以选择以下治理模式：一是市场机制，适合低专用性资产和低频率的交易；二是层级组织（科层制），适合高专用性资产和高不确定性的交易；三是混合组织，融合市场与科层优势，通过战略联盟或合资等方式协调资源与能力。

Coase（1937，1960）的两篇经典论文《企业的性质》（1937）和《社会成本问题》（1960）奠定了交易成本经济学理论的基础，为理解企业组织与市场机制提供了系统性的分析框架。在《企业的性质》中，Coase 提出企业存在的根本原因在于市场交易过程中存在交易成本。这些成本存在于搜寻信息、谈判合同、监督执行和解决争端等各个环节，使得市场机制在某些情景下效率较低。相比之下，企业通过内部管理和指令机制可以替代市场交易，从而有效降低交易成本。Coase 进一步指出，企业边界的大小取决于内部管理成本与市场交易成本的比较：当市场交易成本较高时，企业倾向于扩大规模并将交易内部化；反之，则倾向于外包或依赖市场机制完成交易。Coase 强调，企业内部的契约关系本质上是一种长期合作安排，核心在于雇佣者通过权威机制协调资源配置。企业的形成与发展过程，实际上是市场与层级组织之间相互作用和成本权衡的结果。在《社会成本问题》中，Coase 进一步拓展了交易成本分析，探讨了外部性与资源配置问题，提出著名的“科斯定理”：在交易成本为零或较低条件下，明确的产权界定可以促使当事人通过市场协商实现最优资源配置，而无需政府干预。这一观点强调，外部性问题的实质是权利冲突，其解决关键在于平衡各方利益，选择损失最小、收益最大的方案；产权的明确性有助于降低交易成本，提高协商效率；在交易成本较高时，政府或法律的作用在于界定产权与提供执行保障，而非直接干预资源配置。这两篇文章共同构建了交易成本经济学理论框架，从企业的内部组织到市场交易机制与产权制度安排，系统阐释了现实经济中的资源配置过程及其优化路径，强调企业与市场的互补性，既阐述了企业边界与组织形式的选择，也为外部性治理和政策分析提供了新的视角和思维工具。

Oliver E. Williamson 是交易成本经济学理论的奠基人之一，其《市场与层级制：分析与反托拉斯含义》（*Markets and Hierarchies: Analysis and Antitrust Implications*, 1975）、《资本主义的经济制度：公司、市场和关系性合同》（*The Economic Institutions of Capitalism: Firms, Markets, Relational Contracting*, 1998）和《治理机制》（*The Mechanisms of Governance*, 1999）三本重要著作系统地发展和完善了交易成本经济学理论。在《市场与层级制：分析与反托拉斯含义》中，威廉姆森首次系统分析了市场交易与企业内部管理之间的关系，提出交易成本是决定组织形式的关键因素：市场机制适用于交易成本较低、标准化程度较高的情景；在交易成本较高、复杂性较强的情景下，企业内部管理（即科层结构）更具效率，因为内部管理可减少协调和监督成本。其核心贡献在于：一是提出了"资产专用性"概念，强调当交易涉及特定资产时容易产生"锁定效应"（Hold-up Problem），增加交易风险与成本；二是强调有限理性和机会主义导致的合约不完全性，使得治理机制必须具备灵活性和适应性，以应对复杂交易中的不确定性和冲突；三是解释了企业通过垂直整合或内部管理降低交易成本、减少风险的动因。在《资本主义的经济制度：公司、市场和关系性合同》中，威廉姆森进一步强调了治理结构与制度安排在降低交易成本方面的重要性，并系统分析了三种治理形式：市场机制（适合交易成本低、资产专用性低的情境）、科层组织（适合交易成高、资产专用性高的情境）和混合组织（适合不确定性较高但交易双方信任度较强的情境，如联盟、合资企业等）。其核心贡献在于：一是提出了"关系型合同"（Relational Contracting）概念，强调长期合作与信任在高度不确定性和资产专用性较强交易中的作用，超越传统的正式契约；二是探讨了制度环境（如法律体系、监管框架和社会规范）在降低交易成本中的作用，指出长期的制度安排能够提高资源配置效率。在《治理机制》中，威廉姆森进一步完善了治理机制的理论框架，提出了“多层次合约治理”模型：经典契约（适用于标准化交易和市场机制，以价格机制为核心）、新古典契约（适用于中等复杂度交易和混合机制，依赖灵活调整和合作关系）和关系型契约（适用于高不确定性与专用性的交易，通过长期合作降低交易风险）。其核心贡献在于：一是强调治理机制设计需要兼顾权威、协调与冲突解决机制，以适应交易的不确定性与复杂性；二是指出治理机制是市场规则和行政管理的互补工具，强调市场与制度相结合可优化资源配置；三是强调在交易成本较高情境，通过灵活和动态的治理结构可提高交易效率、降低风险。

Alchian 和 Demsetz（1972）在交易成本经济学理论的基础上，进一步探讨了企业存在的根本原因及其内部治理结构的经济逻辑。他们提出了一套以团队生产和信息成本为核心的分析框架，完善了制度经济学和组织理论的研究体系。其主要分析团队生产中的合作问题，尤其是当产出难以直接归因于个体贡献时，如何设计监督和激励机制提高效率。他们认为，相较于市场机制，企业更适合于管理复杂交易和开展合作生产，主要原因在于企业能够通过集中管理和监督降低信息成本，并优化激励机制，从而提高团队整体的生产效率。Alchian 和 Demsetz（1972）强调，团队生产是企业存在的重要基础。在团队合作中，产出往往是多方协作的结果，难以精确衡量每位成员的边际贡献。这种信息不对称导致监督成本和激励成本上升，使市场机制难以有效调动个体的生产积极性。企业通过集中管理和监督机制，可以减少“搭便车”和“偷懒”现象，进而提高合作的效率。因此，他们提出，计量成本和监督成本是治理机制选择的重要依据。计量成本是衡量个体产出与努力的成本，而监督成本则是为防止成员懈怠或逃避责任而投入的资源。在团队生产中，这两类成本往往较高，需要通过企业内部治理机制予以有效控制。此外，该分析进一步揭示了企业内部管理权力和激励机制的运作方式，强调雇主或经理不只是监督者，更是“剩余价值索取者”。雇主承担企业收益和损失的剩余部分，这一制度安排既激励雇主积极履行监督职能，也赋予其灵活调整合同或解雇低效成员的权力，从而提高治理效率。这一视角突出了剩余索取权在激励设计和治理结构中的核心作用，为理解企业组织的激励逻辑提供了新的理论框架。与传统观点不同，他们认为，企业的治理机制并非依赖强制性权威，而是基于契约安排和灵活激励机制运作的组织形式。市场机制依赖价格信号优化资源配置，但在团队生产环境中，信息不对称和合作复杂性使市场难以有效激励个体。而企业机制通过集中监督与激励制度设计，降低信息成本和交易风险，从而在团队合作环境中表现更优。这突破了传统“权威理论”的局限，强调企业治理的本质是通过契约安排和激励设计解决信息不对称和监督问题。总体而言，该研究拓展了交易成本经济学的分析视角，也深化了对企业内部治理结构的理解。

综上所述，交易成本经济学理论的核心贡献在于，通过关注现实经济活动中不可忽视的交易成本以及合约不完全性，系统解释了企业为何存在、如何选择治理结构，以及不同制度与组织形态在面对不确定性和机会主义时为何会表现出不同的效率。该理论突破了传统经济学假说中的“交易无成本”和“完全理性”设定，强调现实市场环境中因信息不对称、合约执行成本及监督机制缺失而产生的效率损失，并提出通过组织与制度安排降低交易成本、优化资源配置的解决路径。

第二节　数字化转型

数字化转型作为企业应对技术变革和市场竞争的关键战略，已成为推动制造业高质量发展的核心动力。本节围绕数字化转型的概念界定、影响因素和组织后果展开系统分析，以明确其内涵及作用机制，为后续研究奠定扎实的基础。首先，深入分析数字化转型的定义及其核心特征，厘清数字化、信息化和智能化等相关概念的联系与区别，强调数字化转型是一种战略性、系统性和动态性的变革过程。其次，从内部驱动和外部环境两个层面探讨推动企业数字化转型的关键因素，包括技术创新能力、数据治理水平等内在支撑要素和市场需求变化、政策引导等外部驱动情境。最后，系统研究数字化转型对企业结构、运营流程、组织文化及绩效表现的影响，揭示其通过优化资源配置和提升运营效率，为企业高质量发展和竞争优势获取提供支撑。

一　概念界定与内涵辨析

（一）概念演进与辨析

近年来，数字化转型理论与实践已成为研究的热点。随着数字技术（如海量数据、分布式信息、通信和计算技术的整合与互联等）的广泛应用，企业纷纷通过数字化转型来应对技术变革、提升运营效率和增强竞争优势（André Hanelt 等，2021）。尽管研究者普遍认同数字化转型是一项战略性变革活动，但尚未在其理论内涵（Warner 和 Wäger，2019）、概念维度（Wessel 等，2021）及测量方法等方面达成共识，理论框架处于不断发展与完善中。

数字化转型的概念可追溯到信息化（Computerization）的发展过程。最初 Nora 和 Minc（1980）提出信息化概念，将其定义为技术及技术与电信技术（Telematics）的融合，通过网络化系统实现信息的存储、处理和传输。这一阶段的信息化不仅被视为技术进步的体现，更被视为推动社会组织结构和经济模式变革的关键力量。信息化重构了信息的获取、处理和应用方式，创造了一个信息密集型社会，使信息逐步成为事关国家、区域和企业核心竞争力的战略资源。其特征在于通过技术与通信网络的结合，实现信息的高速流动和共享，显著提升生产和管理效率，同时推动社会关系和经济结构的深层次变革。然而，这一阶段也暴露出信息孤岛等问题，导致数据共享和集成度较低，难以满足复杂环境下的实时决策与动态协同需求。

随着信息化的进一步深化，数字化（Digitalization）概念开始形成，并逐步超越信息化的范畴，强调以先进数字技术为核心，通过与社会和制度的多维互动构建促进社会和经济运行的基础设施（Teubner 和 Stockhinger，2020）。数字化依托社交、移动、分析以及人工智能、区块链、云计算和大数据等技术，推动沟通、速度、虚拟性和市场透明度等维度的革新（Calderon-Monge 和 Ribeiro-Soriano，2024）。值得注意的是，数字化与数据化（Digitization）存在显著区别。数据化主要聚焦技术层面，指将模拟信息编码为数字格式的过程（Yoo 等，2010，2012）。其核心在于将现实客体转化成为可追溯和可分析的数字化内容，是技术改造的基础阶段，并不涉及社会、制度及企业的整体影响。因此，数据化为数字化应用提供支撑，而数字化进一步推动社会与组织结构的系统重塑。

随着信息化与数字化的进一步演进，数字化转型（Digital Transformation）成为企业适应环境变化和技术创新的核心战略路径。数字化转型不仅是一种流程优化和效率提升的工具，更是一场全面、系统且深层次的组织变革活动（Alzamora-Ruiz 等，2021）。其核心在于通过数字技术将物理世界与数字世界融合，（Brynjolfsson 和 McAfee，2014），以数据驱动决策替代经验管理，从而带动商业模式创新与价值创造（Kohli 和 Melville，2019）。在这一阶段，企业数字化转型强调流程优化与成本控制，但在处理复杂、非结构化数据和智能分析方面仍存在局限（Vial，2019）。随着人工智能（AI）、物联网（IoT）和大数据分析技术的成熟，企业数字化转型逐渐展现出智能化特征，尝试通过自主决策和系统自动化推动企业管理向更加智能化的方向发展（Porter 和 Heppelmann，2015）。

整体来看，信息化、数字化与智能化发展代表了企业开展数字化转型的递进式阶段。信息化是基础阶段，重心在于数据存储与管理；数字化是核心阶段，强调流程优化与数据驱动；智能化是数字化转型的高级阶段，依赖于人工智能和大数据实现自动化与智能决策。三者相互补充又彼此协同，共同推进企业高质量发展（曾德麟等，2021；刘洋和李亮，2022）。从信息化阶段的数据管理和资源整合到数字化阶段的流程优化和价值创造再到智能化阶段的自主决策和智能运营，数字化转型逐渐展现出更高层次的复杂性和适应性。这一演进过程不仅体现了技术驱动的逻辑，也反映了企业组织结构与商业模式的深层变革。

（二）核心特征与关键要素

综上，数字化转型是企业利用数字技术（如大数据、云计算、物联网、人工智能等）重塑业务流程、运营模式和商业模式的过程，其目标在于适应数字经济环境，促进创新与形成竞争优势（刘洋和李亮，2022；许龙等，2023）。数字化转型的本质在于以数字技术为驱动力，推动企业从传统运营模式向数据驱动、智能决策和平台协作的模式转变（罗兴武等，2024；吴江等，2021）。

数字化转型具有以下核心特征：技术驱动性、动态适应性和价值共创性。首先，技术驱动性是数字化转型的核心特征。企业通过信息通信技术、云计算、人工智能等关键技术，实现对数据的采集、分析与应用，从而推动业务流程和组织模式的创新（曾德麟等，2021）。例如，Fitzgerald 等（2020）将数字化转型界定为利用移动网络、社交媒体及嵌入式设备等技术，增强客户体验、简化运营流程、创新商业模式的过程。许龙等（2023）进一步指出，数字化转型以数字技术为核心，通过对生产、运营、管理及商业模式的系统重塑，实现客户价值的创造与革新，同时，认为数字化转型的核心在于利用海量数据和智能化决策，帮助企业应对日益复杂和不确定的外部环境，提升竞争力。其次，动态适应性是数字化转型的显著特质，表现为企业通过数字技术不断适应外部环境的变化，从而增强灵活性和创新能力（陈其齐等，2021；陈晓颖和邱国栋，2022；胡海峰等，2022）。崔淼和周晓雪（2021）基于24个案例的质性元分析指出，企业数字化转型的关键在于动态能力和运营能力的增强与平衡。动态能力强调企业在不确定环境下的灵活调整与能力重构，运营能力则关注企业核心能力的维持性与稳定性。两者的协调与互动，为企业战略更新与转型成功提供了重要支撑。邢明强和许龙（2024）基于A股制造业上市公司数据的研究发现，数字化转型通过增强企业的动态能力显著提升了绿色创新水平，并且这种提升受到了环境规制和市场竞争程度的显著影响。由此可见，面对市场需求变化、技术迭代和政策环境调整等，数字化转型不仅是一种技术升级过程，更是企业在组织结构、资源配置和商业模式上的全方位变革。特别是在高度不确定的数字经济环境下，动态适应性成为企业提升竞争优势和应对环境变化的关键要素。最后，价值共创性突出了数字化转型中的协同创新特征。在数字化环境下，企业主体间的价值共创方式发生了深刻变革。张超等（2021）提出了两类数字创新生态系统的表现形式——创新导向型数字生态系统和数字赋能型创新生态系统。创新导向型数字生态系统旨在促进数字创新的产生、应用和扩散，具有收敛性、可拓展性、自生长性和模块性等特征；数字赋能型创新生态系统则是数字化进程与创新主体间价值共创行为深度融合的结果，推动了生态系统内主体、结构、制度和功能的全面数字化转型。此外，孙新波等（2022）以海尔COSMOPlat为研究对象，建构了工业互联网平台赋能数字商业生态系统的理论模型，提出了“数据资源行动—数据能力生成—生态价值实现”的路径，通过组织赋能、结构赋能和场域赋能，形成了由数据价值节点、数据价值链条和数据价值网络所交织而成的共创体系。这种价值共创模式强调数字化转型可提升企业核心竞争力，同时推动产业的整体创新与发展。

（三）测量工具

当前，数字化转型的定量研究尚处于新兴阶段，关于其测量工具和指标体系的构建仍未达成共识。从宏观视角，大量学者尝试通过构建指标体系的方式对数字化转型进行测度，主要聚焦数字经济发展、数字基础设施建设及政策冲击效应等。例如，中国信息通信研究院采用生产法测度我国数字经济规模，并将其划分为数字产业化和产业数字化两部分。数字产业化用数字产业增加值占国内生产总值的比重进行评估，强调数字技术及相关产业的直接经济贡献；产业数字化则用经数字化改造后的传统产业增加值占国内生产总值的比重进行测量，反映数字技术对传统经济部门的渗透与改造能力。此外，刘军等（2020）从信息化发展、互联网发展和数字交易发展三个维度，基于8个二级指标构建了中国分省份的数字经济评价指标体系，为区域数字化转型水平提供了数据支撑。柏培文和张云（2021）从数字用户活跃度、数字创新活跃度、数字产业活跃度和数字平台活跃度四个维度构建了数字经济发展水平评价指标体系，并通过主成分分析法对数字化转型水平进行了定量测度。这些指标体系从用户行为、创新能力、产业特征和平台作用等多维度评估了数字化进程，为企业和产业层面的数字化转型研究提供了参考。

与此同时，部分学者从政策冲击的角度，通过准自然实验方法研究数字化转型效果。例如，张杰和付奎（2021）以“宽带中国”战略试点为准自然试验，采用双重差分法评估信息网络基础设施建设对城市创新的驱动效应，揭示了政策推动在区域数字化转型中的作用。类似的，张钦成和杨明增（2022）基于“两化融合”试点的准自然实验，采用双重差分方法发现企业数字化转型通过提高内部控制运营效率来显著提升内部控制质量。

在企业层面的数字化转型实证研究中，主要采用以下三种测量方式：年报文本词频分析法、数字投资占比法和数字化转型成熟度评估法。一是年报文本词频分析法。企业年报不仅是总结企业过去发展状况的重要文件，也是指引未来战略方向的重要依据。作为新时代企业高质量发展的重要战略，数字化转型的特征信息可以通过企业年报文本反映出来。企业年报中与数字化转型相关的词语的出现频率，能够在一定程度上体现企业对数字化转型战略的重视程度及其实施进程。例如，吴非等（2021）以沪深交易所上市公司为样本，根据经典文献、政策文件和报告爬取了如图 1-17 所示的企业数字化转型结构化特征词图谱，以此为基础计算年报中关键词的词频，再根据类别将词频分类并加总后作为衡量企业数字化转型的测量工具。二是数字投资占比法。数字投资是企业数字化转型的直接体现。部分研究认为，企业在数字技术和硬件系统上的投资额可以直接反映其数字化转型水平（刘政等，2020）。楼润平等（2022）提出了可将企业年末无形资产科目明细中的数字化相关金额占无形资产总额的比例，作为衡量企业数字化转型的测量指标，并进一步将数字化投资细分为数字化软件投资与数字化硬件投资两部分。具体而言，数字化软件投资通过企业年报中无形资产项下的软件或信息系统投资进行测量；数字化硬件投资则通过年报中固定资产项下的电子设备及计算机类投资来衡量（楼润平等，2022）。这一方法基于财务数据，能够清晰呈现企业在数字化领域的投入力度，具有较强的可操作性。三是数字化转型成熟度评估法。数字化转型成熟度模型是学术界和行业实践中广泛应用的评估工具，能够从多个维度测量和指导企业的数字化转型进程。国外典型的成熟度模型包括普华永道的弗劳恩霍夫工业 4.0 分层模型（Fraunhofer Industrie 4.0 Layer Model）、高德纳咨询公司的高德纳数字化业务成熟度模型（Gartner's Digital Business Maturity Model）以及埃森哲的数字能力评估模型（Digital Capability Assessment）等（Nasiri 等，2022）。这些模型通常涵盖人员、组织、产品、流程、技术和战略等

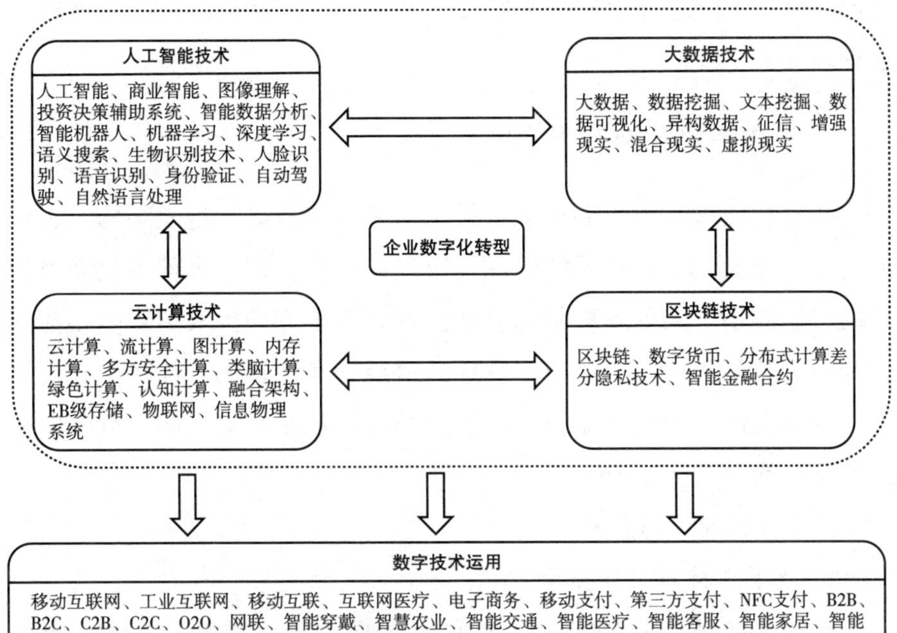

图 1-17　企业数字化转型结构化特征词图谱

资料来源：（吴非等，2021）。

多个管理维度，有较为全面的评估框架。在国内，学术界和企业也推出了相关的数字化转型成熟度模型。例如，王核成等（2021）开发的数字化转型成熟度模型聚焦战略与组织、基础设施、业务流程与管理数字化、综合集成及数字化绩效等。华为则以数字化业务创新与高效运营、数据智能和价值再造、数字技术管理和融合为核心指标，构建了企业数字化转型成熟度的测量框架（陆洋和王超贤，2021）。

以上企业维度的数字化转型测量工具分别从文本、投资和成熟度评估三个方面提供了针对企业数字化转型水平的多角度量化方式。其中，年报文本词频分析法侧重于体现企业战略层面的数字化特征，数字投资占比法通过财务数据直接反映企业对数字化技术和设备的投入情况，数字化转型成熟度评估法则从多个管理维度评估企业转型进程。

二　数字化转型的影响因素

数字化转型是组织利用数字技术对其竞争战略、组织结构、工作流程及企业文化等进行系统性深度改造的过程。这一过程不仅涉及技术的广泛应用，还受到外部环境和内部资源多方面因素的影响。为了充分释放数字化转型的潜力，企业需适应动态变化的外部环境，同时整合内部资源，通过商业模式和组织结构的创新应对外部环境的不确定性。

（一）外部环境因素

1. 政策支持与法律监管

政策支持是企业数字化转型的重要驱动力。例如，税收“放管服”改革显著促进了企业数字化转型（曹倩雯和曾军平，2025）。这一促进效应通过以下机制实现：一是推行数据驱动的税收管理模式，倒逼企业数字技术创新；二是简化税收申报流程、减少行政审批环节，降低企业的税务成本；三是提升纳税服务质量，降低制度性交易成本。这些措施为企业开展数字化转型提供了创新活力、资金支持和政策保障。此外，政府创新补贴也会对数字化转型产生积极作用。杜传忠等（2023）的研究发现，政府创新补贴通过提升管理层对数字化的关注度、突破数字技术创新制约和缓解数字资源约束等，有效促进了制造业企业的数字化转型。同时，国有企业基于经济发展、战略支撑和公共服务等功能与使命，利用“定位机制—映射机制”的外循环路径和国有资本战略定位的“内衔接”路径，开展市场导向型、能力导向型和公共导向型的数字化变革（戚聿东等，2021）。

2. 市场需求与竞争压力

数字经济的快速发展促使消费者对个性化、便捷化和智能化的需求不断增加（Benlian 等，2018）。为满足这些需求，企业必须通过数字化转型提升产品与服务的差异化能力。陈威如和王节祥（2021）提出“依附式升级”模型，用于解释生态参与型企业在数字化转型中如何借助平台企业的资源与技术实现效率提升、业务增长和生态构建。该模型强调了生态参与型企业与平台之间的互补与依赖关系在推动数字化转型中的内生动力作用。此外，企业之间的数字化转型具有扩散效应和虹吸效应。刘玉斌和能龙阁（2024）基于中国上市企业和投入产出数据的研究发现，行业领军企业和产业链上下游企业的数字化转型对焦点企业的数字化转型具有显著的促进作用，其中，产业链上游企业的促进作用强于下游企业。扩散效应表现为领军企业与产业链上下游企业通过管理层决策同群效应和知识溢出效应促进焦点企业的数字化转型；虹吸效应则体现在产业链下游企业对焦点企业研发人才产生的吸引作用及领军企业对焦点企业数字资本产生的吸引效应。

3. 技术驱动的行业变革

新兴技术的快速发展正在重塑行业格局。云计算、人工智能、大数据等技术变革推动了传统行业的深刻变革和新兴行业的崛起。例如，工业物联网（IIoL）和信息物理系统（CPS）的广泛使用正在改造制造业的生产方式（Yoo 等，2012）。同时，金融科技也被识别为推动企业数字化转型的重要技术力量。任玎等（2024）的研究表明，金融科技能够改善企业财务状况、增强风险平滑能力、提升创新活跃度，为企业提供强大的数字化支持。

总体来看，外部环境因素对企业数字化转型的推动作用主要体现在政策支持与法律监管、市场需求与竞争压力以及技术驱动的行业变革三大方面。政策引导为企业数字化转型提供了明确的方向和资源支持，市场需求催生了转型动力，而技术进步则为企业数字化转型提供了关键工具与创新平台。这些外部因素共同促成企业数字化转型的重要外部驱动，企业需结合自身实际，充分利用政策优势、适应市场变化，并积极引入新技术，实现全方位的数字化转型。

（二）内部资源因素

企业的数字化转型不仅依赖于外部环境的推动，还高度依赖于内部资源的整合与配置。内部资源主要包括技术资源、资金资源和人力资源，从不同层面为企业开展数字化转型提供动力与保障。

1. 技术资源

技术资源指企业能够获取并应用的新兴数字技术，如大数据、人工智能、区块链和云计算等，它们是数字经济时代企业开展数字化转型的基础（田秀娟和李睿，2022）。数字技术可以赋能企业内部的物质、资金和人力资源，使之具备数字化潜能，为企业开展数字化转型奠定坚实的基础。叶丹等（2023）从资源基础观和制度理论视角，分析了传统非互联网企业通过匹配技术资源和社会属性资源实现数字化转型并提升数字创新绩效的机制，研究表明IT能力对数字创新绩效具有显著的正向影响，组织合法性能够增强这一效应。朱秀梅和林晓玥（2023）对技术赋能理论的研究发现，数字技术是价值链重塑的核心驱动，通过赋能数据资源和传统资源的组合提升资源利用效率，并推动价值链从数字化、网络化到智能化的动态演进。这些研究表明，技术资源不仅是数字化转型的引擎，还能通过资源创新实现企业价值的提升。

2. 资金资源

资金资源是企业开展数字化转型的重要保障。数字技术的融入通常伴随着相关投资项目的实施，同时也要求企业调整资金管理制度和流程，与数字化变革相适应。于津平和夏文豪（2024）基于Zephyr全球并购数据、f Di Markets绿地投资数据和A股上市公司微观数据的研究发现，对外直接投资通过提高企业创新能力、缓解融资约束和提升人力资本水平，显著促进了企业的数字化转型。此外，甄红线和郭东（2025）基于A股上市公司样本的研究发现，城投平台入股企业后，能够缓解企业的融资约束、提高创新能力、降低代理成本，从而促进企业的数字化转型。这表明，充足的资金资源和有效的资金配置机制对数字化转型至关重要，能够为企业在技术创新和资源整合方面提供强大支持。

3. 人力资源

人力资源，尤其是领导层与员工的特质、经历与行为，是数字化转型的重要推动因素。从高管经历的角度，毛聚等（2022）的研究发现，具有复合职能背景的CEO能够显著提升企业的数字化转型水平，尤其是具备产出型职能背景的高管能够更有效地促进数字化转型。刘冀徽等（2022）的研究发现，具有研发背景的董事长更能够应对不确定性风险，从而为企业的数字化转型提供更大的驱动力。阳镇等（2022）的研究表明，高管的学术经历对企业数字化转型具有正向促进作用，主要通过缓解融资约束、强化企业社会责任导向及获取政府资源补贴三重机制实现。从高管行为入手，王永伟等（2022）基于动态能力理论，证明了CEO的变革型领导行为能够通过增强数字化能力，提升企业竞争优势。而王新光（2022）基于行为经济学理论提出，高管的短视行为通过降低企业治理水平对企业数字化转型产生了显著抑制作用。此外，学者还研究了企业其他高管或团队的异质性对企业数字化转型的影响。例如，高管团队的联结关系（陈庆江等，2021）、异质性机构投资者的参与（李华民等，2021）以及高管团队异质性（汤萱等，2022）都被证明对企业数字化转型具有重要作用。这些研究表明，人力资源不仅是企业数字化转型的关键要素，还能通过多样化特质和行为驱动企业实现数字化转型。

总的来看，企业的数字化转型需要技术资源的引擎驱动、资金资源的有效支持以及人力资源的战略引领。技术资源提供数字化潜能，资金资源确保转型项目的实施与扩展，人力资源通过高管决策与团队协作赋能企业，以应对复杂环境的挑战，三者相辅相成，共同构成了企业数字化转型的重要内部资源基础，为企业在数字经济时代实现高质量发展奠定了坚实的基础。

三 数字化转型的后效影响

数字化转型通过深度融合社交、移动、分析和云技术等，推动制造业企业在工作方式、流程优化和商业模式创新等方面实现全方位转型（Teubner 和 Stockhinger, 2020）。例如，社交网络拓展了企业市场影响力，并通过与客户、供应商等多元主体的实时沟通，构建高效协作的商业生态系统。云技术凭借卓越的存储能力和高可访问性，为远程协作与工作流监控提供了技术支持；大数据分析则帮助企业动态掌握市场趋势与客户需求，为个性化服务和定制化沟通奠定了基础（Chan 等, 2022）。这些技术的广泛应用极大地提高了数据的可获取性和可用性，进一步增强了自动化学习和智能分析的能力（Vial, 2019）。例如，企业通过社交媒体平台实时捕捉客户情绪，提升客户体验，从而显著提高市场响应的敏捷性。

在工业 4.0 范式下，数字化转型的影响尤为突出。工业 4.0 标志着制造业从传统集中化生产模式向分布式、智能化生态系统的转型（Li 等, 2019）。在这一范式下，智能互联的物理对象、分布式子系统与人类协同工作等构建了实时响应和高度灵活的生产系统（Hodapp 和 Hanelt, 2022）。物联网技术降低了生产错误率和运营成本，显著提升了制造效率，尤其是对中小制造企业的创新产出有更强的推动作用（Sanchez-Riofrio 等, 2022）。这种分布式制造生态系统不仅增强了生产灵活性，还重塑了行业规则和市场竞争模式，成为行业转型升级的重要驱动力。

数字化转型还促使企业在组织设计上向延展性组织转型。延展性组织设计是一种兼具灵敏性、可塑性和重组能力的结构模式。以数字技术为核心，通过快速调整和优化适应动态环境（Brown 和 Eisenhardt，1997），这一设计理念强调数据驱动的运营机制和快速创新迭代。例如，企业通过数字技术构建实时监管体系和用户档案管理机制，实现对外部环境的快速响应。非数字原生企业在实现延展性组织转型时，需要通过新旧知识与能力的深度融合，建立数字能力与人机协作机制，最终构建敏捷化的组织架构。

在实证研究维度，数字化转型的组织后效研究主要体现在企业创新、企业绩效和管理变革三个维度。首先，企业创新。数字化转型通过拓展技术应用场景、优化资源配置和降低创新成本，显著提升了企业的创新能力（徐向龙，2022）。例如，协作创新和模仿创新成为数字技术驱动的新模式。然而，部分研究指出，数字化转型与企业创新可能存在非线性关系。唐鹂鸣（2022）的研究发现，数字化转型与企业创新呈现倒“U”形关系，过度的数字化投入可能导致资源错配，抑制创新效能。绿色创新作为延伸研究热点，部分研究表明数字化通过资源效应、治理效应和乘数效应促进了绿色创新（靳毓等，2022），或通过增强动态能力促进制造业企业绿色创新（邢明强和许龙，2024）；但也有学者指出，数字技术的过度应用可能会削弱绿色创新绩效（成琼文和陆思宇，2023）。

其次，企业绩效。数字化转型通过优化生产流程和市场策略，显著提升企业的财务绩效和环境绩效。例如，数字技术的应用可以降低生产成本并增强市场竞争力（尹夏楠等，2022）。但研究也发现，在转型初期，由于高投入和资源调配不当，可能对绩效产生短期抑制作用。随着转型的深入，企业在创新和效率上的优势逐步显现，最终实现绩效提升（王晓红等，2022）

最后，管理变革。数字化转型深刻重塑了企业的组织结构和治理方式。通过数字技术的深度嵌入，企业优化传统管理流程，提高组织敏捷性和市场响应速度（Rialti 等，2019）。数字技术降低了信息不对称，改善了资本市场环境和企业治理机制。例如，数字化转型推动企业结构向扁平化和网络化转型，提高了信息向经营决策的转化效率（戚聿东和肖旭，2020）。贺正楚等（2023）识别了数字技术积累可通过影响数字化能力进而实现颠覆式与渐进式商业模式创新。

总的来看，数字化转型为企业创造了巨大的经济和社会价值。无论是在提升运营效率、推动创新能力，还是在优化组织结构和增强治理方面，其影响都极为深远。然而，数字化转型的非线性后果也提醒企业在实施过程中需要审慎规划，平衡投入与收益，避免过度数字化带来的负面效应。

第三节　制造业企业高质量发展

一　概念界定与内涵辨析

（一）高质量发展的政策背景

随着中国经济进入新常态，传统的依赖要素投入和规模扩张的粗放型增长模式已难以支撑经济的可持续发展，高质量发展成为中国经济转型的核心目标（王一鸣，2020）。党的十九大报告明确指出，中国经济发展已由高速增长阶段转向高质量发展阶段，这一战略转型旨在通过创新驱动和结构优化全面提升经济发展的质量和效率。作为中国经济的重要主体，尤其是实体经济中至关重要的制造业企业，其高质量发展构成了实现经济高质量发展的微观基础。因此，推动制造业企业高质量发展不仅是政策层面的重要议题，也成为学术研究的热点（余东华和王梅娟，2022）。伴随着全球化与技术变革的加速，数字经济的崛起为这一政策的落地实施提供了强有力的支持。“十四五”规划更进一步明确，将数字化转型作为推动企业创新和管理模式变革的关键手段，整体驱动生产方式、运营管理和商业模式的深刻变革。这些政策措施不仅是中国经济实现高质量发展的必然选择，也是在全球竞争和技术变革背景下提升国际竞争力的重要策略。

在高质量发展的政策体系中，顶层设计和具体支持政策共同发挥作用，为制造企业高质量发展提供全面指导与支持。在顶层设计上，《工业绿色发展规划（2016—2020 年）》等明确了企业转型升级的重点领域和发展方向。例如，《国务院关于深化“互联网+先进制造业”发展工业互联网的指导意见》提出了“上云、用数、赋智”的目标，强调数字化与智能化的深度融合，以提升企业运营效率与创新能力。与此同时，具体支持政策通过多层次的政策工具为企业发展提供保障，例如，创新政策通过研发费用加计扣除、高新技术企业认证等手段激励企业加大技术研发投入；财税政策通过增值税减免和绿色税收政策降低企业转型成本；融资政策则针对企业在数字化转型和绿色发展中的融资难题提供专项贷款支持。这些政策体系的构建，既优化了企业资源配置，也为其技术创新和转型升级创造了良好的外部环境。

梳理相关政策可知，企业高质量发展的重点领域集中在技术创新、数字化转型、绿色发展与多元协同四大方面。技术创新被视为高质量发展的核心驱动力，政策明确要强化企业在技术创新中的主体地位，推动关键技术研发和产学研深度融合。《2020 年中国企业数字转型指数研究》指出，企业通过云计算、大数据、人工智能等技术的深度应用，可以优化生产流程、提升经营效率。与此同时，政策也注重数字化转型的分阶段推进，以避免因资源错配而引发过度转型问题。绿色发展作为高质量发展的重要维度，通过政策支持推动企业节能减排技术应用、资源节约型产业发展和生产方式创新，为可持续发展奠定了基础。此外，多元协同成为政策关注的另一重点，鼓励企业通过供应链上下游协同和行业网络嵌入构建产业生态系统。这种协同不仅提升了企业资源配置效率，还增强了企业在全球产业链中的竞争力。

综上所述，高质量发展政策体系通过明确发展方向、优化资源配置和强化创新驱动，为制造业企业转型升级提供了全面的保障。在这一框架下，企业需要根据自身发展需求和外部环境，制定科学合理的转型路径，注重协调技术创新、数字化转型、绿色发展和协同发展之间的关系，以实现长期可持续的竞争力提升。

（二）概念界定与内涵解析

企业高质量发展是在党的十九大报告提出我国经济由高速增长阶段转向高质量发展阶段的背景下形成的全新理念。这一理念强调一种内涵式、可持续的发展模式，显著区别于传统依赖要素投入的粗放式增长模式。高质量发展不仅关注经济增速，更注重在增长过程中实现资源配置效率、技术创新能力及社会和环境效益的全面提升，其核心目标是在更高水平、更高效率、更可持续性的经济运行中推动企业综合进步。

从理论渊源来看，高质量发展延续了经济增长质量的研究脉络，并在新时代背景下进行了拓展。苏联经济学家卡马耶夫在《经济增长的速度和质量》中提出，评估经济增长不仅要考量数量，更需关注产品品质和资源利用效率等内涵性指标。这启发了后续学者对经济增长内涵与质量的深入探索（金碚，2018）。随着中国经济结构性改革的不断深化，高质量发展的理论分析逐渐将创新、绿色与可持续发展纳入视野（钞小静等，2024；Mlachila 等，2017）。因此，高质量发展不再仅限于提高增长效率，更是涵盖了更广泛的社会和生态领域的综合改进，构建了经济与社会协调发展的新模式。

在企业层面，高质量发展表现为一种不断提升发展质量的内涵式、可持续推进过程（黄速建等，2018）。其核心在于通过技术创新、资源优化和组织变革等方式，实现经济价值与社会价值的均衡提升，同时在更广泛的产业生态中保持适应性和竞争力。为此，学术界通常将全要素生产率（Total Factor Productivity，TFP）作为衡量企业高质量发展的关键指标。TFP 提升意味着企业在要素投入相对稳定的情况下，通过技术进步、管理优化或流程再造，获得了更高的生产效率与经济效益，更为广泛的视角则进一步强调企业在社会和环境责任方面的表现。企业社会责任（Corporate Social Responsibility，CSR）的良好实践不仅有助于塑造企业的公共形象，还反映了其在可持续发展理念指导下对资源利用和利益相关者的重要程度（逯苗苗和孙涛，2019）。此外，在面对外部冲击时展现出的组织韧性也成为衡量高质量发展的重要维度，反映了企业在复杂多变的环境中实现自我调整与持续发展的能力（田丹和丁宝，2023）。

从具体内涵来看，企业高质量发展包括以下五个核心维度，这些维度构成了衡量和实现企业高质量发展的多元框架，展现出系统性、综合性和持续性特征。

一是创新性。创新性是企业高质量发展的核心驱动力，也是提升企业核心竞争力的关键因素（黄速建等，2018；金碚，2018）。技术创新通过研发新产品、改进生产工艺和优化服务流程，为企业创造高附加值和差异化竞争优势。

二是协调性。协调性强调企业在内部资源配置和外部环境协同中的平衡能力。这一维度的目标是实现产业链、区域发展和资源要素之间的有序协同与高效匹配（杜运周等，2022；胡海峰等，2024；赵剑波等，2019）。企业高质量发展的协调性不仅体现在生产要素的优化组合上，还体现为产业链上下游之间的协作和区域经济的联动效应。如此，方可实现内部效益最大化和外部系统的和谐共生。

三是绿色性。绿色性是企业高质量发展的重要维度之一，也是实现可持续发展的核心要义。绿色性要求企业以环境友好和资源可持续利用为目标，通过实施低碳生产、节能减排和清洁技术创新（文书洋等，2022），减少对自然环境的负面影响。同时，绿色性还强调企业在产品全生命周期中考虑环境因素，如绿色设计、绿色制造和绿色回收，从而在资源利用效率和生态效益之间寻求平衡（王贞洁和王惠，2022）。绿色性不仅体现了企业的环境责任，也是企业在国际竞争中提升品牌形象和拓展绿色市场的重要途径。

四是开放性。开放性是高质量发展过程中企业融入全球经济和促进开放式创新的重要体现。在全球化背景下，企业需要打破传统的封闭式发展模式，通过跨国合作、国际分工和技术引进（贾丽桓和肖翔，2021），提升自身竞争力。此外，开放性还体现在企业鼓励开放式创新的能力上，通过跨界合作、行业联盟和研发外包，与其他企业、高校及科研机构共同推动技术进步和模式创新（董志勇和李成明，2021）。开放性的发展理念有利于企业更好地应对全球化挑战和技术变革带来的不确定性，同时在国际市场上建立稳定的战略合作网络，提升国际竞争地位。

五是共享性。共享性注重发展红利的公平分配和社会价值的共同创造，强调企业与社会、员工、消费者及其他利益相关者之间的协同发展与回馈机制。这一维度的核心在于通过共享经济理念推动企业与社会的双赢。共享性表现为企业在创造经济价值的同时，积极履行社会责任，通过增加员工福利、支持社区发展和参与公益活动等，为社会创造更大福祉并实现共同富裕（蒋永穆和谢强，2022）。此外，共享性还体现在企业通过提升员工技能和提供公平发展机会来增强员工的归属感和创新能力，从而为企业注入持续发展动力（万相昱，2024）。在与消费者的互动中，共享性体现为企业通过优质产品和服务回馈消费者信任，同时在产品设计和服务体验中融入可持续理念（陈冲和吴炜聪，2019）。

因此，创新性、协调性、绿色性、开放性和共享性共同构成了企业高质量发展的核心维度，为企业在新时代背景下实现高水平、可持续发展提供了系统框架支撑。这些维度相互联系，共同塑造了高质量发展的综合目标体系。

（三）制造业企业高质量发展的特定要求

制造业企业的高质量发展是推动中国从“制造大国”迈向“制造强国”的重要路径，其特征体现在创新驱动、绿色发展、价值链优化、数字化赋能等方面。这一发展模式强调通过在技术、管理和生态体系等层面的全面转型，助力企业应对全球竞争与技术变革，实现经济效益与社会效益的协调统一。

创新驱动是制造业企业高质量发展的核心特征（陈昭和刘映曼，2019）。技术创新贯穿于产品研发、生产工艺改进以及管理模式升级的全过程，推动企业在产业链中向高附加值环节延伸。这一过程不仅表现为单一产品性能的提升，更是整个制造体系智能化、数字化升级的集中体现（邢明强和许龙，2024）。企业通过不断加大研发投入和加强产学研合作，提升自主创新能力，在关键技术领域取得突破，从而占据技术制高点，为经济增长注入持续动力（陈昭和刘映曼，2019）。

绿色发展作为另一重要特征，体现了制造业企业在“双碳”目标下的生态责任。企业通过绿色制造体系的构建，实现了资源利用程度的最大化和环境影响的最小化（戴翔和杨双至，2022）。例如，清洁能源的应用、生产过程的低碳化改造以及产品生命周期管理的全面推广，使得企业在追求经济效率的同时，能更好地履行社会责任（Xie 等，2021）。值得注意的是，绿色发展并不仅是响应政策号召的被动行为，更是企业通过技术升级和管理创新，在积极市场竞争中寻求差异化优势的重要手段（Cui 等，2022）。

价值链优化是制造业高质量发展的核心内容之一。在全球价值链重构的背景下，企业不再局限于生产制造环节，而是向品牌建设、市场开拓和服务创新等领域延伸（王文娜等，2023）。通过提升研发能力，构建高水平供应链网络，制造业企业得以优化资源配置和功能整合，增强市场竞争力（王静，2022）。此外，价值链优化还要求企业能够灵活应对市场变化，在国际产业链中发挥更大的协同效应与中心作用，以增强在全球市场中的话语权（邹梦婷等，2023）。

数字化赋能贯穿于制造业企业高质量发展的全过程，为技术创新、流程优化和效率提升提供了强有力的技术支撑。大数据、人工智能、物联网等前沿技术的应用，使企业能够实现生产与管理的全面智能化（陈德球和胡晴，2022；戚聿东和肖旭，2020）。例如，通过数据采集与分析，企业可以动态掌握市场需求并优化生产流程，从而实现更高的敏捷性与精准性（许龙等，2023）。这种以数据驱动的决策模式，不仅提高了制造业企业的运营效率，还显著增强了决策能力，为高质量发展奠定了技术基础（余东华和王梅娟，2022）。

总的来看，制造业企业高质量发展的核心要义在于技术创新、数字化转型、绿色发展和价值链优化的协同推进。技术创新是高质量发展的根本动力，通过突破关键技术和提升研发能力，企业能够实现生产效率与竞争力的全面提升。数字化转型是重要路径，通过大数据、人工智能和物联网等技术赋能，企业能够优化生产流程、提升运营效率，并实现服务模式创新。绿色发展以生态友好和资源节约为目标，通过绿色制造技术和清洁能源的广泛应用，兼顾经济效益与环境责任。在此基础上，优化全球价值链成为实现品牌价值与服务能力协同提升的关键手段。通过强化研发、整合供应链资源和推进国际化发展，企业能够在全球竞争中占据更有利的位置，为其可持续发展奠定坚实的基础。

二　高质量发展的影响因素

制造业企业高质量发展是一项复杂的系统工程，受到内外部多种因素的共同作用。这些因素不仅涵盖了企业内部的技术创新、管理能力和资源整合等核心驱动力，还包括政策支持、市场竞争、供应链协同及全球价值链升级等外部环境的影响。这种内外协同作用的交织，使得制造业企业高质量发展呈现出高度系统性和多维复杂性。

（一）内部驱动因素

1. 技术创新

技术创新是推动制造业企业高质量发展的核心动力。通过持续的研发投入和技术储备，企业能够实现核心竞争力的提升，推动产品与工艺的迭代升级（许志勇和宋泽，2023）。近年来，随着数字技术的深入应用，人工智能、大数据、物联网等技术成为制造业企业创新的重要引擎。例如，智能化装备的研发和数字化车间的建设不仅提高了制造业企业生产效率，还增强了产品的个性化与高附加值特性（朱长宁和李宏伟，2024）。此外，绿色技术的开发和应用也为企业实现资源消耗最小化和环境影响最优化奠定了基础，进一步增强了其可持续竞争力（杨震宁和童奕铭，2024）。

2. 管理能力

管理能力在企业高质量发展中起到关键的支撑作用。现代化的管理体系能够通过提升管理效率、增强组织灵活性和提升战略执行力，为企业提供内生发展动力。精益化管理流程的构建，可以有效减少资源浪费，提高整体运营效率（陈德球和胡晴，2022；戚聿东和肖旭，2020）。研究还表明，管理者能力的提升能够通过加强内部控制质量和优化企业资源配置，显著促进企业高质量发展（周卫华和刘一霖，2022）。此外，人工智能技术的应用在生产、营销、管理环节实现了成本下降和效率提升，为企业全要素生产率的增长提供了强有力的支持（任英华等，2023）。

3. 资源整合

资源整合能力是企业高质量发展的基础保障。通过对内部资本、人力和技术资源的高效配置，企业能够减少资源冗余，实现价值最大化（王晓红等，2022）。例如，数实融合显著改善了企业的人力资本结构和要素配置，从而提升运营效率和创新能力（江鹏等，2024）。研究发现，人力资本与数据资产的协同作用可以增强企业的创新能力、生产能力和营销能力，促进企业高质量发展（于翔等，2025）。

（二）外部环境因素

1. 政策支持

政府政策为制造业高质量发展提供了强大的引导力和保障力。通过产业扶持政策、税收优惠、研发补贴和金融支持，政府为企业转型升级创造了良好的外部环境。例如，财政创新补贴可显著促进企业研发能力的提升，其作用机制主要是通过增加研发人员数量来实现（李琦等，2023）。此外，个人所得税减免政策也可通过优化人力资本结构，对提升全要素生产率产生积极影响（段姝等，2022）。数字经济的发展进一步通过对人力资本、产业升级、创新能力等的传导效应，赋能制造业企业高质量发展（李史恒和屈小娥，2022）。

2. 市场竞争

市场竞争是推动制造业企业高质量发展的外部动力。全球化背景下，市场需求的变化和竞争的加剧，促使企业不断提升产品质量和服务水平（宋清和刘奕惠，2021）。同时，竞争加剧迫使企业在运营模式、应用技术和管理模式上实现快速迭代（纪炀等，2019）。例如，《反垄断法》的实施改善了市场竞争环境，显著提升了劳动收入份额，表明良性的市场竞争机制能够有效推动企业效率和质量的提升（肖土盛等，2023）。

3. 供应链协同

供应链协同在制造业企业的高质量发展中扮演着至关重要的角色。通过与上下游企业的信息共享和资源整合，企业能够优化生产计划，降低库存成本，并提升供应链效率（胡海峰等，2024）。产业链的绿色化和数字化升级拓展了协同的深度，使得研发、制造和服务等环节更加紧密地融合，进一步促进全要素生产率提升。例如，供应链持股模式通过缓解融资约束和稳定供应链关系，为企业创造了更广阔的发展空间（胡海峰等，2024）。

4. 全球价值链升级

全球价值链升级是制造业企业高质量的重要外部机遇。通过参与全球价值链分工，企业不仅可以获取先进技术和市场资源，还能在国际竞争中积累经验（王静，2022；肖宇等，2019）。研究发现，全球价值链嵌入会导致后发国家的制造业企业产生技术溢出和低端锁定效应，并通过倒逼机制增强其自主研发能力，推动制造业企业高质量发展（胡亚男和余东华，2021）。

制造业企业高质量发展受到多维度因素的综合影响，其核心在于协调好内部驱动因素与外部环境因素之间的关系。内部的技术创新、管理能力和资源整合为企业提供内生动力，而外部的政策支持、市场竞争和供应链协同、全球价值链升级则为企业创造了广阔的发展空间。这种内外协同的系统性发展路径，是企业实现转型升级的必然选择，也是中国从“制造大国”迈向“制造强国”的重要保障。

第四节　本章小结

本章围绕研究主题，从理论基础、数字化转型和高质量发展三个维度，系统梳理了相关理论与文献，为研究框架的构建和后续实证分析奠定了坚实的基础。

首先，在理论基础部分，以企业战略与领导、组织内部机制及生态环境与协同发展为主线，综合分析了高阶梯队理论、资源基础论、动态能力理论、社会技术系统理论及商业生态系统理论等。这些理论为本研究构建了核心理论框架，从多层次视角解释了数字化转型通过资源整合与动态调整推动制造业企业高质量发展的潜在机制。其次，在数字化转型部分，通过对数字化转型概念的界定与内涵辨析，明确了其核心特征，包括技术驱动性、动态适应性和价值共创性，并揭示了数字化转型作为一个动态过程对企业内部运营和外部协同的深远影响。在此基础上，探讨了数字化转型的影响因素，涵盖内部驱动和外部环境及其对企业绩效和竞争力的后效影响。最后，在制造业企业高质量发展部分，梳理了高质量发展的内涵与多维属性，从技术创新、政策支持、市场竞争等角度分析了影响制造业企业高质量发展的关键因素。

第二章　制造业企业数字化转型的实施路径

数字化转型作为企业应对技术革命与市场竞争的重要战略，已被广泛视为推动我国制造业企业高质量发展的重要途径。然而，由于技术基础薄弱、路径设计不明晰以及资源配置效率不高等问题，许多企业在数字化转型探索中面临着重大挑战。为深入揭示数字化转型的驱动机制与实施逻辑，本章采用内容分析法，基于“资源—能力—结果”框架，系统分析了数字技术、数字化资源与数字化能力之间的协作效应及其对转型结果的影响机制。此外，引入生命周期理论，构建了技术融入、数字变革和智能生态三个阶段的数字化转型实施路径，并详细探讨了各阶段的环境因素、管理实践及结果表现，为企业的转型实践提供了系统性的参考框架。

第一节　研究问题提出

“以科技创新和数字化变革催生新的发展动能”是数字经济背景下中国加快构建新发展格局、实现高质量发展的必由之路。然而，尽管政策利好与数字原生企业的迅猛发展为传统企业提供了转型机遇，但大量企业却陷入因转型能力弱“不会转”、因资金不充足“不愿转”、因转型成效滞后“不能转”的现实困境。这些企业面临着“转不好找死，不转型等死”的两难境地，如何在变革中破局成为制造业企业亟待解决的核心问题。识别影响企业数字化转型的关键要素并明晰转型实施路径，已成为管理学界与实践领域普遍关注的焦点。

如前所述，当前研究多从到单一要素视角探讨数字化转型的影响机制，或基于案例研究揭示单一企业的数字化转型实践（高会生和王成敏，2020）。尽管这些研究在一定程度上深化了对数字化转型的认知，但往往局限于单一视角，缺乏系统性和全局性的框架。因此，亟须从更为全面的视角，构建覆盖多要素联动的研究框架，并通过全生命周期式的实施路径分析，为制造业企业数字化转型提供更具指导性的理论模型（朱秀梅和林晓玥，2022）。为此，采用内容分析法，对企业数字化转型相关文献进行系统梳理。从“资源—能力—结果”框架出发，深入分析数字化资源、能力与转型结果之间的关联机制与协作模式，并构建数字化转型的影响因素框架。同时，基于企业生命周期理论，刻画了包含技术融入、数字变革与智能生态三阶段的企业数字化转型实施路径。

第二节　文献收集与编码

一　文献收集

为了全面收集与企业数字化转型相关的文献，遵循以下科学、系统的流程：首先，明确文献来源范围，包括 CSCI 与 CSSCI 中的管理、组织、信息系统、商业等领域。其次，选择“数字化转型”“企业数字化”“数字化”“数字经济”“digital transformation”“digital”等关键词，在知网、万方、维普等中文数据库中进行初步检索，获得相关文献 413 篇。再次，剔除书评、论坛、报告等不符合研究需求的文献后，通过阅读题目、摘要与关键词筛选出聚焦企业数字化转型的文献320篇。最后，在对文献进行精读与评估后，保留199篇主要探讨企业数字化转型影响因素及实施路径的核心文献。

二　编码与提炼

运用内容分析法，对筛选后的文献进行系统编码与归纳，以挖掘企业数字化转型的影响因素、转型过程及其结果的特征。第一步，通过细读文献，提取与企业数字化转型相关的影响因素、转型过程和结果等信息，开展一级编码，形成初级编码内容。第二步，将一级编码内容按照逻辑关联归纳到资源、能力、结果三个类别，并对一级编码进行概括和归类，处理后形成二级编码（即聚焦编码）。第三步，在二级编码的基础上，进一步对编码内容进行子类别归类，提炼关键主题，以展示企业数字化转型的多维结构。最终，基于以上编码流程，提炼110个初级编码和19个聚焦编码，归纳为7个研究主题——数字化资源（A，包括物质资源A1、资金资源A2、人力资源A3和技术资源A4）、数字化能力（包括管理能力B、组织能力C和运营能力D）、商业模式（E）、产品创新（F）和财务绩效（G）。

各主题具体内容如表2-1所示。

表2-1　文献编码及提炼结果

序号	初级编码	聚焦编码（19）	主题
1	数字化基础设施（智慧供应链系统、智能补货系统等）、数字平台、数字产品、智能设备等	物质资源A1	数字化资源A（28）
2	提高资本占比、数字资金投入制度、数字化转型预算、智能财务、融资成本、智能会计等	资金资源A2	

续表

序号	初级编码	聚焦编码（19）	主题
3	员工数字化转型技能、员工数字化素质、首席数据官、数字化人才激励机制、数字化转型引育体系等	人力资源 A3	数字化资源 A（28）
4	数字化技术、新兴技术（大数据、人工智能、区块链、云计算）、新一代信息技术等	技术资源 A4	
5	管理协调、管理机制、管理数字化变革探索路径	管理适应性变革 B1	数字化管理能力 B（11）
6	数字化管理思想、数字化管理模式、数字化组织沟通模式、数字化领导方式创新、数字化管理软件应用	管理制度改善 B2	
7	重塑企业内部流程、改变工作流程、管理流程智能化	管理流程重塑 B3	
8	新型组织关系、组织能力升级、组织授权、权利配置、双业务模式、开放性组织、数字化组织、平台型组织、网格制、BAT平台、首席数字办公室等	组织结构适应性 C1	数字化组织能力 C（20）
9	协同共生、支持型组织文化、数字文化、数字导向、学习导向	组织学习 C2	
10	强大的数据分析能力、第三方数据组合、精准推荐、规范分析	需求预测 D1	数字化运营能力 D（23）
11	智能化产品、智能化可穿戴设备、个性化生产产品、可视化产品	产品设计 D2	
12	动态优化定价策略、动态价格调整、差异化定价、现金返还机制、“一人一价”	定价和库存管理 D3	
13	生产流程智能化、生产过程实时优化、全渠道零售模式、线性到网状的“供应网”结构、局部到整体的供应链集成系统、多维度数据评估供应链风险、跨空间虚拟合作的网络结构等	供应链管理 D4	

续表

序号	初级编码	聚焦编码（19）	主题
14	价值攀升、间接到直接的价值提升模式、商业模式重心由产品转为服务	价值提升 E1	商业模式 E（10）
15	价值传输、为顾客创造价值、多源创造模式、基于数字平台的商业模式	价值共创 E2	
16	企业价值链数字化、数字化转型价值链模型	价值链升级 E3	
17	产品和技术创新（智能化产品和服务、产品创新、过程创新）、非研发技术创新	创新方式 F1	产品创新 F（14）
18	因技术、管理、组织等的创新而获得绩效、研发绩效、专利申请受理量、新产品销售比重	创新绩效 F2	
19	投入产出效率、实体企业经济效益、竞争绩效、经营效率	财务绩效 G1	财务绩效 G（4）

第三节　影响因素识别

数字化转型是企业利用数字技术重构自身价值创造系统的过程，本质上仍属于战略决策，实施效果取决于数字化资源与数字化能力及其协同效应（见图 2-1）。

一　数字技术对资源与能力的数字化（A-BCD）

ABCD 等的融入，使企业内部资源具备数字化转型潜能，并通过提升数字化能力进一步释放价值（陈春花，2019）。

（一）技术资源赋能企业资源数字化（A4-A1、A2、A3）

1. 物质资源

数字技术的融入首先要求企业具备完善的数字化基础设施和数字技术体系。数字化基础设施包括信息技术设施（如通信网络）、融合

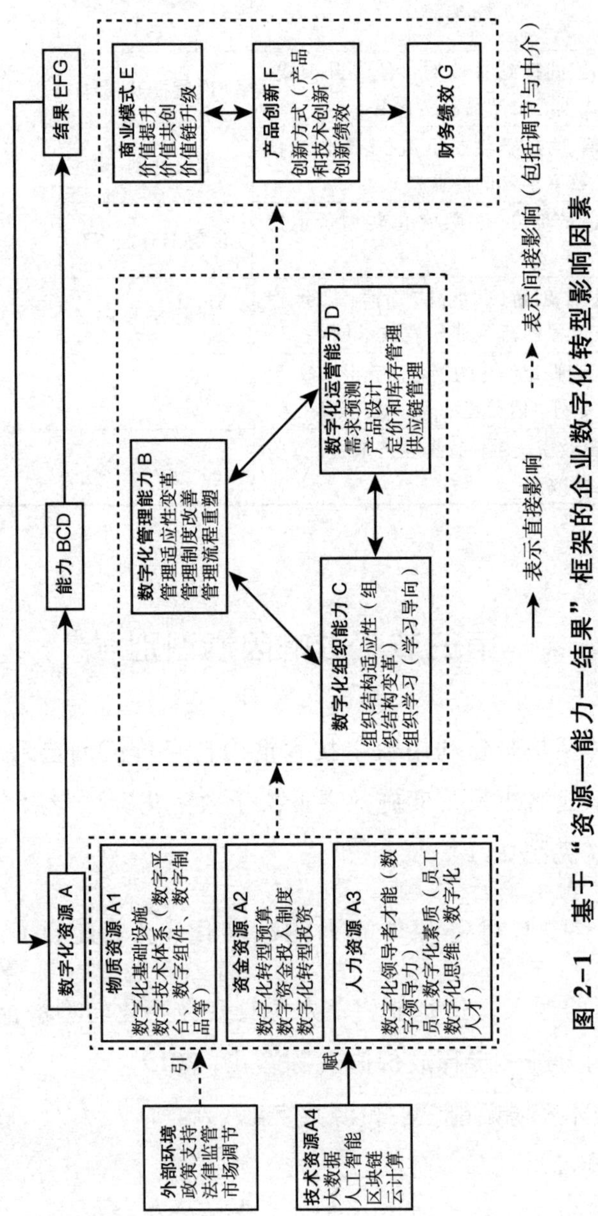

图 2-1　基于“资源—能力—结果”框架的企业数字化转型影响因素

基础设施（如智能化平台）、创新基础设施（如智能设备）等，为企业数字化转型提供技术基础（周嘉和马世龙，2022）。数字技术体系则依托数字组件、数字平台和数字制品，服务于企业生产运营的通信、协作与计算需求（张培和张苗苗，2021）。

2. 资金资源

新兴技术的采用对企业资金资源提出了更高要求。一方面，企业需加大数字化相关投资，如数字化转型预算等，短期内成本增加；另一方面，通过数字技术优化资金管理制度和流程，企业可显著提高资本效率，实现降本增效目标（何帆和刘红霞，2019）。

3. 人力资源

数字化转型对企业人力资源提出了数字技能与适应能力的要求。企业需通过引入数字化人才（如首席数字官）和实施数字化培训计划，提升员工数字化素质（周密等，2024；Xu 等，2024）。在这一过程中，领导者通过采用数字技术促进企业内部数字沟通和团队协作，推动员工在态度、行为和绩效等方面接纳并信任数字技术（门理想，2020）。同时，通过“干中学”等方式，员工可逐步掌握数字技能，从而适应数字化变革环境（李辉和梁丹丹，2020）。

（二）数字化资源催生数字化管理能力（A-B）

数字化管理能力指企业通过 ABCD 的赋能，重构管理制度、流程与实践，提升管理效能与效率（黄群慧等，2019），包括管理适应性变革、管理制度改善和管理流程重塑等。数字技术推动企业打破工业经济时代的路径依赖，以适应数字经济时代的资源配置与管理新要求（肖静华，2020）。一方面，数字技术使得管理过程更透明，委托与代理成本降低（李唐等，2020）。另一方面，通过数据归集和分析，形成决策一体化管理模式，大幅提升资源利用效率和决策有效性（王开科等，2020）。例如，相宜本草通过数字化系统集成使审批效率提升 55%；软通动力的综合管理平台使办公效率提升 18%（韩丽和程云喜，2021）。然而，数字技术的引入也可能带来额外的管理成本或面临组织抵制，甚至导致管理效率下降（Liu 等，2011）。因此，企业需平衡技术应用与管理变革（韩丽和程云喜，2021）。

（三）数字化资源依赖数字化组织能力（A-C）

数字化组织能力指企业通过新兴技术优化传统组织结构，包括组织结构适应性与组织学习。

1. 组织结构适应性

数字技术推动企业从集中化向去中心化、网络化组织模式演进（戚聿东和肖旭，2020）。企业通过组织授权（刘政等，2020）、组织柔性（余菲菲等，2021）、权利配置（罗仲伟等，2017）、能力升级（Li 等，2018）等方式增强适应性，构建灵活高效的组织结构（丁蕖，2021）。

2. 组织学习

数字化转型要求企业建设学习型组织，促进员工掌握数字知识和技能（钱晶晶和何筠，2021）。通过营造协同共生（陈春花，2019）、差错包容（Gregory，2019）、实验探索（刘洋等，2020）、知识分享和分权决策（Lokuge 等，2019）等文化氛围，企业能够推动数字技术的普及与应用。

（四）数字化运营能力释放数字化资源价值（A-D）

数字化运营能力体现为由数据驱动的决策，涉及需求预测、产品设计、定价和库存管理、供应链管理等。企业通过 ABCD 等获取交易、用户偏好及个性化需求等海量数据，并与大数据分析技术相结合，可更精准地预测顾客需求（陈剑等，2020）。数字仿真、虚拟现实和增强现实等技术的发展，一方面使企业精确地将物理参数模拟至虚拟空间，可视化呈现产品设计、性能等差异，并为消费者提供个性化产品与服务；另一方面也通过动态定价（Cohen 等，2018）、细分市场等实施差异化价格优化策略。

数字技术也进一步增强了内部生产、运营、供应链等的协同运作。数字技术在生产环节可用于监控生产流程，及时识别设备损耗和能耗异常等问题。在销售环节，得益于数字基础设施和数字平台，企业可进一步扩大销售市场，实行线上线下相结合的全渠道销售模式。针对供应链集成过程，数字技术极大地提升了沟通效率、信息获取效率等（李琦等，2021）。数字技术的引入也改变了企业的风险管控模式，通过对内部数据、个人数据、政府数据、第三方数据等多源数据的综合评价全面识别、预警并管控供应链上下游风险。

二 数字化能力的后效影响（BCD-EFG）

数字化管理能力、组织能力与运营能力的提升重塑了企业价值创造模式，引发商业模式变革、创新产出增加和财务绩效提升。这些后效影响体现在以下三个方面。

（一）数字化能力与商业模式（BCD-E）

数字化转型推动了商业模式的深度创新，其核心在于通过技术手段构建连接公司、客户、供应商等多方主体的共享平台，实现价值提升、价值共创与价值链升级。首先，数字化能力有利于企业产品从低附加值向高附加值升级，并逐步迈向产业链高端。通过改变传统供应链模式，企业由间接价值提供者转变为直接价值贡献者，可为利益相关者创造更多的价值（董晓松等，2021）。其次，数字平台促进上下游企业在价值创造过程中的协作。以海尔集团的“平台+小微创客”模式为例，该模式通过数字平台实现产品设计、生产和销售全链条的内外部协作，体现了价值共创的商业模式（宋立丰等，2019）。最后，数字技术资源提升了企业价值链水平。以西贝餐饮集团为例，其通过基于“线上会员制”与“全链条智慧供应系统”的价值链模型，实现了价值链攀升（谷方杰和张文锋，2020）。

（二）数字化能力与产品创新（BCD-F）

数字化转型显著增强了企业的产品创新能力，通过技术手段实现产品设计、生产和销售流程的数字化，从而提升创新效率、降低创新成本。数字技术的引入有利于加快产品迭代速度，优化产品性能和服务，提高研发投入的产出效率（温湖炜和王圣云，2022）。此外，模块化和分布式的产品开发模式使企业能够在创新过程中实现灵活协同，有效降低成本。同时，数字技术对时空限制的突破显著降低了信息获取成本，加速了创新资源的流动，并提升了产品附加值和创新绩效。例如，虚拟现实和增强现实技术的应用使企业能够更直观地呈现产品设计方案，为消费者提供个性化服务，进一步推动商业模式创新。

（三）数字化能力与财务绩效（BCD-G）

数字化能力对企业财务绩效的影响尚未达成一致。一方面，数字技术通过提升运营效率和降低成本，对财务绩效产生积极作用（Mikalef和Pateli，2017）。例如，刘淑春等（2021）的研究发现，数字化投资通过提升企业的管理能力，提升投入产出效率。楼永和刘铭（2022）的研究表明，数字化变革通过优化运营流程和降低经营成本，实现财务绩效的显著提升。另一方面，部分研究指出，由于数字化转型投入巨大，若资源配置低效，则可能无法如预期提高生产率，这一现象被称为“IT生产力悖论”或“索洛悖论”（Hajli等，2015）。戚聿东和蔡呈伟（2020）认为，数字化转型对财务绩效的影响可能存在正负效应相抵的情况，需结合具体情境予以分析。

三　外部环境调节机制

企业数字化转型及其后效影响受到政策、法律环境和市场因素等外部环境的显著影响。首先，政策支持为企业数字化转型分担成本与风险。例如，数字经济政策（何帆和刘红霞，2019）、人才培养政策

(钟雨龙和陈璋, 2021)、资金扶持措施(戴亦舒等, 2020)及财税补贴(Sabrina 和 Howell, 2017)等均对企业转型有积极的引导作用。其次，完善的法治环境通过强化数字知识产权保护(龚新蜀和靳媚, 2023)、优化商业数据交易体系(史宇鹏和王阳, 2022)等，有效缓解了企业在数字化转型中面临的风险。最后，市场竞争与产业发展也为企业数字化转型提供了重要动力。例如，数字生态系统、共创共享平台在为企业提供便利的同时，其"同群效应"也会迫使企业选择数字化转型(陈庆江等, 2021)。

综上所述，企业数字化能力的提升在商业模式变革、产品创新和财务绩效改善方面表现出显著的后效影响。然而，这一过程受到复杂外部环境的影响，包括政策支持、法律监管和市场调节等因素。基于以上文献，构建了如图 2-1 所示的企业数字化转型影响因素框架。

第四节　实施路径构建

基于生命周期理论，企业数字化转型可以划分为三个阶段：技术融入期、数字变革期和智能生态期。各阶段的环境要素、转型实践和转型效果如图 2-2 所示。

一　技术融入期

在技术融入期，企业的核心任务是将数字技术应用于生产运营中，并搭建数字化运营平台。这一阶段的关键因素分为外部和内部两个方面：一是数字化营商环境，例如政策引导、资金支持及信息平台接入等(龚新蜀和靳媚, 2023)；二是内部数字基础设施，如数字中台、数字技术体系等的完备程度(周嘉和马世龙, 2022)。通过数字技术的引入，企业可以显著提高资源配置效率、简化核心业务流程、优化成本结构并提高生产效率。这些成效主要得益于数字化运营一体式系统的构建，以及数字化敏捷团队的开发。通过这些基础工作，为企业后续阶段的数字化变革奠定扎实的技术和管理基础。

二 数字变革期

进入数字变革期，企业需要依据营商环境与行业特征，以价值创造为导向制定数字化转型策略，并推进内外协同机制的构建。在制定转型策略时，企业既要结合区域经济、行业发展和市场竞争等宏观因素，也需立足自身经营范围和运作模式，选择适宜的差异化策略。具体而言，数字化变革主要体现在以下两个维度：一方面，产品数字化和服务数字化，聚焦对现有产品和服务的破坏性重构，利用数字技术构建新型产品架构或服务机制等；另一方面，流程数字化和模式数字化，通过开展网络协同、价值主张重塑等，推动生产流程和业务架构的深度变革。

在协同机制上，企业内部需要通过采用数字技术以实现跨部门协作。这种协作体现为组织结构、生产流程、营销模式和人员结构的深度融合，从而推动产品、服务、组织和流程的整体协同，最终实现商业模式创新、创新绩效和财务绩效增加等。外部协同则通过价值链、产业链或生态圈内的核心企业带动关联企业的数字化转型。通过同群效应，形成能互联的价值链和全局智能、网络协同的生态圈。

三 智能生态期

企业一方面需要巩固数字化转型的成效，另一方面要进一步向智能化和生态化方向发展。这一阶段需要内外部两方面的支持：一方面，政府需持续完善数字治理和平台经济规范与监管等政策体系，以防范数字资本流失、不正当竞争等问题的出现；另一方面，企业需要

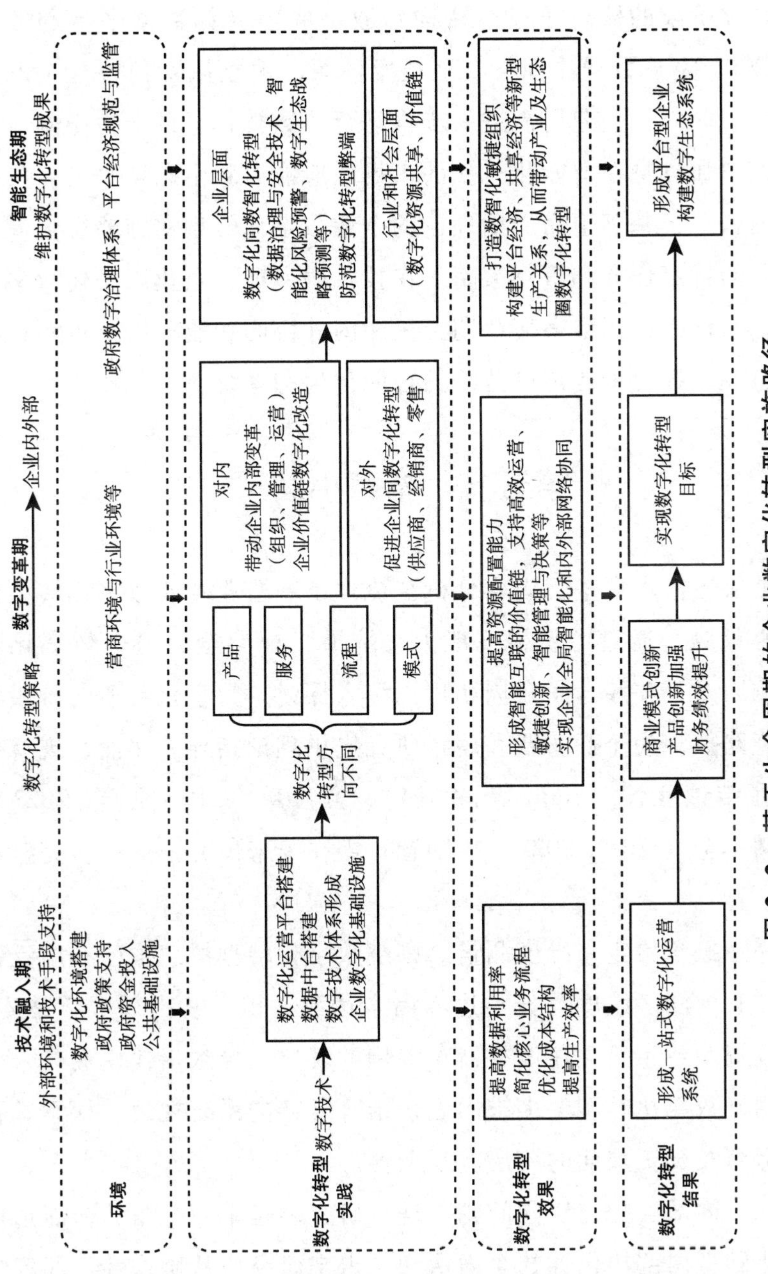
技术融入期
外部环境和技术手段支持
数字化转型策略
数字变革期
企业内外部
智能生态期
维护数字化转型成果
环境
数字化环境搭建
政府政策支持
政府资金投入
公共基础设施
营商环境与行业环境等
政府数字治理体系、平台经济规范与监管
数字化转型实践
数字技术
数字化运营平台搭建
数据中台搭建
数字技术体系形成
企业数字化基础设施
数字化转型方向不同
产品
服务
流程
模式
对内
带动企业内部变革
（组织、管理、运营）
企业价值链数字化改造
对外
促进企业间数字化转型
（供应商、经销商、零售）
企业层面
数字化向数智化转型
（数据治理与安全技术、智能化风险预警、数字生态战略预测等）
防范数字化转型弊端
行业和社会层面
（数字化资源共享、价值链）
数字化转型效果
提高数据利用率
简化核心业务流程
优化成本结构
提高生产效率
提高资源配置能力
形成智能互联的价值链，支持高效运营、敏捷创新、智能管理与决策等
实现企业全局智能化和内外部网络协同
打造数智化敏捷组织
构建平台经济、共享经济等新型生产关系，从而带动产业及生态圈数字化转型
数字化转型结果
形成一站式数字化运营系统
商业模式创新
产品创新加强
财务绩效提升
实现数字化转型目标
形成平台型企业
构建数字生态系统

图 2-2　基于生命周期的企业数字化转型实施路径

应对因自动化和智能化带来的人机协作挑战，优化组织架构和员工技能体系。此阶段的核心任务包括构建数字底座（如数据平台和数字基础设施）、完善数据治理与安全技术体系、建立风险预警与生态监测系统等。此外，企业还需进一步推动行业数智化、创新生态圈自身建设，以增强自身在智能化时代的市场适应能力和生态竞争力。

总的来看，基于生命周期理论的企业数字化转型实施路径强调了不同阶段的特定任务和重点策略。在技术融入期，企业以搭建数字化基础设施为核心；在数字变革期，关注内外协同和业务模式重构；在智能生态期，致力于构建可持续的智能化生态系统。

第五节　本章小结

综上所述，本章基于内容分析法梳理了制造业企业数字化转型研究的核心议题，通过“资源—能力—结果”框架全面呈现数字化转型的影响因素，并结合生命周期理论深入探讨了数字化转型的阶段特征及实施路径，为企业实践和后续研究提供理论指导。然而，现有研究仍存在结论互悖（Hajli 等，2015）、方法单一（许龙等，2023）、研究范畴不全（于伟，2022）等问题，需在未来研究中进一步完善和拓展。

第一，概念界定与维度测量。围绕数字化转型概念虽已有广泛讨论，但就其内涵、维度及分类边界尚未达成共识。常出现数字技术、数字化投资、数字化关注度等概念混用的现象，导致指代模糊。未来研究需明确数字化转型的多维内涵，结合复杂的系统视角，探索其在战略、运营及员工层面的跨层次复杂性。

第二，内部匹配与协同问题。现有研究多是单一视角，未能形成对数字化转型内部协作性的全面认知。未来研究应从协作性、匹配性和异质性三个方面进行深入探讨。①协作性，综合区域政策、企业资源及员工特质，研究多层面要素的协同效应。②匹配性，探索企业内部资源、能力与不同数字化转型策略之间的匹配关系。③异质性，关注行业、区域间数字化转型的差异，构建具有普适性与差异性的转型模型。

第三，外部生态共生问题。数字经济环境下，企业与外部环境的互动模式发生了深刻变革，未来研究应重点探索以下议题：①数字共生，明晰企业与数字环境的协同机制；②生态赋能，聚焦企业联盟与区域数字生态系统，研究多主体资源共享、价值共生及核心企业对生态系统的推动作用等。

第四，数字资本治理与安全问题。数字经济时代带来新的治理挑战，包括数据资产安全、算法歧视及平台垄断等问题。未来研究应探讨数字资本治理与社会监管框架的构建，构建数字技术应用与经济公平的平衡机制，推动数字监管与制度创新。

第五，研究范式的拓展。当前研究方法较为单一，未来可引入更多的创新方法，如模糊集定性比较分析（fsQCA）、必要性条件分析（NCA）及时间序列分析等，以探索不同转型路径下的资源协同效应及作用机制。此外，完善数字化转型评价体系，构建多角度、全方位的转型效果衡量指标，以反映转型的复杂性和滞后性。

第三章　制造业企业数字化转型的协同机制

前文基于“资源—能力—结果”框架和生命周期理论探讨了制造业企业数字化转型的影响因素与实施路径，为后续研究揭示数字化转型的内在逻辑提供了理论基础。然而，数字化转型不仅是资源和能力的内部优化过程，更是一项系统性的全局变革，涉及价值链各环节的深度整合和内外协同。因此，本章以价值链为分析视角，从“准备期—应用期—跃迁期”三阶段框架出发，探讨制造业企业数字化转型的协同机制，力图揭示其内在耦合关系与协同演进规律。

第一节　研究问题提出

制造业企业数字化转型是我国经济高质量发展的核心动力（李煜华、向子威、廖承军，2022；陈楠等，2022）。作为涵盖模式创新（荆浩等，2017）、管理变革（林琳和吕文栋，2019）等多维度的复杂工程，制造业企业数字化转型面临诸多现实问题（杨志波和杨兰桥，2020）。这些困境表明，制造业企业的数字化转型尚处于探索阶段，仍有较多问题亟待进一步研究（李廉水等，2019）。

当前学术领域对制造业企业数字化转型的研究涵盖多个视角，包括路径依赖视角（李煜华等，2022）、制度理论视角（应瑛等，

2022）、资源编排视角（苏敬勤等，2022）、动态能力视角（张培和张苗苗，2021）等。这些研究表明，制造业企业的价值创造嵌入于特定价值链之中，数字化转型必然涉及价值链环节的数字技术应用（王文娜等，2023）。作为研究竞争优势的关键工具，价值链理论在分析制造业企业数字化转型升级和构建竞争优势方面具有重要的意义（迟晓英和宣国良，2000）。已有研究从价值链角度探讨了消费者个性化需求驱动的两端创新路径（余菲菲和王丽婷，2022）以及不同创新形式在制造业产业链各环节的作用机理（陈瑾和李若辉，2019）。

然而，随着数字经济时代的到来，企业数字化转型的核心不再只是单一环节的技术赋能，而是更加注重企业内外部的协同合作与开放共享。因此，从价值链视角研究制造业企业数字化转型的协同机制，不仅对探索其转型路径具有重要的理论意义，也为构建新时代制造业企业竞争优势提供了实践指导。基于此，以价值链协同机制为切入点，运用 CiteSpace 软件对中国情境下的制造业企业数字化转型进行系统研究。

第二节 文献收集与可视化分析

一 数据来源及分析方法

本文基于中国知网检索平台，以“制造业数字化转型”“制造企业数字化转型”“制造业数字化”“制造企业数字化”为关键词进行检索。检索范围覆盖南大 CSSCI 和北大核心收录期刊。经过初筛和人工剔除不相关文献后，确认 98 篇与主题紧密相关的样本文献。运用 CiteSpace 文献计量工具，对样本文献进行关键词共线分析与聚类分析，以揭示制造业企业数字化转型的研究现状、热点主题和演进趋势。

二　可视化分析

（一）关键词共现图谱分析

关键词是文献研究内容的高度凝炼，通过共现分析可以揭示研究领域的热点问题和发展趋势。图 3-1 呈现了制造业企业数字化转型的关键词共现图谱。

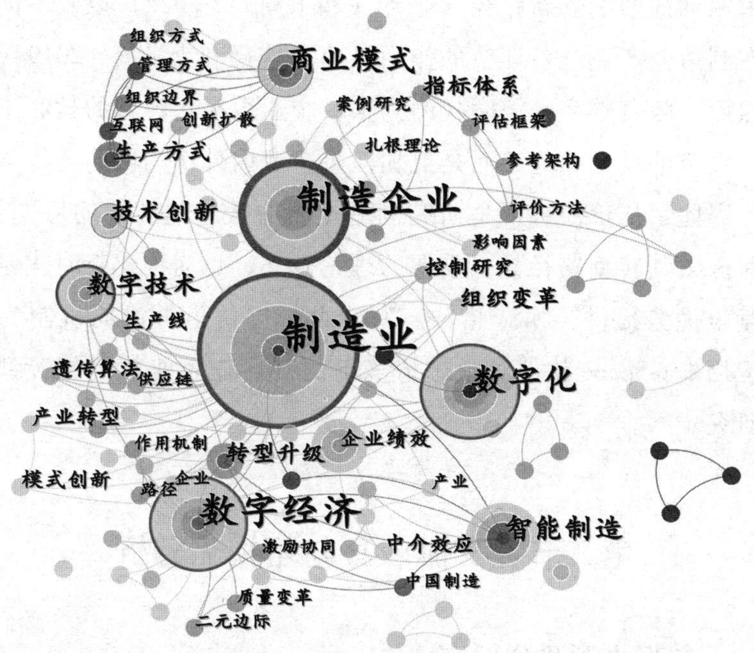

图 3-1　制造业企业数字化转型研究的关键词共现图谱

注：关键词名称位于节点右上方，节点越大代表该关键词出现频次越高。

制造业企业数字化转型的关键词共现图谱中，共生成 105 个节点（即得到关键词 105 个）和 162 条连线，网络密度为 0. 0297，呈现了研究主题的广泛性与热点分布。关键词频次反映了学术领域对该关键词的关注程度，关键词的中心度反映了该关键词在研究领域内的枢纽作用（李新根等，2022）。从关键词频次和中心度的排序来看，“制造业”“数字经济”“制造企业”“数字化”“智能制造”“商业模式”“数字技术”“技术创新”等是研究中的高频关键词，反映了学界对制造业企业数字化、商业模式创新和技术创新等的关注度（见表 3-1）。这表明，当前研究的核心在于探索制造业企业在数字化转型过程中的路径选择、技术赋能和价值链重塑。

表 3-1　高频关键词频次

关键词	频次	频次排序	中心度	中心度排序
制造业	23	1	0.52	2
数字经济	15	2	0.28	3
制造企业	13	3	0.63	1
数字化	10	4	0.26	4
智能制造	7	5	0.09	8
商业模式	4	6	0.19	6
数字技术	4	6	0.24	5
技术创新	4	6	0.11	7
企业绩效	3	7	0.03	9
创新驱动	3	7	0	10

（二）关键词聚类分析

基于关键词共现图谱的聚类分析进一步揭示了研究领域的主题结构和知识脉络。聚类分析通过归类相似度较高的研究点，提炼出更为精炼的研究主题。在上述关键词共现图谱的基础上，生成制造业企业数字化转型关键词聚类分析知识图谱，如图 3-2 所示。CiteSpace 软件通过 Q 值（模块度，Modularity）和 S 值（平均轮廓值，Weighted Mean Silhouette）来衡量图谱绘制效果。其中，Q 值表示社团结构的显著性，区间为［0，1］，Q>0.3 表示划分的社团结构显著；S 值用于评价聚类的合理性，S>0.5 表示聚类合理，S>0.7 表示聚类高效且令人信服（李新根等，2022）。在本研究中，图谱的 Q 值为 0.685，S 值为 0.866，表明聚类结果具有较高的可信度和清晰度，文献耦合的网络结构良好。

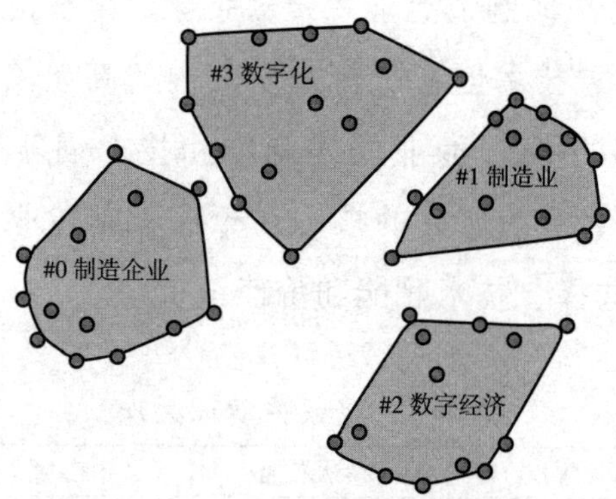

图 3-2　制造业企业数字化转型关键词聚类分析知识图谱

根据聚类分析的结构，共生成 21 个聚类，其中选取前 4 个具有较高显著性的聚类进行详细分析，具体信息见表 3-2。#0 聚类主要涉及制造业企业相关的“触发场景”“案例研究”“扎根理论”“影响因素”“触发机制”等关键词，反映了数字经济背景下关于制造业企业转型驱动因素和机制研究的热点。其中，“案例研究”与“扎根理论”为主要研究方法。#1 聚类聚焦“制造业”，关键词包括“人工智能”“实现路径”“产业链”等，表明学术界对制造业企业数字化路径及其对产业链的影响高度关注。#2 聚类围绕“数字经济”，关键词涵盖“产业”“路径”“转型路径”“作用机制”“企业”等，体现了对数字经济背景下制造业企业转型模式的深入研究。#3 聚类与“数字化”相关，关键词为“智能化”“模式创新”“产业转型”“组织变革”等，进一步突出了从数字化向智能化跃迁的趋势。

表 3-2　制造业企业数字化转型关键词聚类标签及主要关键词

聚类	大小	S 值	聚类标签	主要关键词
#0	16	0.993	制造企业	触发场景、案例研究、扎根理论、影响因素、触发机制等
#1	15	0.947	制造业	人工智能、实现路径、产业链等

续表

聚类	大小	S值	聚类标签	主要关键词
#2	14	0.752	数字经济	产业、路径、转型路径、作用机制、企业等
#3	14	0.877	数字化	智能化、模式创新、产业转型、组织变革等

聚类分析显示，关于制造业企业数字化转型的研究主要集中在以下三个方面：一是转型的驱动因素与机制探索，现有研究情况已在前文中呈现；二是数字技术在企业路径优化中的应用；三是转型过程中企业的智能化跃迁及其对组织结构、产业链协同的影响。综合分析结果，基于上述热点，进一步整合现有文献，构建了包含“准备期—应用期—跃迁期”的制造业企业数字化转型机制分析框架（见图3-3），为后续探索其协同路径奠定了基础。

进一步，结合关键词共现分析中的105个高频关键词，依据其内涵及表征，将具有相似含义的关键词进行合并，分类归入“准备期—应用期—跃迁期”框架，形成覆盖数字化转型研究全景的三阶段分析结构，具体内容见表3-3。在准备期，关键词如“数字技术”“互联网”“数据要素”等体现了技术基础的重要性，而“人才需求”“双元领导”“职业教育”则表明人员基础在数字化转型中的关键作用。此外，“突发事件”“市场环境”“政策工具”等外部因素则是推动数字化转型的重要外部使能要素。在应用期，关键词如“技术创新”“生产方式”“价值创造”等指向了企业在数字化转型过程中各环节的优化与变革，包括初步数字化、流程数字化以及组织与管理的全面变革。在跃迁期，“智能制造”“产业协同”“智能化”等关键词呈现出制造业企业从数字化向数智化发展的动态路径。

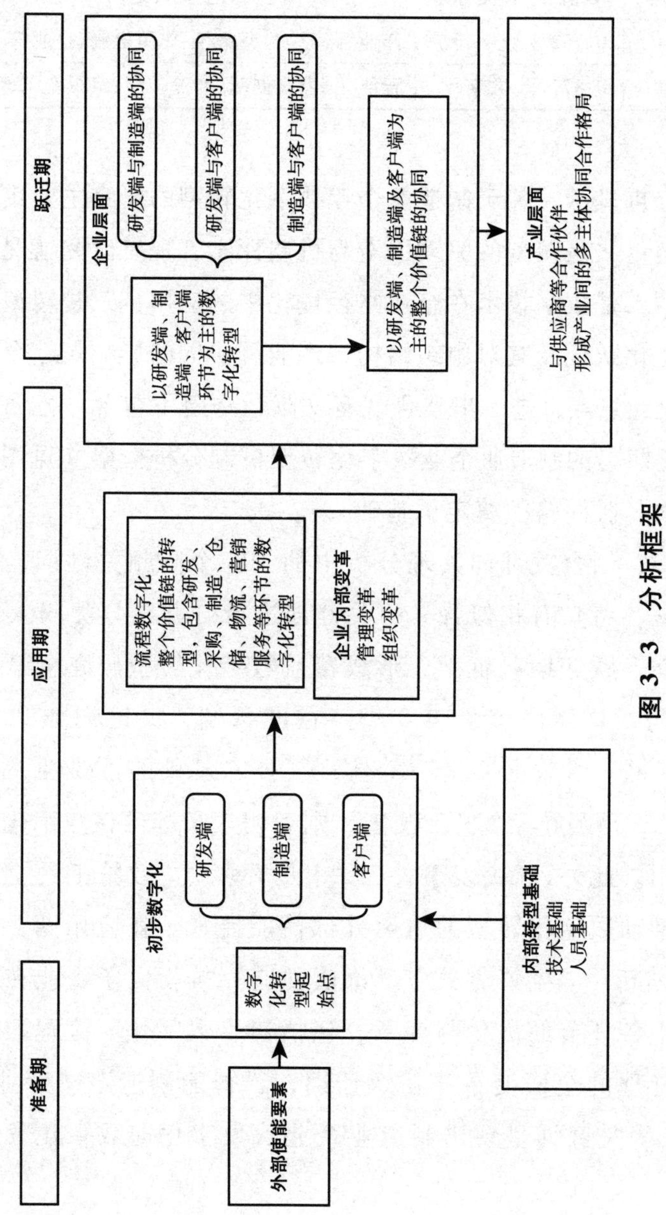
准备期
应用期
跃迁期
外部使能要素
初步数字化
数字化转型起始点
研发端
制造端
客户端
内部转型基础
技术基础
人员基础
流程数字化
整个价值链的转型，包含研发、采购、制造、仓储、物流、营销服务等环节的数字化转型
企业内部变革
管理变革
组织变革
企业层面
以研发端、制造端、客户端环节为主的数字化转型
研发端与制造端的协同
研发端与客户端的协同
制造端与客户端的协同
以研发端、制造端及客户端为主的整个价值链的协同
产业层面
与供应商等合作伙伴
形成产业间的多主体协同合作格局

图 3-3　分析框架

表 3-3　高频关键词分类

阶段			关键词
准备期	内部转型基础	技术基础	数字技术
			互联网
			数据要素
			数字科技
			数字孪生
			IT 能力
			3D 技术
		人员基础	人才需求
			双元领导
			职业教育
	外部使能要素	市场环境	突发事件
			市场环境
		政策环境	政策工具
			政策体系
			政府补助
应用期	初步数字化	研发端	技术创新
		制造端	生产方式
			生产率
			生产线
		客户端	服务化
	流程数字化	价值链	转型升级
			商业模式
			价值创造
			价值传递
			模式创新
	企业内部变革	组织变革	组织变革
			组织边界
			组织方式
			组织惯性
		管理变革	代理成本
			管理方式
			能力架构

续表

阶段		关键词
跃迁期	企业及产业层面	智能制造
		智能化
		人工智能
		产业选择
		产业协同
		产业链
		产业转型
		产业

第三节　制造业企业数字化转型的协同机制

一　准备期

制造业企业的数字化转型是在内部转型基础和外部使能要素的共同作用下启动并推进的。内部转型基础包括技术基础与人员基础，两者为转型提供了必要的内部条件；而外部使能要素则主要受到市场环境和政策环境等外部因素的影响，为企业数字化转型提供了外部推动力。

（一）内部转型基础

内部转型基础是制造业企业数字化转型的内在驱动力，其中技术基础与人员基础是核心组成部分。数字技术作为一种集成多种技术的综合体，包括硬件技术、软件技术和网络技术，其主要形式涵盖了区块链、大数据、云计算、人工智能和物联网等新一代信息技术（刘平峰和张旺，2021）。相关研究表明，数字技术的突破与融合催生了新模式、新业态及新产业，同时赋予企业更强的环境适应能力，促使其向智能化、数字化的方向发展（汪旭晖，2020）。

然而，仅有先进的数字技术是不够的。企业能否成功实施数字化转型，还取决于管理者和员工的数字化意识及其执行能力。数字经济时代对企业的管理者和员工的能力提出了更高的要求。数字化转型不仅是技术变革，更是自上而下的深度组织变革，需要得到管理者的全面支持和推动。管理者需要具备数字领导力，能够应对科技和政策环境的变化，制定适宜的战略规划，并通过培养数字化人才和组建多元化团队来推动转型（吴江等，2021）。此外，员工的态度对转型策略的实施而言同样至关重要。态度支持型员工能够促进数字化任务的顺利完成，而在实践中，专业数字技能人才更是在产品研发、营销及生产环节发挥着不可替代的作用（陈煜波和马晔风，2018）。因此，具备数字技能的人才和领导卓越的管理团队，是内部转型中不可或缺的重要组成部分。

（二）外部使能要素

外部使能要素通过提供外部支持和压力，为企业数字化转型创造条件并形成推动力。这些因素主要包括市场环境和政策环境。首先，重大突发事件的发生会对全球经济活动造成巨大的冲击，外部环境迫使企业通过数字化转型来维持业务运行，并发掘新的增长机会。同时，数字经济的快速发展为制造业企业创造了更多的市场机会，但也带来了市场需求的升级与行业格局的剧变，加剧了企业间的竞争。已有研究表明，在这种环境下，企业的数字化转型受到显著的同群效应影响（陈庆江等，2021）。

其次，消费者行为和消费习惯的变化也是推动企业数字化转型的重要外部因素。消费者对个性化产品和服务的需求日益增加，同时更加注重用户体验。这种趋势促使消费者逐渐参与到企业的生产经营活动中，从而倒逼制造业企业朝数字化方向转型。

最后，政策支持是制造业企业数字化转型的重要推动力之一。制度环境对制造业企业的数字化变革会产生深远的影响（Li 等，

2014）。国家通过数字经济政策的制定、法律监管压力的施加及相关政策工具的使用，有效提升了企业数字化变革的意愿（何帆和刘红霞，2019），加速制造业与新一代信息技术的深度融合。政策不仅为企业提供了明确的方向指引，还通过资金补贴和法律规范等，缓解了企业在数字化转型过程中的风险。

综上所述，内部转型基础为制造业企业数字化转型提供了坚实的技术和人力保障，而外部使能要素通过市场与政策环境为企业数字化转型创造了外部条件。内外部因素共同驱动了制造业企业的发展向数字化方向迈进，为后续进入应用期和跃迁期奠定了基础。

二　应用期

制造业企业的数字化转型进入应用期后，其核心在于以价值链为基础，实现研发端、制造端与客户端的全面数字化转型，同时通过流程数字化和企业内部变革推动整个组织的全面升级。参考陈一华等（2021）、邬爱其和宋迪（2020）的研究，制造业企业运行的主要流程可以分为研发、采购、制造、仓储、物流和营销服务六个环节。这些环节在数字化转型中均发挥着至关重要的作用。

（一）初步数字化

初步数字化的核心在于通过数字技术赋能，获取高质量的数据并将其有效应用于决策和执行中。在研发环节，制造业企业的数字化转型表现为从单一产品或服务研发向以客户个性化需求为导向的产品改善和创新方向转变。这种转变强化了企业与客户之间的深度协同，使客户不仅成为产品需求的提供者，还成为产品价值共创的重要参与者（石先梅，2022）。数字技术的广泛应用，如大数据、云计算和物联网，不仅使企业与客户之间的沟通更加便捷，还促使客户在市场中的地位从被动接受者转变为积极定义企业价值的参与者（忻榕等，2019）。

在制造环节，数字化转型表现为从传统链式生产模式向智能制造与大规模定制方向的转变。这一过程不仅优化了生产流程，实现了成本的降低和效率的提升，而且增强了生产的灵活性，使企业能够迅速响应市场和客户的需求。正泰集团的实践表明，通过智能化改造生产线，企业不仅能降低运营成本，还显著提升了生产效率（应瑛等，2022）。这种制造端的数字化转型由数据驱动，生产过程的改善从滞后和被动逐步转变为实时、主动和数据支撑的改进（张培和张苗苗，2021）。

客户端的数字化转型聚焦精准满足消费者的个性化需求。数字经济时代的消费者更注重产品和服务的体验价值，而企业通过收集和分析消费者的行为数据和反馈信息，可以更精准地把握市场机会并识别潜在需求。企业能够利用这些数据不断改进产品和服务，从而提升客户满意度并增强客户黏性（许龙等，2023）。这种双向互动的关系使企业与客户的联系更加紧密，推动了制造业企业在客户导向上的数字化转型（陈剑等，2020）。

（二）流程数字化

流程数字化是全局性、系统性的转型过程，强调各环节的深度整合与协同。这种转型从营销服务、生产制造到研发设计环节逐步拓展至整个价值链，涵盖研发、采购、制造、仓储、物流和营销服务等多个环节。通过发展数字技术，企业能够实现价值链中各环节的数据共享与实时传递，从而提升资源的利用效率和整体运营效率（张培和张苗苗，2021）。在这一过程中，数据作为新型生产要素，贯穿于整条价值链，为流程数字化转型提供了强有力的支撑。

物联网和云计算等技术的应用，不仅使研发端、制造端和客户端之间的联动更加高效，还为其他环节如采购、仓储和物流等的转型提供了数据基础。通过数据的高度整合，企业可以打破信息孤岛，实现整条价值链的全面数字化转型，从而推动制造业企业整体竞争力的提升。

（三）企业内部变革

数字化转型不仅是技术和流程的变革，还伴随着深刻的组织结构和管理模式的调整。根据企业生命周期理论，组织变革是企业实现转型升级的关键战略环节（安家骥等，2022）。以 5G 网络、边缘计算和工业互联网等为代表的新一代数字技术，为制造业企业的组织变革提供了可能。这些技术能够形成及时、细化且完整的信息结构，从而提高组织运行的敏捷性和反应能力（肖静华等，2021）。

随着消费者的个性化需求不断增加，传统的层级化、集权式组织形式逐渐向网络化、扁平化、模块化和平台化方向演变。这样的转变不仅增强了企业对市场变化的适应能力，还显著提高了企业的决策效率（李辉和梁丹丹，2020）。此外，数字化技术的应用模糊了企业内部不同部门之间的边界，使得跨部门协作更加顺畅，从而进一步提升了管理效率（许龙等，2023）。这种管理模式创新使企业能够更高效地配置资源，更精准地响应市场需求，从而在数字化转型中占据主动地位。

综上所述，在应用期，制造业企业数字化转型通过初步数字化、流程数字化和企业内部变革实现了从单一环节到整体价值链的全面升级。这不仅提高了企业的运营效率，还增强了企业的市场竞争优势，为后续跃迁期的数智化转型奠定了坚实的基础。在这一过程中，研发端、制造端和客户端作为起始作用点，不仅实现了自身的数字化升级，还通过流程的深度整合推动了整个价值链的协同转型，体现了数字化转型的系统性和全局性特点。

三　跃迁期

数智化是数字化发展与人工智能相结合的高级阶段，是数字化和智能化深度融合的体现（罗斌元和陈艳霞，2022）。在制造业企业的数字化转型中，随着技术应用的深入和转型广度的扩展，企业逐步迈入数智化阶段。这一阶段不仅意味着企业从单点数字化升级到全局智能化运作，更强调研发、制造、营销等环节之间的深度协同。在此背景下，“协同”成为研究制造业企业数智化转型的核心问题。下文将从价值链视角，以研发端、制造端与客户端为代表，探索制造业企业从数字化向智能化跃迁过程中的协同机制，具体如图 3-4 所示。

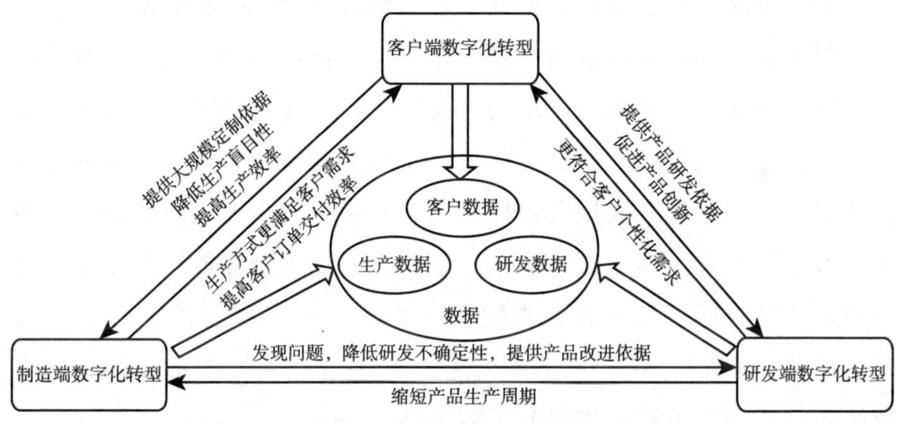

图 3-4　制造业企业智能化跃迁的协同机制

（一）企业层面

研发端与制造端的协同，是企业内部价值链一体化的核心环节。通过生产过程中的经验积累，企业能够识别研发初期存在的问题，并在此基础上优化设计方案，从而降低不确定性。例如，利用数字化工具实时采集生产数据并反馈至研发阶段，能够有效缩短产品开发周期，同时提升产品的性能和适应性（赵婷婷和杨国亮，2020）。此外，数字孪生体的应用进一步强化了研发与制造协同。通过虚拟化生产模拟，企业可以提前发现制造过程中的潜在问题，并优化生产工艺，从而显著降低试错成本和减少资源浪费（孔存玉和丁志帆，2021）。

研发端与客户端的协同，体现在消费者需求对产品研发的反向驱动上。数字技术赋予企业与客户持续交互能力，特别是在营销环节，企业通过收集和分析市场数据，深入了解客户偏好和需求。这些数据不仅为产品的研发提供了依据，还能在产品推出后及时根据市场反馈进行改进，从而实现研发与市场需求的精准对接（封伟毅，2021）。例如，基于市场反馈建立的动态研发体系，不仅能快速响应外部环境的变化，还能在产品设计中更高效地满足客户的多样化需求。

制造端与客户端的协同，是满足客户个性化需求的关键。客户需求通过客户端的数字化渠道被精准捕捉后，直接传递至制造端，为生产规划提供数据支持。通过柔性制造系统和智能化生产线，企业能够快速响应客户订单并实现大规模定制，从而提升生产效率和客户满意度。例如，无人车间和数字化工厂的应用，使得企业能够显著缩短交付周期，同时通过高效的资源配置满足客户的多样化需求（余菲菲和王丽婷，2022）。这种制造端与客户端的双向协同，不仅优化了企业的生产流程，也进一步提升了客户体验。

价值链协同，是数智化转型的关键。通过打通研发、采购、制造、仓储、物流和营销等环节的信息链路，企业能形成高度整合的协同网络，消除“数据孤岛”，实现资源的高效配置和运营效率的全面提升。传统线性生产模式被颠覆，取而代之的是基于数字技术的网络化协同体系。例如，机械制造行业中的数字化研发、生产和销售一体化模式，不仅优化了供应链运作，还通过精确对接客户需求增强了企业的市场竞争力（阳镇等，2022）。

（二）产业层面

在开放的市场环境中，单一企业的数字化转型往往伴随着产业链上下游的联动效应。通过数字技术的应用，企业能够突破组织边界，与供应商、客户及竞争者形成实时的双向互动，从而构建开放共享的产业协同网络（姚小涛等，2022）。这种协同不仅提高了资源整合效率，还在整个产业链中形成了更加动态化、灵活化的生态系统。同时，以价值链为纽带，制造业企业数智化，可逐步实现从内部协同向产业协同的过渡。通过与外部合作伙伴的资源共享，企业能够在产业链的上下游建立多主体参与的数字化协同网络。这样的网络系统不仅提升了企业间的合作效率，还通过协同创新和价值共创，推动整个产业高质量发展。例如，制造业企业通过数字化技术连接供应商和客户，实时响应市场变化，快速调整供应链，为客户提供更优质的产品和服务（余菲菲和王丽婷，2022）。

总的来看，在跃迁期，制造业企业的数智化强调数字化与智能化的深度融合，其核心在于研发端、制造端与客户端的协同机制。在企业层面，通过数据驱动的反馈机制，企业不仅实现了研发与制造、研发与客户端及制造与客户端的高效协同，还打通了价值链的各个环节，形成全流程的数字化协同网络。在产业层面，企业通过与外部主体的资源整合与互动，逐步构建开放协作的产业生态系统，为实现高质量发展奠定了坚实的基础。这种从内部到外部的协同机制，展现了数智化阶段下制造业企业转型发展的系统性和全局性特点。

第四节　本章小结

本章运用 CiteSpace 数据可视化分析软件，对制造业企业数字化转型的相关文献进行了关键词共现分析与聚类分析，并以此构建了“准备期—应用期—跃迁期”的转型研究框架。在准备期，制造业企业数字化转型受到内部转型基础和外部使能要素的双重驱动。内部转型基础包括数字技术应用和数字人才需求；外部使能要素则包括政策推动、市场环境变化等冲击，这些因素共同驱动企业迈入数字化转型的初始阶段。在应用期，企业数字化转型由初步数字化逐步向流程数字化推进，研发、生产和营销等核心环节成为起始作用点，并在流程拓展中覆盖整个价值链。同时，数字化转型还带动了企业内部组织结构和管理模式的变革，提高了企业的灵活性与响应能力。在跃迁期，制造业企业通过数字化与智能化的深度融合实现从数字化向数智化的跃迁。企业层面，研发端、制造端与客户端的协同优化了内外部资源配置；产业层面，多主体协作形成的数字化生态系统提升了产业链整体的协同效能，推动企业高质量发展。

第四章　中国制造业企业数字化转型与高质量发展现状

第一节　中国制造业企业的样本筛选与基本情况

制造业是立国之本、强国之基，是国家经济命脉所系。作为国家经济发展的重要支柱，制造业不仅关乎国计民生，也是创新最活跃的领域之一，更是保障人民生活质量的关键所在。制造业直接反映了一个国家的生产力水平，是衡量发展中国家和发达国家之间差距的重要指标。根据国家统计局发布的《国家统计局关于2022年国内生产总值最终核实的公告》，经最终核实，2022年我国制造业现价总量达32.61万亿元，增速为1.7%，占国内生产总值的27.1%。这充分表明，制造业已成为我国经济体系中不可或缺的重要组成部分，是推动经济高质量发展的核心引擎。

按照《国民经济行业分类》的定义，我国制造业包括31个细分行业，涵盖了从基础工业到高端制造的广泛领域，具体包括电气机械及器材制造业，纺织服装、服饰业，纺织业，非金属矿物制品业，废弃资源综合利用业，黑色金属冶炼及压延加工业，化学纤维制造业，化学原料及化学制品制造业，计算机、通信和其他电子设备制造业，家具制造业，金属制品业，烟草制品业，酒、饮料和精制茶制造业，木材加工及木、竹、藤、棕、草制品业，农副食品加工业，皮革、毛皮、羽毛及其制品和制鞋业，其他制造业，汽车制造业，石油加工、炼焦及核燃料加工业，食品制造业，铁路、船舶、航空航天和其他运输设备制造业，通用设备制造业，文教、工美、体育和娱乐用品制造业，橡胶和塑料制品业，医药制造业，仪器仪表制造业，印刷和记录媒介复制业，有色金属冶炼及压延加工业，造纸及纸制品业，专用设备制造业，金属制品、机械和设备修理业。

为研究我国制造业企业数字化转型与高质量发展的现状，基于数据可得性与真实有效性的原则，从国泰安数据库中获取了 2012~2022 年全国制造业企业的样本数据，共涉及 3692 家企业，涵盖了上述 31 个行业中的 29 个。在样本筛选过程中，依据《国民经济行业分类》对行业属性进行了严格审查，剔除了以下情况的企业及其相关数据：一是样本期间发生行业属性变更且当前已不属于制造业的企业；二是公司注册地不在国内的企业。最终，筛选得到 3686 家制造业企业的完整样本数据。数据来源包括国泰安数据库和中国研究数据库，为确保数据的准确性和可信度，研究过程中对企业年报数据进行了交叉核对。

基于上述数据，对我国制造业企业的数字化转型水平和高质量发展状况进行分析，并重点探索了不同行业、区域的差异性情况。

第二节　中国制造业企业数字化转型现状

数字化转型是我国制造业企业高质量发展的重要引擎。然而，在系统性分析我国制造业企业数字化转型水平的同时，不可忽视以人工智能、区块链、云计算及大数据为代表的数字技术所起到的基础性作用。因此，本章从制造业企业整体数字化转型水平入手，结合人工智能、区块链、云计算、大数据等关键技术的应用情况，对其发展现状进行分析，进一步从区域和行业视角对比数字化转型水平，以揭示差异性特征、发现潜在问题并提出对策建议。

一 数字化转型

数字化转型参考吴非等（2021）的方法，基于制造业企业年报内容与国泰安数据库，通过对年报数据中人工智能、区块链、云计算、大数据等关键词出现的频次加总进行衡量。具体而言，基于企业数字化转型结构化特征词图谱对年报文本进行处理，剔除无效表达、非企业主体相关内容后，利用 Python 程序进行关键词匹配和词频统计，构建数字化转型指标体系。由于词频数据呈现显著“右偏性”特征，进一步对数据进行对数化处理，以更加直观地反映企业数字化转型的整体趋势。

（一）制造业企业数字化转型水平的整体情况

2012~2022 年我国制造业企业数字化转型水平的整体变化趋势如图 4-1 所示。

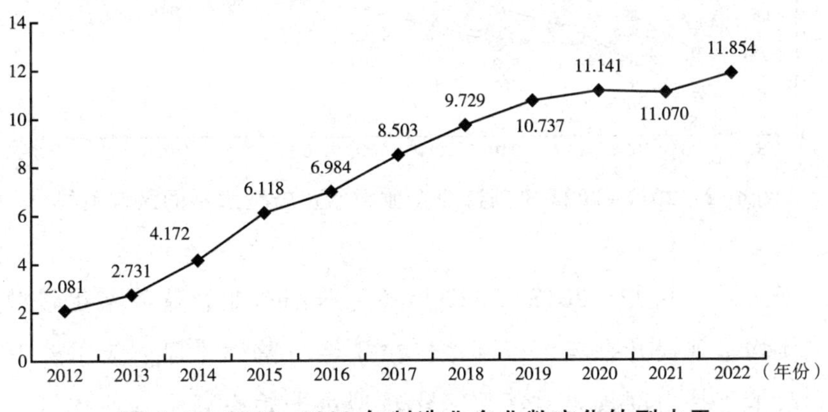

图 4-1 2012~2022 年制造业企业数字化转型水平

图 4-1 从时间维度考察了我国制造业企业数字化转型水平的变化轨迹。2012~2022 年，我国制造业企业数字化转型水平整体呈现出

稳步上升态势。其中，除2021年受全球重大公共卫生突发事件影响我国制造业企业数字化转型水平略有下降外，其余年份均保持了较大的增长幅度。这一趋势表明，制造业企业在全球数字化浪潮的推动下，逐步加大了数字技术应用力度，并将数字化转型作为助力高质量发展的重要推手。

（二）制造业企业数字化转型水平的区域差异

考虑到我国东北地区、东部地区、中部地区和西部地区经济基础、技术水平和产业结构的差异性，本章对以上四大区域2012~2022年制造业企业数字化转型水平进行了统计分析，并通过折线图呈现其变化趋势，如图4-2所示。

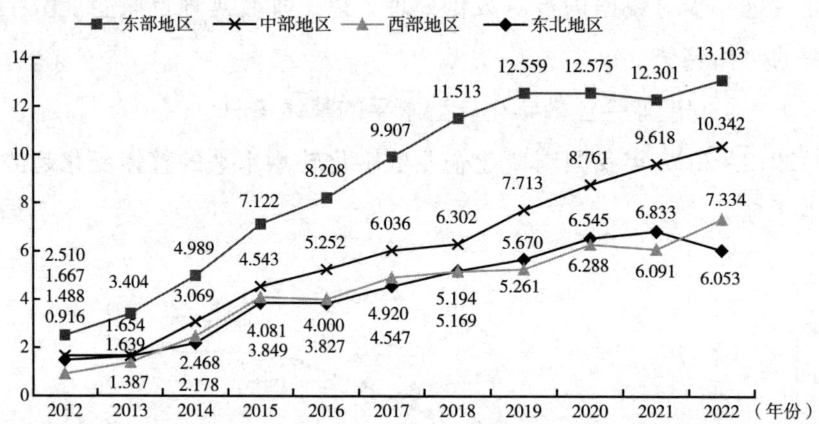

图4-2 2012~2022年制造业企业数字化转型水平的区域差异

据图4-2可知，2012~2022年各地区制造业企业数字化转型水平整体均呈现提升态势。东部地区由于经济基础雄厚、技术资源丰富和政策支持力度较大，其数字化转型水平始终高于其他地区，且增长幅度最为显著；中部地区位居次席，数字化转型水平稳步提升，与东部地区的差距有所缩小；西部和东北地区整体发展相对滞后，但也表现出追赶态势，特别是2022年，西部地区凭借较强的发展势头首次超过东北地区，实现历史性反超。这一区域差异反映出东部地区强劲的数字化发展势头以及政策推动作用，同时也揭示了中部地区、西部地区、东北地区在技术普及、基础设施建设等方面存在短板。

（三）制造业数字化转型水平的行业差异

由于制造业各细分行业在经营方向、技术升级和数字技术应用需求等方面存在差异，行业间数字化转型水平也呈现出显著的差异。基于《国民经济行业分类》，对2012~2022年各行业数字化转型水平进行统计分析，具体情况见表4-1所示。

表4-1　2012~2022年制造业企业数字化转型水平的行业差异

行业	2012年	2013年	2014年	2015年	2016年	2017年	2018年	2019年	2020年	2021年	2022年
电气机械及器材制造业	3.97	5.00	5.99	9.53	10.48	11.15	13.93	14.11	13.79	12.84	13.03
纺织服装、服饰业	3.53	6.21	7.46	10.00	11.46	11.56	13.32	14.32	13.54	12.19	11.91
纺织业	1.32	1.44	2.41	4.07	4.50	5.65	8.24	4.11	5.14	5.25	6.23
非金属矿物制品业	0.61	0.63	1.12	2.18	2.11	2.32	2.54	2.12	4.03	4.07	4.11
废弃资源综合利用业	1.00	5.00	8.00	10.00	3.33	1.80	1.80	2.29	1.11	1.73	2.79
黑色金属冶炼及压延加工业	0.81	1.84	2.55	3.44	2.63	2.81	4.03	5.25	7.55	7.75	7.47
化学纤维制造业	0.00	0.00	0.08	3.83	3.68	7.96	9.24	3.60	3.39	4.37	5.09
化学原料及化学制品制造业	0.25	0.52	1.71	3.15	3.37	3.85	3.67	2.99	3.33	3.17	3.16

续表

行业	2012年	2013年	2014年	2015年	2016年	2017年	2018年	2019年	2020年	2021年	2022年
计算机、通信和其他电子设备制造业	7.12	9.02	12.79	16.34	19.28	23.09	24.74	28.10	27.55	28.67	29.58
家具制造业	0.83	2.50	6.29	7.88	7.44	9.80	14.00	14.96	17.72	22.68	26.84
金属制品业	0.52	1.33	1.93	2.88	5.19	4.44	5.38	5.38	7.15	6.54	5.85
酒、饮料和精制茶制造业	0.51	0.80	2.14	4.08	5.90	5.65	7.00	6.24	6.53	5.83	6.30
木材加工及木、竹、藤、棕、草制品业	1.44	3.11	5.89	10.88	7.44	7.00	8.88	9.88	13.29	16.63	14.00
农副食品加工业	1.49	1.62	3.15	5.55	5.68	5.80	5.98	6.40	6.40	5.14	6.46
皮革、毛皮、羽毛及其制品和制鞋业	2.33	2.83	2.67	12.13	10.67	12.82	20.46	19.91	15.64	8.58	15.00
其他制造业	1.67	1.41	2.44	3.65	6.81	10.00	9.71	8.05	6.46	4.50	3.65
汽车制造业	0.40	0.48	0.93	2.45	2.13	3.48	4.34	4.13	5.55	6.13	6.01
石油加工、炼焦及核燃料加工业	0.17	0.06	0.58	0.74	1.47	2.94	1.81	1.50	1.59	1.69	3.38
食品制造业	0.96	1.40	2.68	4.64	4.24	7.25	6.43	6.61	6.20	5.01	6.18
铁路、船舶、航空航天和其他运输设备制造业	0.82	1.49	1.59	2.11	2.00	3.63	3.94	4.96	4.97	6.16	6.76
通用设备制造业	1.14	1.25	3.25	5.02	5.13	6.93	8.90	9.42	9.87	9.11	9.91
文教、工美、体育和娱乐用品制造业	1.40	3.60	4.55	8.75	15.27	10.21	13.00	22.71	20.19	17.76	17.76
橡胶和塑料制品业	0.26	0.47	0.96	2.12	1.59	2.13	2.86	3.01	3.21	3.48	3.96

续表

行业	2012 年	2013 年	2014 年	2015 年	2016 年	2017 年	2018 年	2019 年	2020 年	2021 年	2022 年
医药制造业	0.57	1.12	2.08	2.98	2.55	2.64	2.42	2.83	3.06	2.91	3.34
仪器仪表制造业	11.74	8.85	12.94	14.19	17.00	23.16	28.39	32.45	33.34	32.44	34.82
印刷和记录媒介复制业	3.00	4.57	2.57	5.86	5.25	10.31	17.31	5.50	6.00	5.80	6.80
有色金属冶炼及压延加工业	0.08	0.15	0.45	0.63	0.78	1.65	1.55	1.77	2.00	2.22	2.23
造纸及纸制品业	0.71	2.11	3.00	3.11	4.03	4.03	3.20	4.19	6.69	6.41	6.85
专用设备制造业	0.92	1.36	3.16	4.04	4.39	5.53	6.81	10.35	11.18	10.60	11.49

资料来源：国泰安数据库和上市公司年报。

从表 4-1 可以看出，制造业企业普遍认识到了数字化转型的重要性，整体数字化转型水平 2022 年较 2012 年显著提升。其中，电气机械及器材制造业，纺织服装、服饰业，计算机、通信和其他电子设备制造业等行业表现尤为突出，显示出较高的数字化转型水平。此外，仪器仪表制造业和专用设备制造业等高技术行业也展现了较强的数字化发展能力。相比之下，部分传统行业如废弃资源综合利用业等虽然在数字化转型上有所突破，但整体水平相较上述高技术行业仍有一定差距。这一现象表明，高技术行业由于自身技术密集型特性，对数字化转型的接受度更高，而传统行业则因技术基础薄弱和转型成本较高，在数字化转型中面临更多挑战。

整体而言，我国制造业企业数字化转型已进入快速发展阶段，但行业间和区域间的差距依然明显，其原因在于：一是行业技术密集度差异。技术密集型区域与行业对数字技术依赖程度较高，其数字化起步较早、发展速度较快。二是政策导向。不同区域和行业的政策支持力度有所差异导致数字化发展水平有所不同。诸如计算机、通信和其他电子设备制造业与仪器仪表制造业等高端制造行业的政策支持力度较大，其数字化转型水平也显著提升。三是市场需求。消费驱动型行业如纺织业等受到消费者个性化需求和市场竞争压力驱动，表现出较高的数字化转型水平。四是成本效益比。受制于成本高而效益有限，传统行业数字化转型动力相对不足，导致相关行业的数字化转型水平较低。

二　人工智能

人工智能技术为制造业企业数字化转型赋能，在决策支持、生产效率提升和智能制造领域具有重要意义。人工智能不仅帮助企业优化资源配置，还能通过数据驱动使制造流程和管理模式发生深刻变革。在政策层面，我国政府出台了《关于加快场景创新以人工智能高水平应用促进经济高质量发展的指导意见》，明确提出以企业主导、创新引领、开放融合、协同治理为原则，扩大人工智能场景创新要素供给，推动人工智能技术助力企业生产效率提升。为此，本部分进一步统计与人工智能相关的关键词的词频，以分析我国各地区及制造业内各行业的人工智能技术应用水平。

（一）制造业企业人工智能技术应用水平的整体情况

人工智能技术作为数字化转型的重要支撑，其应用水平是衡量制造业企业技术创新能力的重要指标。对2012~2022年制造业企业人工智能技术应用水平进行统计，旨在明晰我国制造业企业在这一领域的发展脉络。2012~2022年制造业企业人工智能技术应用水平如图4-3所示。

从图4-3可以看出，我国制造业企业人工智能技术应用水平整体呈显著上升趋势，但不同阶段的增长速率存在差异。2012~2014年，我国制造业企业人工智能技术应用水平较低，且增长缓慢。这一

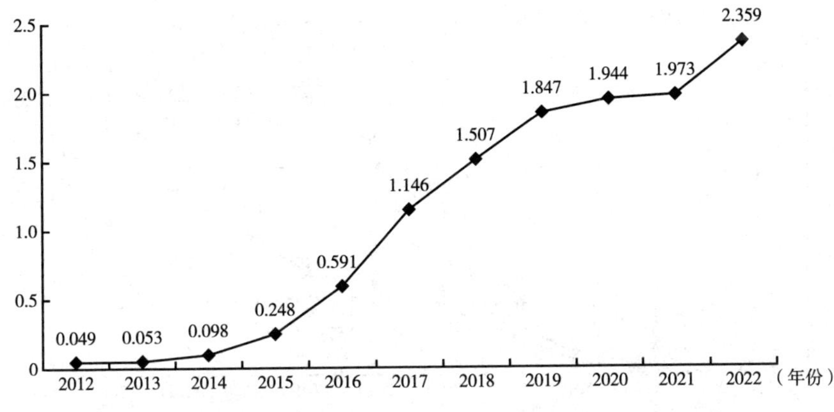

图 4-3　2012~2022 年制造业企业人工智能技术应用水平

时期我国制造业企业对人工智能的认识尚处于起步阶段。2014~2019年，人工智能技术应用水平大幅提高，得益于人工智能技术的快速发展及其在工业场景中的逐步渗透。2019~2021 年，尽管全球重大公共卫生突发事件给制造业企业带来了较大冲击，但人工智能技术应用水平仍保持相对稳定的增长态势。2021~2022 年，人工智能技术应用水平快速攀升，并于 2022 年达到历史新高，反映出制造业企业对人工智能技术的关注度和应用程度显著提高。

（二）制造业企业人工智能技术应用水平的区域差异

以 2012~2022 年我国东北地区、东部地区、中部地区和西部地区制造业企业的人工智能技术应用水平为基础，绘制如图 4-4 所示的折线图呈现其变化趋势。

从图 4-4 可见，2012~2022 年，各地区制造业企业人工智能技术应用水平均显著提升，但区域间差异较为突出。东部地区制造业企业人工智能技术应用水平始终领先，并且增长速度较快；中部地区次之，增长幅度稳定，但与东部地区差距较大；东北地区 2021 年出现明显下降，拉大了与中部地区之间的差距；西部地区尽管人工智能技术应用水平有所提高，但整体表现落后于其他地区。这一差

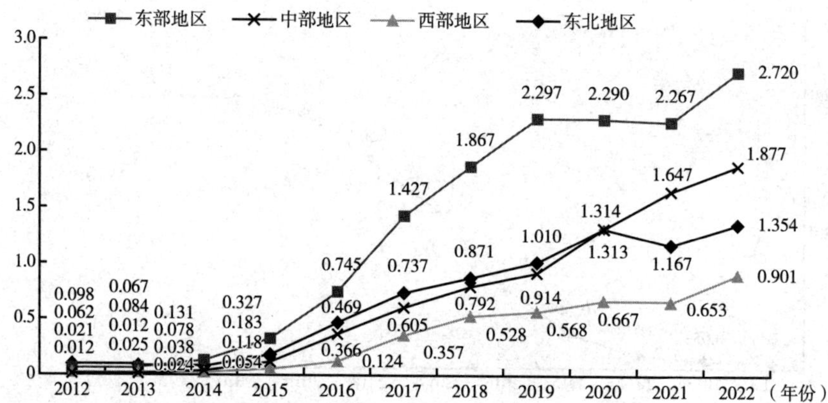

图 4-4　2012~2022 年制造业企业人工智能技术应用水平的地区差异

异表明，东部地区凭借经济和技术资源的优势，率先完成了人工智能技术的推广应用，而其他区域仍需加大政策支持力度并加快技术引进速度。

（三）制造业企业人工智能技术应用水平的行业差异

制造业各行业因技术密集程度、市场需求和产业链特性不同，人工智能技术应用水平也表现出明显差异。根据《国民经济行业分类》，对 2012~2022 年制造业各行业的人工智能技术应用水平进行统计分析，具体如表 4-2 所示。

表 4-2　2012~2022 年制造业企业人工智能技术应用水平的行业差异

行业	2012 年	2013 年	2014 年	2015 年	2016 年	2017 年	2018 年	2019 年	2020 年	2021 年	2022 年
电气机械及器材制造业	0.01	0.04	0.07	0.26	0.68	1.17	1.66	1.77	1.75	1.57	1.65
纺织服装、服饰业	0.03	0.00	0.09	0.03	0.15	0.47	0.60	0.47	0.46	0.76	0.81
纺织业	0.00	0.00	0.00	0.00	0.10	0.09	0.88	0.33	0.14	0.14	0.27
非金属矿物制品业	0.00	0.00	0.01	0.00	0.00	0.07	0.11	0.19	0.36	0.38	0.49

续表

行业	2012年	2013年	2014年	2015年	2016年	2017年	2018年	2019年	2020年	2021年	2022年
废弃资源综合利用业	0.00	0.00	0.00	0.00	0.00	0.00	0.00	0.14	0.11	0.18	0.43
黑色金属冶炼及压延加工业	0.00	0.00	0.00	0.03	0.00	0.10	0.19	0.31	0.65	0.41	0.56
化学纤维制造业	0.00	0.00	0.00	0.04	1.50	6.00	5.68	0.28	0.36	0.57	0.63
化学原料及化学制品制造业	0.01	0.01	0.01	0.04	0.11	0.23	0.31	0.25	0.27	0.33	0.35
计算机、通信和其他电子设备制造业	0.27	0.23	0.40	0.96	2.40	4.10	4.85	5.90	5.79	6.03	6.99
家具制造业	0.00	0.00	0.00	0.13	0.31	0.52	1.23	1.52	1.76	1.96	1.74
金属制品业	0.02	0.05	0.10	0.19	0.33	0.45	0.28	0.71	0.80	0.70	0.70
酒、饮料和精制茶制造业	0.00	0.00	0.00	0.03	0.00	0.12	0.26	0.29	0.24	0.15	0.20
木材加工及木、竹、藤、棕、草制品业	0.00	0.00	0.00	0.25	0.00	0.22	0.00	0.13	0.57	0.50	0.33
农副食品加工业	0.00	0.00	0.00	0.00	0.07	0.16	0.17	0.19	0.29	0.15	0.24
皮革、毛皮、羽毛及其制品和制鞋业	0.00	0.00	0.00	0.25	0.00	0.55	0.64	0.73	0.46	0.25	1.83
其他制造业	0.00	0.00	0.00	0.00	0.52	0.65	0.62	0.42	0.18	0.50	0.35
汽车制造业	0.00	0.01	0.03	0.40	0.36	0.60	1.08	1.12	1.58	1.58	1.58
石油加工、炼焦及核燃料加工业	0.00	0.00	0.05	0.00	0.00	0.12	0.13	0.00	0.00	0.19	0.50

续表

行业	2012年	2013年	2014年	2015年	2016年	2017年	2018年	2019年	2020年	2021年	2022年
食品制造业	0.05	0.00	0.00	0.03	0.02	0.07	0.11	0.22	0.14	0.07	0.21
铁路、船舶、航空航天和其他运输设备制造业	0.00	0.15	0.06	0.20	0.36	0.54	0.94	1.31	1.03	1.67	1.86
通用设备制造业	0.08	0.08	0.12	0.27	0.41	1.18	1.65	1.80	2.27	2.11	2.72
文教、工美、体育和娱乐用品制造业	0.00	0.00	0.18	0.83	0.46	1.00	1.07	2.93	2.00	2.19	1.88
橡胶和塑料制品业	0.00	0.00	0.06	0.04	0.04	0.09	0.10	0.19	0.38	0.31	0.43
医药制造业	0.00	0.01	0.02	0.03	0.00	0.16	0.24	0.26	0.39	0.47	0.61
仪器仪表制造业	0.04	0.07	0.13	0.14	0.82	1.68	2.32	2.60	3.19	3.18	3.94
印刷和记录媒介复制业	0.00	0.00	0.00	0.00	0.00	0.08	2.77	0.71	0.60	1.73	1.80
有色金属冶炼及压延加工业	0.00	0.00	0.00	0.00	0.00	0.15	0.15	0.19	0.12	0.24	0.27
造纸及纸制品业	0.00	0.00	0.00	0.21	0.14	0.27	0.10	0.32	0.54	0.60	0.64
专用设备制造业	0.05	0.07	0.19	0.25	0.64	1.11	1.73	3.28	3.30	3.02	3.67

从表4-2可知，2012年，整体而言各行业人工智能技术应用水平较低，表明多数制造业企业尚未认识到人工智能技术的重要性。2022年，大多数行业实现了一定程度的技术应用突破，其中表现突出的行业包括：①高技术行业，诸如计算机、通信和其他电子设备制造业，仪器仪表制造业，专用设备制造业等，对人工智能的需求强

烈，技术应用水平遥遥领先。②技术渗透型行业，诸如电气机械及器材制造业，家具制造业，皮革、毛皮、羽毛及其制品和制鞋业，这些行业尽管技术基础薄弱，但因市场需求驱动和技术推广政策支持，近年来发展迅速。而传统行业，诸如废弃资源综合利用业和石油加工、炼焦及核燃料加工业，这些行业的人工智能应用水平提升有限，显示出技术转型的难度较大。

三 区块链

区块链技术在信息传递与质量保障方面具有显著优势，通过提升信息透明度，可以有效减少因委托代理问题而引发的非道德行为，对企业融资效率和供应链管理产生积极影响。《关于加快推动区块链技术应用和产业发展的指导意见》明确提出，区块链技术的发展应坚持应用牵引、创新驱动、生态培育、多方协同、安全有序的原则，助力实体经济转型，提升公共服务能力，构建现代产业链并促进融通发展。

（一）制造业企业区块链技术应用水平的整体情况

区块链技术作为数字化转型的重要技术依托，其应用水平是衡量制造业企业数字化转型能力的重要指标之一。我国制造业企业 2012~2022 年区块链技术应用水平的变化趋势如图 4-5 所示。

从图 4-5 可以看出，区块链技术应用水平总体呈波动式上升趋势。2016~2017 年和 2020~2021 年两个阶段出现下降，其中 2020~2021 年降幅较为明显。2021~2022 年有所回升，但仍未回到 2020 年的最高点。该现象可能与企业对区块链技术实际应用的探索深度和政策支持力度有关。2020 年较高的区块链应用水平可能得益于政策支持和技术推广，但随后区块链应用水平下降或反映了企业在实际区块链应用过程中面临挑战。

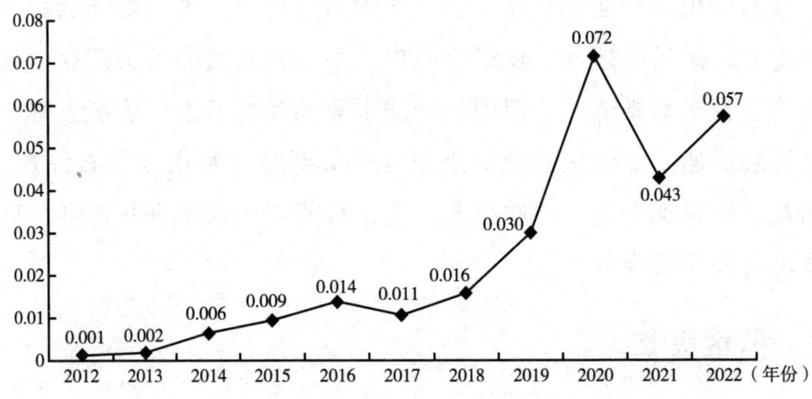

图 4-5　2012~2022 年制造业企业区块链技术应用水平

（二）制造业企业区块链技术应用水平的区域差异

以我国 2012~2022 年制造业企业区块链技术应用水平为基础，绘制如图 4-6 所示的折线图以呈现东北地区、东部地区、中部地区和西部地区四大区域制造业企业区块链技术应用水平的趋势性变化。

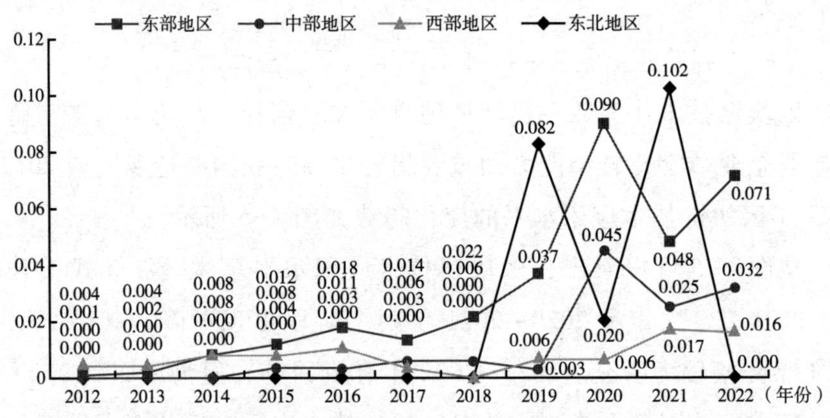

图 4-6　2012~2022 年制造业企业区块链技术应用水平的地区差异

图 4-6 显示，各地区制造业企业区块链技术应用水平整体较低。其中，东部地区的区块链技术应用水平整体表现出相对平稳的增长态

势；中部地区和西部地区的区块链技术应用水平的增长则相对缓慢，东北地区的区块链技术应用水平在2018~2022年呈现“驼峰”式波动，其中2022年骤降。

（三）制造业企业区块链技术应用水平的行业差异

根据《国民经济行业分类》，统计2012~2022年各行业的区块链技术应用水平，具体如表4-3所示。

表4-3　2012~2022年制造业企业区块链技术应用水平的行业差异

行业	2012年	2013年	2014年	2015年	2016年	2017年	2018年	2019年	2020年	2021年	2022年
电气机械及器材制造业	0.00	0.00	0.01	0.03	0.01	0.00	0.01	0.00	0.03	0.04	0.05
纺织服装、服饰业	0.00	0.00	0.06	0.00	0.00	0.00	0.05	0.13	0.13	0.12	0.10
纺织业	0.00	0.00	0.00	0.00	0.00	0.00	0.02	0.03	0.02	0.00	0.06
非金属矿物制品业	0.00	0.00	0.00	0.00	0.00	0.00	0.00	0.02	0.00	0.00	0.01
废弃资源综合利用业	0.00	0.00	0.00	0.00	0.00	0.00	0.00	0.00	0.00	0.00	0.00
黑色金属冶炼及压延加工业	0.00	0.00	0.00	0.00	0.00	0.00	0.00	0.03	0.00	0.00	0.00
化学纤维制造业	0.00	0.00	0.00	0.00	0.00	0.00	0.00	0.00	0.00	0.00	0.06
化学原料及化学制品制造业	0.00	0.00	0.00	0.00	0.00	0.00	0.00	0.00	0.00	0.00	0.03
计算机、通信和其他电子设备制造业	0.01	0.01	0.02	0.01	0.01	0.03	0.04	0.04	0.17	0.13	0.15
家具制造业	0.00	0.00	0.14	0.00	0.00	0.00	0.04	0.00	0.00	0.00	0.10
金属制品业	0.00	0.00	0.00	0.00	0.00	0.00	0.00	0.00	0.00	0.00	0.00

续表

行业	2012年	2013年	2014年	2015年	2016年	2017年	2018年	2019年	2020年	2021年	2022年
酒、饮料和精制茶制造业	0.00	0.00	0.00	0.00	0.00	0.00	0.00	0.00	0.00	0.02	0.00
木材加工及木、竹、藤、棕、草制品业	0.00	0.00	0.00	0.00	0.00	0.00	0.00	0.00	0.00	0.00	0.00
农副食品加工业	0.00	0.00	0.00	0.00	0.00	0.00	0.00	0.02	0.04	0.02	0.03
皮革、毛皮、羽毛及其制品和制鞋业	0.00	0.00	0.00	0.00	0.00	0.00	0.00	0.09	0.09	0.00	0.08
其他制造业	0.00	0.00	0.00	0.12	0.00	0.00	0.00	0.00	0.00	0.00	0.00
汽车制造业	0.00	0.00	0.00	0.00	0.00	0.00	0.00	0.00	0.00	0.00	0.02
石油加工、炼焦及核燃料加工业	0.00	0.00	0.00	0.00	0.00	0.00	0.00	0.00	0.00	0.00	0.00
食品制造业	0.00	0.00	0.00	0.00	0.00	0.00	0.00	0.00	0.02	0.07	0.04
铁路、船舶、航空航天和其他运输设备制造业	0.00	0.00	0.00	0.00	0.00	0.00	0.06	0.02	0.00	0.00	0.06
通用设备制造业	0.00	0.00	0.00	0.00	0.01	0.04	0.03	0.10	0.24	0.13	0.07
文教、工美、体育和娱乐用品制造业	0.00	0.00	0.00	0.00	0.00	0.00	0.00	0.00	0.00	0.00	0.00
橡胶和塑料制品业	0.00	0.00	0.00	0.04	0.01	0.02	0.02	0.01	0.00	0.00	0.03
医药制造业	0.00	0.00	0.00	0.01	0.01	0.00	0.00	0.00	0.01	0.01	0.01
仪器仪表制造业	0.00	0.00	0.03	0.03	0.02	0.04	0.02	0.02	0.04	0.04	0.06

续表

行业	2012年	2013年	2014年	2015年	2016年	2017年	2018年	2019年	2020年	2021年	2022年
印刷和记录媒介复制业	0.00	0.00	0.00	0.00	0.00	0.08	0.08	0.07	0.07	0.20	0.27
有色金属冶炼及压延加工业	0.00	0.00	0.00	0.00	0.00	0.00	0.00	0.00	0.00	0.00	0.02
造纸及纸制品业	0.00	0.00	0.00	0.00	0.00	0.00	0.00	0.00	0.00	0.05	0.00
专用设备制造业	0.01	0.01	0.01	0.02	0.10	0.02	0.02	0.13	0.23	0.04	0.07

资料来源：国泰安数据库和上市公司年报。

从表4-3可以看出，2012年大多数制造业企业并未重视区块链技术，反映出对该技术应用的滞后性。2022年，多数行业区块链技术应用水平有所提高，但整体发展仍较为缓慢，其中，表现较为突出的行业包括：一是计算机、通信和其他电子设备制造业，仪器仪表制造业，专用设备制造业等高技术行业，因其对技术的高依赖性，区块链应用也相对领先。二是电气机械及器材制造业、家具制造业等行业，虽起步相对较晚，但受益于市场需求和技术渗透，近年来区块链技术应用水平有所提升。而非金属矿物制品业、食品制造业等行业对区块链技术的需求并不强烈，应用水平提升也相对有限。

四　云计算

云计算作为分布式计算的重要技术，通过提供共享的计算能力，不仅能显著降低企业计算成本，还在提升生产效率和管理效率方面发挥了关键作用。近年来，工信部等部门出台了一系列政策，旨在推动云计算技术研发、基础设施完善，并进一步促进企业在数字化转型中对云计算技术的广泛应用。

（一）制造业企业云计算技术应用水平的整体情况

云计算技术作为数字化转型的重要支撑技术，其应用水平直接反映了制造业企业的数字化能力。统计我国制造业企业 2012~2022 年云计算技术应用水平，绘制如图 4-7 所示的折线图，以呈现我国制造业企业云计算技术应用水平。

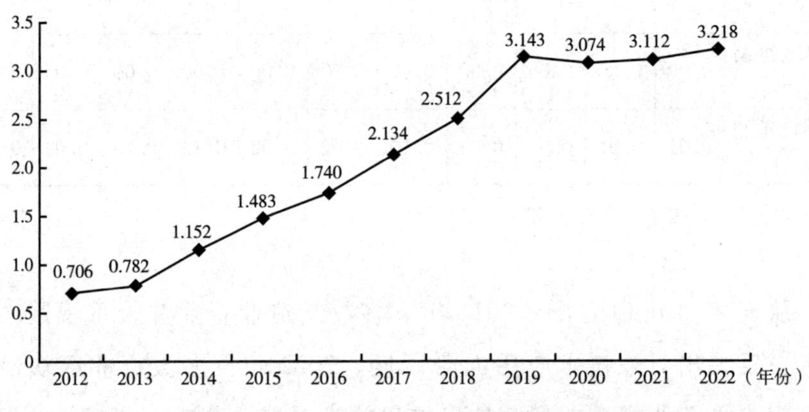

图 4-7　2012~2022 年制造业企业云计算技术应用水平

从图 4-7 可以看出，我国制造业企业云计算技术应用水平 2012~2019 年呈现稳步上升态势，2020 年出现轻微下降，尽管 2021 年之后的上升趋势有所放缓，但总体保持增长，并在 2022 年达到最高点。这一趋势说明，云计算技术在制造业企业中逐渐普及，但不同阶段的增长速率差异也反映出技术推广应用中面临挑战。

（二）制造业企业云计算技术应用水平的区域差异

将我国区域分为东部地区、中部地区、西部地区与东北地区，以 2012~2022 年制造业企业云计算技术应用水平为基础，绘制如图 4-8 所示的折线图，以呈现云计算技术应用水平的区域差异。

从图 4-8 可以看出，2012~2022 年四个区域的制造业企业云计算技术应用水平均呈现上升趋势。其中，东部地区的制造业企业云计算技术应用水平显著高于其他区域，始终保持领先地位；中部地区虽

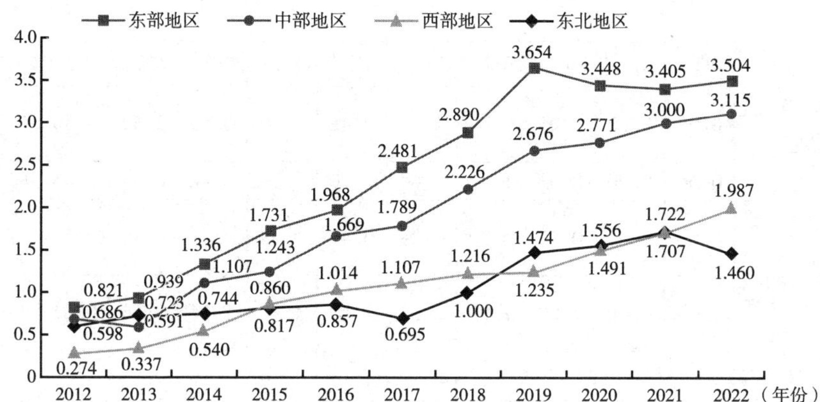

图 4-8　2012~2022 年制造业企业云计算技术应用水平的区域差异

资料来源：国泰安数据库和上市公司年报。

次于东部地区，但自 2013 年起与东北地区和西部地区的差距逐渐扩大；东北地区和西部地区的发展态势较为接近，2022 年东北地区出现了显著下降，而西部地区则保持小幅增长。这种区域间差异主要受到技术基础、经济活力和政策支持等因素的影响。东部地区在云计算基础设施建设、技术应用和人才储备等方面具有明显优势。中部地区受益于近年来的产业转移，云计算技术应用水平有所提升。而东北地区的下降或与政策落地落实不足或企业技术应用能力不足有所关联。

（三）制造业企业云计算技术应用水平的行业差异

进一步根据《国民经济行业分类》，统计 2012~2022 年各行业的云计算技术应用水平，见表 4-4。

表 4-4　2012~2022 年制造业企业云计算技术应用水平的行业差异

行业	2012 年	2013 年	2014 年	2015 年	2016 年	2017 年	2018 年	2019 年	2020 年	2021 年	2022 年
电气机械及器材制造业	0.54	0.73	1.14	1.63	1.78	2.33	3.79	4.34	3.72	3.57	3.62

续表

行业	2012 年	2013 年	2014 年	2015 年	2016 年	2017 年	2018 年	2019 年	2020 年	2021 年	2022 年
纺织服装、服饰业	0.00	0.00	0.03	0.44	1.21	0.42	0.70	0.50	0.69	0.50	0.43
纺织业	0.00	0.00	0.07	1.07	0.64	0.70	0.83	0.44	0.33	0.33	0.37
非金属矿物制品业	0.00	0.01	0.32	0.30	0.24	0.47	0.48	0.31	0.45	0.50	0.40
废弃资源综合利用业	1.00	4.00	7.00	7.00	2.33	1.40	1.40	1.14	0.56	0.64	1.00
黑色金属冶炼及压延加工业	0.19	0.25	0.32	0.38	0.03	0.16	0.39	1.63	2.07	1.63	1.91
化学纤维制造业	0.00	0.00	0.00	0.00	0.09	0.35	0.20	0.28	0.21	0.23	0.47
化学原料及化学制品制造业	0.07	0.06	0.15	0.35	0.63	0.53	0.48	0.48	0.53	0.50	0.53
计算机、通信和其他电子设备制造业	3.32	3.57	5.30	5.81	5.88	7.29	7.93	9.82	9.12	9.54	9.50
家具制造业	0.00	0.00	0.29	0.50	0.44	0.84	1.04	1.70	2.24	2.79	2.13
金属制品业	0.10	0.05	0.07	0.19	0.72	0.64	0.72	0.79	1.06	1.00	0.83
酒、饮料和精制茶制造业	0.00	0.06	0.06	0.24	0.34	0.26	0.37	0.43	0.36	0.21	0.32
木材加工及木、竹、藤、棕、草制品业	0.00	0.00	0.22	1.50	0.11	0.11	0.13	0.38	0.71	2.00	1.56
农副食品加工业	0.11	0.03	0.18	0.18	0.25	0.49	0.40	1.02	0.91	0.48	0.78
皮革、毛皮、羽毛及其制品和制鞋业	0.00	0.00	0.00	0.13	0.11	0.09	0.09	0.09	0.00	0.00	0.25
其他制造业	0.00	0.00	0.00	0.00	0.48	0.95	1.71	3.11	2.14	0.75	0.41

续表

行业	2012年	2013年	2014年	2015年	2016年	2017年	2018年	2019年	2020年	2021年	2022年
汽车制造业	0.07	0.11	0.10	0.28	0.39	0.46	0.51	0.56	0.86	1.07	0.89
石油加工、炼焦及核燃料加工业	0.00	0.00	0.05	0.00	0.05	0.12	0.06	0.13	0.18	0.13	0.69
食品制造业	0.00	0.04	0.04	0.03	0.10	0.16	0.28	0.52	0.28	0.21	0.21
铁路、船舶、航空航天和其他运输设备制造业	0.49	0.76	0.85	1.06	0.77	1.26	1.08	1.65	1.16	1.27	1.30
通用设备制造业	0.32	0.44	0.98	1.54	1.42	1.71	2.00	2.32	2.06	1.91	2.16
文教、工美、体育和娱乐用品制造业	0.00	0.10	0.55	0.75	8.36	4.00	5.43	4.71	3.25	3.52	3.36
橡胶和塑料制品业	0.04	0.12	0.15	0.37	0.39	0.31	0.66	0.41	0.49	0.69	0.66
医药制造业	0.04	0.03	0.14	0.13	0.10	0.12	0.11	0.25	0.21	0.20	0.25
仪器仪表制造业	7.00	4.67	5.94	7.17	10.55	13.49	16.41	17.98	19.15	19.98	20.31
印刷和记录媒介复制业	2.14	2.14	0.86	3.57	3.33	2.54	2.69	2.50	2.80	1.93	1.80
有色金属冶炼及压延加工业	0.00	0.00	0.05	0.12	0.11	0.10	0.28	0.21	0.28	0.37	0.41
造纸及纸制品业	0.25	1.29	0.89	1.21	1.10	0.90	0.73	1.16	1.43	1.60	1.64
专用设备制造业	0.47	0.61	0.72	1.00	1.03	1.15	1.22	2.47	2.56	2.36	2.43

资料来源：国泰安数据库和上市公司年报。

由表4-4可知，2012年部分制造业行业对云计算技术已有所应用，尤其是计算机、通信和其他电子设备制造业与仪器仪表制造业等的云计算技术应用水平较高。这些行业因技术依赖度较高，率先实现了云计算的初步应用。2022 年，计算机、通信和其他电子设备制造业与仪器仪表制造业的云计算技术应用情况也尤为突出。相比之下，废弃资源综合利用业、印刷和记录媒介复制业等的云计算技术应用水平亟待提升。这表明，云计算技术在不同行业的应用潜力存在较大差异。

五　大数据

大数据技术赋能制造业企业精准感知市场需求，通过从海量信息中提取最有价值的信息，为企业的经营决策与生产管理提供数据支持。大数据技术还助力企业优化内部资源配置与生产流程，推动生产流程再造并释放潜在生产力。这一技术对企业高效、可持续发展具有重要意义。同时，为推动大数据技术进一步发展，国家出台了一系列政策进行引导与保障。《"十四五" 大数据产业发展规划》明确提出，加快培育数据要素市场、发挥大数据优势、完善产业基础、构建高效产业链、打造有序产业生态、筑牢数据安全保障防线是现阶段的重要任务。

（一）制造业企业大数据技术应用水平的整体情况

大数据技术作为数字化转型的重要支撑，其应用水平直接影响制造业企业的数字化能力与效率提升。统计我国制造业企业 2012~2022 年大数据技术应用水平，并以图 4-9 所示的折线图方式呈现其发展脉络。

从图 4-9 可知，2012~2022 年制造业企业大数据技术应用水平整体呈现上升趋势，尤其是 2012~2017 年上升速率较为明显，2017 年之后，增长速度有所放缓，且 2020~2021 年出现了短暂下降，这可能与市场环境波动、技术推广速度放缓或企业对技术需求的阶段性调整有关，2022 年有所提升，反映了大数据技术在制

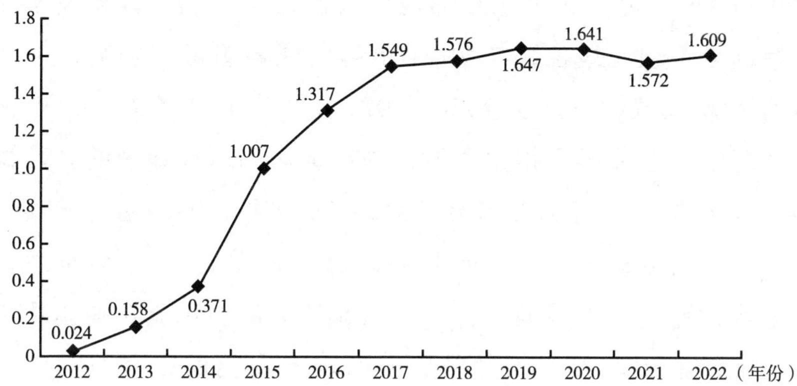

图 4-9　2012~2022 年制造业企业大数据技术应用水平

造业企业中的普及程度逐渐提升。

（二）制造业企业大数据技术应用水平的区域差异

以 2012~2022 年制造业企业的大数据技术应用水平为基础，分别绘制东部地区、中部地区、西部地区和东北地区的折线图（见图 4-10）。

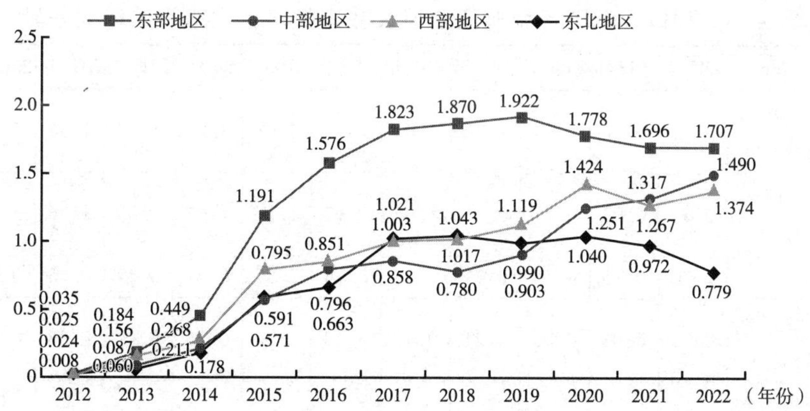

图 4-10　2012~2022 年制造业企业大数据技术应用的区域差异

资料来源：国泰安数据库和上市公司年报。

从图 4-10 可以看出，东部地区的制造业企业大数据技术应用水平始终处于领先地位，自 2014 年起呈现显著增长趋势，尽管在 2017 年后增长放缓，并于 2020~2021 年出现轻微下降，但整体水平依然高于其他地区。相比之下，中部地区和西部地区的大数据技术应用水平较为接近，二者在 2012~2019 年保持同步增长趋势。东北地区的大数据技术应用则相对滞后，且在 2020 年后呈现显著下滑态势，究其原因可能有：一是东北地区的制造业在整体技术创新与基础设施建设方面相对滞后，影响了大数据技术的推广与应用；二是东北地区产业结构调整相对缓慢，传统产业占比较高导致技术转型动力不足；三是东北地区在与大数据相关产业支持政策的实施效果方面仍有待进一步提升。

（三）制造业企业大数据技术应用水平的行业差异

依据《国民经济行业分类》，统计 2012~2022 年各行业的大数据技术应用水平，如表 4-5 所示。

表 4-5　2012~2022 年制造业企业大数据技术应用水平的行业差异

行业	2012 年	2013 年	2014 年	2015 年	2016 年	2017 年	2018 年	2019 年	2020 年	2021 年	2022 年
电气机械及器材制造业	0.02	0.24	0.44	1.20	2.03	2.14	2.08	2.02	1.87	1.53	1.45
纺织服装、服饰业	0.00	0.03	0.21	0.81	1.06	0.97	1.54	1.61	2.03	1.76	1.31
纺织业	0.00	0.16	0.55	0.71	0.98	2.14	2.85	0.61	0.49	0.35	0.35
非金属矿物制品业	0.00	0.01	0.05	0.21	0.41	0.33	0.56	0.28	0.46	0.38	0.27
废弃资源综合利用业	0.00	0.00	0.00	1.00	0.00	0.00	0.00	0.29	0.11	0.36	0.43
黑色金属冶炼及压延加工业	0.00	0.00	0.07	0.44	0.38	0.68	0.81	0.84	1.23	0.88	1.31

续表

行业	2012年	2013年	2014年	2015年	2016年	2017年	2018年	2019年	2020年	2021年	2022年
化学纤维制造业	0.00	0.00	0.04	0.30	0.50	0.57	0.64	0.40	0.43	0.53	0.47
化学原料及化学制品制造业	0.01	0.02	0.08	0.38	0.62	0.59	0.61	0.48	0.56	0.52	0.49
计算机、通信和其他电子设备制造业	0.13	0.75	1.17	3.26	4.33	4.84	4.39	4.55	4.22	4.27	4.35
家具制造业	0.00	0.33	1.71	1.63	1.88	2.24	2.46	2.30	2.12	2.54	2.77
金属制品业	0.00	0.26	0.17	0.17	0.43	0.36	0.44	0.49	0.72	0.69	0.53
酒、饮料和精制茶制造业	0.00	0.03	0.31	0.32	0.24	0.47	0.67	0.98	0.60	0.52	0.58
木材加工及木、竹、藤、棕、草制品业	0.11	0.00	0.44	0.63	0.67	0.22	0.13	0.13	0.71	0.38	0.78
农副食品加工业	0.00	0.00	0.18	0.87	0.55	0.71	0.64	0.85	0.80	0.53	0.51
皮革、毛皮、羽毛及其制品和制鞋业	0.00	0.00	0.00	1.88	1.00	1.36	2.09	1.55	1.36	0.50	0.83
其他制造业	0.00	0.06	0.31	0.94	0.86	2.85	2.57	1.00	0.50	0.69	0.77
汽车制造业	0.00	0.03	0.08	0.19	0.21	0.37	0.51	0.34	0.46	0.52	0.49
石油加工、炼焦及核燃料加工业	0.00	0.00	0.05	0.16	0.05	1.35	0.06	0.19	0.18	0.06	0.81
食品制造业	0.00	0.04	0.39	0.58	0.32	0.43	0.57	0.70	0.78	0.65	0.55
铁路、船舶、航空航天和其他运输设备制造业	0.00	0.06	0.00	0.37	0.44	0.78	1.04	1.17	1.33	1.35	1.73

续表

行业	2012 年	2013 年	2014 年	2015 年	2016 年	2017 年	2018 年	2019 年	2020 年	2021 年	2022 年
通用设备制造业	0.02	0.03	0.22	0.70	1.17	1.20	1.68	1.44	1.32	1.22	1.29
文教、工美、体育和娱乐用品制造业	0.00	0.20	0.27	1.00	1.46	1.43	1.71	9.43	6.69	4.43	2.92
橡胶和塑料制品业	0.00	0.02	0.02	0.10	0.30	0.27	0.23	0.31	0.47	0.36	0.43
医药制造业	0.00	0.05	0.20	0.49	0.38	0.48	0.42	0.50	0.60	0.57	0.51
仪器仪表制造业	0.00	0.00	0.59	2.06	2.22	3.02	2.96	4.55	4.46	4.03	4.37
印刷和记录媒介复制业	0.29	0.43	0.43	0.43	0.58	0.85	1.46	1.07	1.20	0.53	0.60
有色金属冶炼及压延加工业	0.00	0.00	0.09	0.05	0.23	0.37	0.35	0.54	0.49	0.53	0.43
造纸及纸制品业	0.00	0.04	0.19	0.32	0.90	0.87	0.60	1.03	1.26	0.89	0.64
专用设备制造业	0.01	0.04	0.63	1.39	0.98	1.05	1.29	1.47	1.74	1.87	1.87

资料来源：国泰安数据库和上市公司年报。

从表 4-5 可以看出，2012 年，制造业企业的大数据技术应用水平几乎处于起步阶段，仅有少数行业如电气机械及器材制造业，计算机、通信和其他电子设备制造业等有一定应用。随着时间的推移，各行业企业大数据技术应用水平整体有所提升。到 2022 年，以下行业的大数据技术应用水平表现突出：一是仪器仪表制造业，2022 年大数据技术应用水平是所有行业中最高的。这与该行业依赖精准数据分析和实时监控的特性高度相关。二是计算机、通信和其他电子设备制造业等行业，在整个研究期间表现出较高的大数据技术应用水平，反映出其对数据分析与管理的强烈需求。三是通用设备制造业、专用设备制造业两个行业大数据技术应用水平也较好，展现了较高的技术接受度和成熟度。

第三节 中国制造业企业高质量发展现状

在衡量制造业企业高质量发展水平时，创新一直被视为核心要素。通常从盈利能力、生产效率等角度采用全要素生产率指标对制造业企业高质量发展水平进行评估（杜运周等，2022；胡海峰等，2024），但这些指标在极具不确定性与竞争压力的现代经济环境中已难以全面反映企业应对市场变化和技术迭代的能力。创新，尤其是绿色创新和突破式创新，不仅能够助力企业维持竞争优势，还能提升企业在环保、社会责任以及关键技术突破等方面的综合实力。换言之，创新活动所催生的专利成果更能直观地展示企业高质量发展水平，因而其创新表现可被视为衡量高质量发展水平的重要替代指标。

绿色创新的核心在于通过技术革新和管理变革，降低制造业企业资源消耗与环境负荷，实现经济效益与生态效益的统一。这不仅符合国内外日益严格的环境监管要求，也可让企业在绿色转型大趋势下抢得先机。绿色创新在高质量发展背景下扮演着日益突出的角色。突破式创新则聚焦企业在前沿领域或关键技术上取得重大进展，代表着对行业技术瓶颈的超越和对市场新机遇的把握，往往能够带来行业的范式转变，对高质量发展而言意义更为深远。

基于此，为了更好地衡量中国制造业企业高质量发展水平，下文在对企业整体创新能力进行分析的同时，重点关注企业在绿色创新和突破式创新方面的潜力。将专利申请数量作为企业创新的衡量标准，基于 2012~2022 年 3686 家制造业企业数据，探讨我国制造业企业高质量发展现状。

一　创新能力

（一）制造业企业创新能力的整体情况

以专利申请数量为基础，观察 2012~2022 年我国制造业企业创新能力发展趋势，具体如图 4-11 所示。

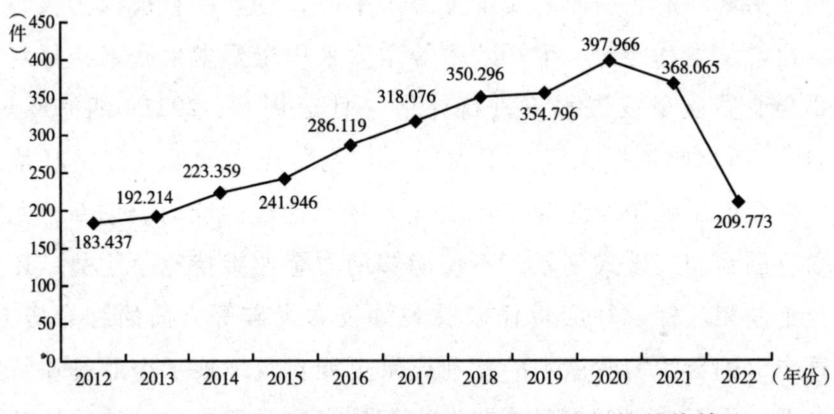

图 4-11　2012~2022 年制造业企业创新能力的整体情况

由图 4-11 表明，2012~2022 年，我国制造业企业的创新能力总体呈上升态势，并于 2020 年达到峰值，企业专利申请数量高达 397.966 件。然而，自 2021 年起，制造业企业创新能力呈现下降趋势，2021 年同比下降 7.513%，2022 年下降幅度进一步扩大，较 2021 年减少 35.494 个百分点，同比下降 43.007%，专利申请数降至 209.773 件。这一趋势表明，尽管我国制造业企业创新能力 2012~2020 年持续增强，但 2021 年后受到经济环境、政策调整及市场需求变化等因素的影响，创新能力有所减弱，企业在技术创新上的投入意愿降低，亟须政策予以引导和支持。

（二）制造业企业创新能力的区域差异

以东部地区、中部地区、西部地区与东北地区为划分，绘制 2012~2022 年我国制造业企业创新能力的区域差异折线图，具体见图 4-12。

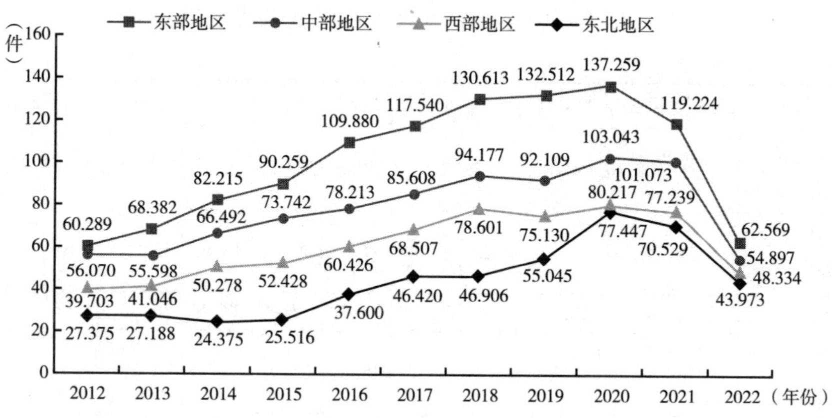

图 4-12　2012~2022 年制造业企业创新能力的区域差异

资料来源：国泰安数据库、中国研究数据库和上市公司年报。

图 4-12 显示，2012~2020 年，四大地区制造业企业创新能力均呈上升趋势，并于 2020 年达到峰值。其中，东部地区创新能力最强，其次为中部地区，西部地区相对较弱，而东北地区最弱。东部地区创新能力整体领先，2012~2020 年制造业企业专利申请数从 60.289 件增长至 137.259 件，增长显著。中部地区 2020 年制造业企业专利申请数量达到 103.043 件，虽与东部地区相比仍存在一定差距，但增长态势良好。西部地区 2012~2020 年创新能力虽有所提升，但整体水平仍偏低，需加强创新驱动。东北地区 2012~2020 年创新能力增幅最大，专利申请数量增长 182.911%，但基数较小。2020~2022 年，四大地区的创新能力均呈下降趋势，其中，东部地区下降幅度最大，2022 年较 2020 年下降 54.415%。以上数据表明，我国制造业企业在全球重大公共卫生突发事件冲击及经济下行压力加大背景下，创新能力受到较大影响。

（三）制造业企业创新能力的行业差异

进一步绘制表 4-6，展示 2012~2022 年制造业各子行业的专利申请数量以反映其创新能力变化趋势。

表 4-6　2012~2022 年制造业企业创新能力的行业差异

单位：件

行业	2012 年	2013 年	2014 年	2015 年	2016 年	2017 年	2018 年	2019 年	2020 年	2021 年	2022 年
电气机械及器材制造业	87.75	109.61	143.88	179.49	220.28	239.51	268.28	267.66	287.25	260.53	136.55
纺织服装、服饰业	26.21	28.00	37.88	35.50	38.84	37.31	39.68	43.63	32.05	33.54	21.31
纺织业	17.72	14.63	20.54	20.54	25.98	25.48	25.90	28.44	36.36	31.96	14.63
非金属矿物制品业	18.46	21.65	27.28	32.54	36.75	48.12	58.92	64.79	84.28	73.91	41.10
废弃资源综合利用业	83.00	78.00	88.00	68.00	113.67	266.20	141.80	53.00	60.63	59.18	33.69
黑色金属冶炼及压延加工业	140.59	148.28	169.74	174.63	174.34	198.45	220.68	269.59	291.23	287.13	216.59
化学纤维制造业	9.17	10.92	9.25	11.61	22.86	27.23	41.13	43.71	61.30	49.40	31.78
化学原料及化学制品制造业	15.05	15.59	17.90	22.17	29.56	33.42	38.58	41.96	46.44	41.95	22.80
计算机、通信和其他电子设备制造业	99.68	105.61	134.32	152.30	181.33	194.59	200.14	186.43	186.49	153.32	72.74
家具制造业	16.17	22.50	109.67	42.50	74.77	77.32	109.58	104.44	125.92	112.04	73.36
金属制品业	50.36	61.95	67.20	75.43	99.00	114.67	120.93	128.95	129.44	92.55	46.28
酒、饮料和精制茶制造业	12.60	16.43	19.47	19.11	19.42	25.50	28.86	30.81	36.00	36.10	19.70
木材加工及木、竹、藤、棕、草制品业	15.44	10.67	11.44	19.25	14.11	23.33	28.63	35.75	38.57	27.75	17.22
农副食品加工业	20.11	17.27	18.10	29.16	33.26	34.19	41.39	36.29	48.70	42.73	19.76

续表

行业	2012 年	2013 年	2014 年	2015 年	2016 年	2017 年	2018 年	2019 年	2020 年	2021 年	2022 年
皮革、毛皮、羽毛及其制品和制鞋业	12. 00	7. 33	6. 00	14. 00	16. 50	43. 18	33. 64	27. 82	21. 64	25. 00	13. 75
其他制造业	55. 20	38. 13	33. 38	39. 77	37. 37	41. 65	47. 52	55. 68	65. 81	65. 06	47. 81
汽车制造业	152. 85	170. 29	177. 04	187. 62	211. 32	210. 95	228. 45	221. 10	241. 33	214. 67	132. 21
石油加工、炼焦及核燃料加工业	9. 83	15. 89	11. 37	15. 61	11. 32	19. 35	27. 63	25. 00	30. 77	29. 50	14. 94
食品制造业	23. 86	26. 18	25. 04	20. 12	22. 90	23. 57	29. 36	31. 71	38. 42	34. 08	16. 36
铁路、船舶、航空航天和其他运输设备制造业	157. 34	167. 28	227. 09	166. 82	239. 61	235. 89	234. 89	249. 86	263. 88	210. 32	132. 75
通用设备制造业	44. 61	42. 66	48. 96	54. 28	63. 13	73. 12	86. 36	93. 55	99. 44	85. 08	43. 60
文教、工美、体育和娱乐用品制造业	28. 80	33. 70	49. 50	72. 67	80. 18	82. 93	87. 00	76. 71	73. 00	64. 29	32. 33
橡胶和塑料制品业	29. 06	29. 92	32. 67	38. 06	52. 30	46. 56	54. 43	56. 83	65. 05	67. 00	35. 27
医药制造业	18. 86	17. 87	21. 01	23. 88	28. 86	25. 37	28. 49	28. 94	30. 85	28. 24	15. 28
仪器仪表制造业	32. 09	30. 92	34. 79	33. 56	47. 35	56. 13	72. 78	71. 27	63. 70	65. 35	35. 11
印刷和记录媒介复制业	19. 29	20. 43	29. 86	63. 14	40. 00	42. 00	59. 33	49. 46	45. 64	52. 21	20. 80
有色金属冶炼及压延加工业	21. 29	24. 47	25. 26	30. 76	29. 37	33. 84	45. 35	55. 40	66. 60	64. 56	41. 23
造纸及纸制品业	8. 59	8. 07	13. 50	14. 37	40. 22	20. 93	39. 46	47. 66	58. 67	50. 06	23. 46
专用设备制造业	67. 71	74. 55	75. 26	64. 15	68. 88	85. 08	98. 53	107. 73	114. 81	113. 79	60. 49

资料来源：国泰安数据库、中国研究数据库和上市公司年报。

由表4-6数据可知，不同子行业的制造业企业创新能力存在显著差异。其中，创新能力最强的子行业有黑色金属冶炼及压延加工业（该子行业制造业企业2020年专利申请数量高达291.23件），铁路、船舶、航空航天和其他运输设备制造业，汽车制造业，电气机械及器材制造业，计算机、通信和其他电子设备制造业。其中，黑色金属冶炼及压延加工业，汽车制造业，铁路、船舶、航空航天和其他运输设备制造业等，2012~2022年制造业企业专利申请数均超100件，创新能力较强。

创新能力相对较弱的行业包括皮革、毛皮、羽毛及其制品和制鞋业（该子行业制造业企业2014年专利申请数量最低，仅为6件），石油加工、炼焦及核燃料加工业，纺织业，化学纤维制造业，造纸及纸制品业。这些行业2012~2022年大部分年份创新能力较弱。

二　绿色创新

（一）制造业企业绿色创新能力的整体情况

绿色创新是推动制造业实现低碳、可持续发展的核心动力。我国将“创新驱动”“绿色发展”作为基本方针，不断提升企业绿色创新能力和可持续发展水平。与传统创新侧重于生产效率与盈利能力不同，绿色创新更强调资源利用效率与生态经济效益的双重提升，因此对于制造业企业高质量发展而言意义重大。为准确衡量制造业企业绿色创新能力（以绿色专利申请数量为代理变量），根据2012~2022年我国制造业企业绿色创新数据绘制如图4-13所示的折线图。

如图4-13所示，2012~2020年，我国制造业企业绿色创新能力基本保持上升趋势，并于2020年达到峰值，绿色专利申请数量达30.108件。然而，自2021年起，绿色创新能力出现显著下降，2021年同比下降5.842%，2022年同比下降37.575%至17.697件。这种波动出现的原因可能是政策与市场环境的变化、企业在疫情冲击下降

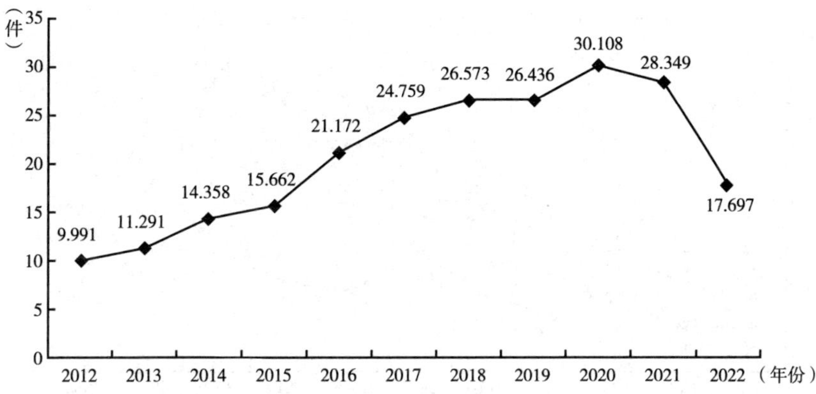

图 4-13　2012~2022 年制造业企业绿色创新能力的整体情况

低了对环保投入的优先级等。

（二）制造业企业绿色创新能力的区域差异

绿色创新能力不仅体现了企业对环境保护的重视程度，也反映了区域层面产业发展理念与政策导向等情况。为了解我国各地区的绿色创新能力差异，对 2012~2022 年东北地区、东部地区、中部地区和西部地区四大区域的制造业企业绿色创新能力进行对比分析，并绘制如图 4-14 所示分区域折线图。

从图 4-14 可以看出，2012~2022 年各地区制造业企业绿色创新能力整体呈现上升态势，但峰值出现的时间和水平各不相同。东部地区于 2020 年绿色专利申请数量达到最高点（为 10.316 件），随后 2021~2022 年明显下降，2022 年比 2020 年下降 50.863%，表明东部地区虽绿色创新能力处于领先地位，但也受到宏观环境与产业结构调整的影响。中部地区绿色专利申请数量的最高值出现在 2021 年（为 8.813 件），显示其在该年度绿色创新获得了显著的突破。西部地区绿色专利申请数量的最高值出现在 2018 年（为 7.466 件），2012~2018 年增幅达 267.783%，表现较为突出，但随后增速有所放缓。东北地区的绿色专利申请数量于 2020 年达到

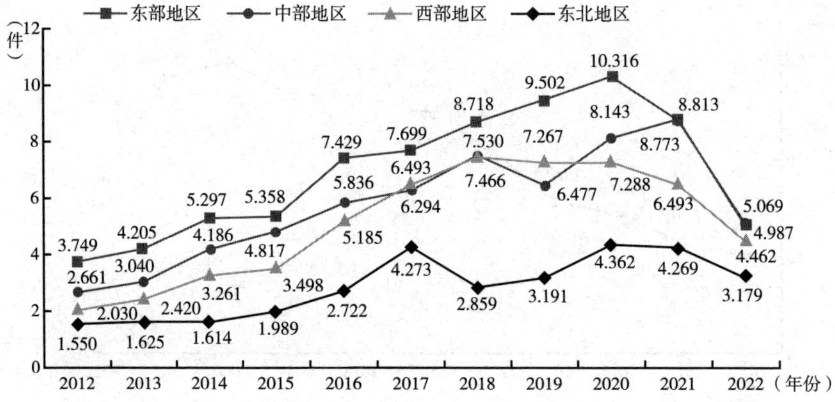

图 4-14　2012~2022 年制造业企业绿色创新能力的区域差异

资料来源：国泰安数据库、中国研究数据库和上市公司年报。

最高值（为 4.362 件），随后出现回落。从整体看，东部地区在绿色创新能力上依旧领先，而区域间差距的产生与各地经济结构、政策支持力度和资源禀赋差异等多重因素密切相关。

（三）制造业企业绿色创新能力的行业差异

为进一步了解各行业绿色创新发展水平，依据《国民经济行业分类》，统计 2012~2022 年各行业绿色专利申请数量，如表 4-7 所示。

表 4-7　2012~2022 年制造业企业绿色创新能力的行业差异

单位：件

行业	2012 年	2013 年	2014 年	2015 年	2016 年	2017 年	2018 年	2019 年	2020 年	2021 年	2022 年
电气机械及器材制造业	5.61	7.36	10.05	13.64	15.68	16.14	18.91	19.89	23.54	22.77	13.72
纺织服装、服饰业	0.24	0.43	0.13	0.59	0.45	0.25	0.32	0.53	0.13	0.32	0.31
纺织业	0.28	0.30	0.20	0.32	0.15	2.07	1.35	1.06	0.90	0.63	0.29
非金属矿物制品业	0.79	1.10	1.90	2.24	2.64	4.59	4.86	6.64	7.49	4.95	2.77

续表

行业	2012 年	2013 年	2014 年	2015 年	2016 年	2017 年	2018 年	2019 年	2020 年	2021 年	2022 年
废弃资源综合利用业	14.00	21.00	24.00	21.00	35.00	55.40	33.00	17.29	15.38	14.55	6.39
黑色金属冶炼及压延加工业	6.84	6.69	8.81	10.94	8.03	11.61	14.61	16.63	16.10	19.53	16.66
化学纤维制造业	0.54	1.54	0.58	0.48	1.48	1.55	4.48	4.21	6.30	3.43	2.25
化学原料及化学制品制造业	2.04	2.29	2.41	3.12	4.56	4.68	4.73	4.54	4.46	3.81	2.49
计算机、通信和其他电子设备制造业	4.39	4.95	6.88	8.27	10.90	11.31	12.19	10.57	11.60	9.31	4.62
家具制造业	0.00	0.17	0.17	0.63	0.23	0.41	0.88	1.12	0.58	1.04	0.58
金属制品业	1.14	0.93	1.98	2.11	2.15	2.58	2.58	3.46	5.00	3.17	2.20
酒、饮料和精制茶制造业	0.31	0.20	0.31	0.47	0.63	0.79	0.70	0.43	1.02	0.81	0.36
木材加工及木、竹、藤、棕、草制品业	0.00	0.11	0.00	0.63	0.33	0.00	2.00	1.63	0.57	0.38	0.22
农副食品加工业	1.05	0.89	1.13	1.40	1.34	1.63	3.16	2.65	2.00	2.50	1.25
皮革、毛皮、羽毛及其制品和制鞋业	0.00	0.00	0.00	0.29	0.38	0.82	0.55	0.09	0.27	0.50	0.25
其他制造业	3.40	0.73	1.19	0.00	0.90	1.00	0.29	1.00	1.57	1.63	0.50
汽车制造业	5.71	7.00	7.74	7.44	10.87	11.61	15.48	17.30	20.35	18.43	11.23
石油加工、炼焦及核燃料加工业	0.89	1.56	0.90	1.61	0.90	2.47	4.94	4.06	4.35	5.19	3.44
食品制造业	0.55	0.27	0.61	0.55	0.87	0.29	0.64	1.45	1.25	1.09	0.90

续表

行业	2012年	2013年	2014年	2015年	2016年	2017年	2018年	2019年	2020年	2021年	2022年
铁路、船舶、航空航天和其他运输设备制造业	30.16	34.41	40.03	16.91	44.47	38.16	35.23	44.57	44.68	31.49	23.78
通用设备制造业	3.67	3.26	4.27	5.02	7.49	8.62	9.84	11.21	11.83	9.58	5.21
文教、工美、体育和娱乐用品制造业	0.20	0.20	0.10	0.33	1.18	2.43	0.43	0.43	0.31	0.57	0.79
橡胶和塑料制品业	0.91	1.06	1.17	2.14	2.26	1.44	2.03	3.46	3.50	2.62	1.60
医药制造业	0.42	0.21	0.35	0.54	0.45	0.86	0.82	0.95	1.15	0.83	0.45
仪器仪表制造业	6.52	4.96	4.55	4.47	6.13	8.34	10.80	8.02	7.91	9.20	5.01
印刷和记录媒介复制业	0.00	0.29	0.86	1.57	1.10	0.33	2.33	2.31	1.57	0.71	0.73
有色金属冶炼及压延加工业	1.45	1.65	1.51	2.10	1.90	2.99	3.75	4.35	4.04	5.50	3.12
造纸及纸制品业	0.41	0.41	0.81	1.04	5.22	1.25	2.82	2.69	2.58	2.33	0.67
专用设备制造业	2.34	2.65	4.36	2.65	4.05	5.09	5.55	5.98	7.39	7.18	3.88

资料来源：国泰安数据库、中国研究数据库和上市公司年报。

由表4-7可见，2017年废弃资源综合利用业的绿色专利申请数量平均值为55.4件，为2012~2022年研究期间的最高值。与此同时，少数行业在特定年份绿色专利申请数平均值为0，如2012年的家具制造业，皮革、毛皮、羽毛及其制品和制鞋业，印刷和记录媒介复制业等；2013年和2014年的皮革、毛皮、羽毛及其制品和制鞋业；2015年的其他制造业；2017年的木材加工及木、竹、藤、棕、草制品业等。这表明部分传统行业对绿色创新的关注度和投入力度仍然不足。

从各行业对比来看，皮革、毛皮、羽毛及其制品和制鞋业的绿色专利申请数量平均值较小，绿色创新表现出较为明显的滞后性。与之相对，铁路、船舶、航空航天和其他运输设备制造业等的绿色专利申请数量平均值相对较高，显示出在绿色创新方面的领先地位。究其原因可能在于受部分行业的内在属性影响，诸如铁路、船舶、航空航天和其他运输设备制造业对节能减排和环保要求较高，政策与市场导向均有利于绿色技术研发。废弃资源综合利用业等则关注资源循环利用，绿色创新需求与市场机会高度耦合，驱动其快速发展。相对而言，皮革、毛皮、羽毛及其制品和制鞋业等行业在生产过程中面临严峻的环保形势，或因传统工艺制约与转型成本高昂而对绿色技术的投入与应用相对有限，难以在短期内实现突破。

三　突破式创新

（一）制造业企业突破式创新能力的整体情况

在新一轮科技革命的背景下，突破性技术层出不穷，推动着全球制造业迎来新一轮产业变革，并使企业的竞争环境呈现出模糊性、非线性、指数性和生态性等特征。为此，只有通过突破性技术创新，制造业企业才能持续提升竞争力，从而为我国制造业实现高质量发展提供有力支撑。下文将以发明专利申请数量作为突破式创新能力的代理指标，对2012~2022年我国制造业企业的突破式创新能力进行分析，并绘制图4-15。

如图4-15所示，2012~2022年，我国制造业企业的突破式创新能力呈先升后降的总体趋势。2012~2020年，突破式创新能力持续提升，2020年达到峰值（2020年发明专利申请数量平均值为180.016件）。然而，2020~2022年突破式创新能力出现明显下降，2022年发

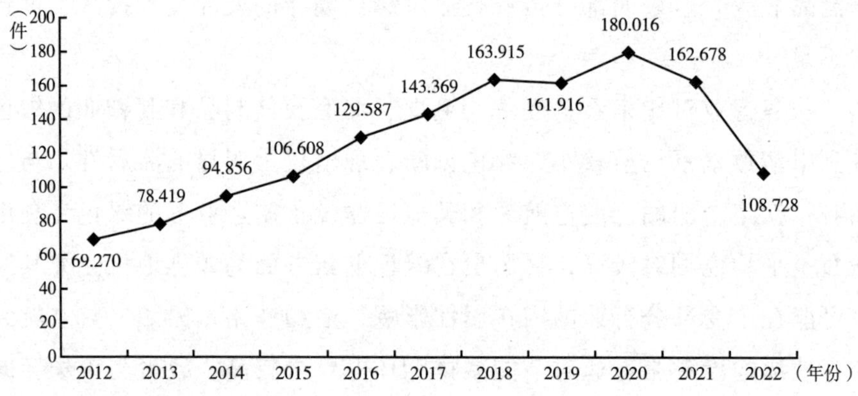

图 4-15　2012~2022 年制造业企业突破式创新能力的整体情况

明专利申请量数量平均值降至 108.728 件，相较 2020 年减少 39.601%。出现这一波动的原因包括经济环境变化、产业政策调整、企业研发战略转向以及全球重大公共卫生突发事件对科研投入的挤出效应等。

（二）制造业企业突破式创新能力的区域差异

区分东部地区、中部地区、西部地区和东北地区四大区域，以 2012~2022 年制造业企业发明专利申请数量平均值为基础，绘制如图 4-16 所示的折线图。

由图 4-16 可知，2012~2022 年四大区域的制造业企业突破式创新能力整体均呈上升走势，并于 2020 年达到峰值。其中，东部地区的制造业企业 2020 年发明专利申请数量平均值达 65.182 件，远高于其他地区；2022 年较 2020 年下降 52.691%，显示出下行压力加大。中部地区的制造业企业 2020 年发明专利申请数量平均值为 47.458 件，列居次席，但整体趋势较为稳健。西部地区的制造业企业 2020 年发明专利申请数量平均值为 34.588 件，但基数相对偏小。东北地区的制造业企业 2020 年发明专利申请数量平均值达到 32.787 件，为四大区域中增长率最高的，但绝对值依然偏小，且 2020 年后也呈显

图 4-16 2012~2022 年制造业企业突破式创新能力的区域差异

资料来源：国泰安数据库、中国研究数据库和上市公司年报。

著下降态势。2020~2022 年，四大区域的突破式创新能力均呈下降趋势，且东部地区的下降幅度较大。这一数据显示，在面对全球新冠疫情影响及经济波动时，我国不同区域制造业企业对冲风险的能力存在差异。

（三）制造业企业突破式创新能力的行业差异

进一步按照制造业内部子行业进行分类，分析 2012~2022 年各子行业突破式创新能力，如表 4-8 所示。

表 4-8 2012~2022 年制造业企业突破式创新能力的行业差异

单位：件

行业	2012 年	2013 年	2014 年	2015 年	2016 年	2017 年	2018 年	2019 年	2020 年	2021 年	2022 年
电气机械及器材制造业	26.78	37.25	52.73	71.07	93.97	104.75	118.21	121.56	125.21	104.53	58.31
纺织服装、服饰业	7.14	8.89	10.56	9.44	9.84	8.47	8.54	11.84	6.97	7.24	4.48
纺织业	3.81	3.40	5.02	5.66	7.60	7.60	10.08	10.24	10.74	10.92	5.26

续表

行业	2012 年	2013 年	2014 年	2015 年	2016 年	2017 年	2018 年	2019 年	2020 年	2021 年	2022 年
非金属矿物制品业	6. 21	7. 39	9. 47	10. 78	14. 00	18. 15	21. 07	23. 32	27. 86	28. 01	18. 18
废弃资源综合利用业	30. 00	23. 00	30. 00	23. 00	51. 33	137. 40	69. 80	22. 00	29. 63	24. 36	17. 31
黑色金属冶炼及压延加工业	56. 97	68. 63	81. 39	84. 97	77. 63	93. 90	111. 10	137. 22	159. 97	160. 09	140. 69
化学纤维制造业	3. 63	5. 46	5. 54	4. 78	10. 86	12. 86	17. 04	21. 46	28. 48	21. 77	14. 03
化学原料及化学制品制造业	8. 32	9. 42	10. 75	13. 69	18. 47	19. 08	22. 67	22. 04	23. 88	21. 07	12. 45
计算机、通信和其他电子设备制造业	58. 33	62. 59	87. 81	99. 49	119. 27	123. 63	126. 21	117. 54	115. 09	89. 39	46. 10
家具制造业	4. 50	2. 67	4. 50	5. 38	4. 69	6. 50	12. 33	14. 60	12. 17	12. 07	9. 07
金属制品业	12. 26	16. 79	21. 95	20. 02	24. 96	27. 08	30. 27	27. 59	26. 78	20. 01	12. 95
酒、饮料和精制茶制造业	2. 89	3. 80	3. 69	4. 05	4. 10	5. 17	5. 49	5. 31	7. 16	6. 56	4. 24
木材加工及木、竹、藤、棕、草制品业	3. 11	4. 56	5. 11	9. 88	5. 78	9. 78	14. 13	9. 13	12. 43	9. 50	6. 78
农副食品加工业	9. 68	9. 38	11. 62	15. 29	14. 47	14. 73	15. 49	12. 65	17. 10	13. 13	6. 57
皮革、毛皮、羽毛及其制品和制鞋业	2. 50	2. 83	3. 17	7. 14	2. 50	3. 82	5. 91	3. 36	4. 27	6. 50	3. 58
其他制造业	5. 40	3. 67	4. 63	4. 65	8. 63	7. 55	4. 67	4. 74	7. 76	5. 13	2. 50
汽车制造业	41. 08	47. 87	53. 72	56. 21	71. 65	74. 63	89. 60	84. 44	100. 06	91. 26	69. 47

续表

行业	2012 年	2013 年	2014 年	2015 年	2016 年	2017 年	2018 年	2019 年	2020 年	2021 年	2022 年
石油加工、炼焦及核燃料加工业	5. 11	7. 89	5. 26	9. 44	6. 47	8. 41	14. 25	13. 25	16. 06	10. 19	6. 75
食品制造业	12. 55	11. 50	11. 75	10. 91	10. 40	10. 26	13. 50	13. 16	17. 15	14. 55	6. 11
铁路、船舶、航空航天和其他运输设备制造业	56. 31	68. 28	98. 24	75. 91	128. 47	126. 77	133. 32	145. 33	156. 07	118. 37	83. 92
通用设备制造业	17. 28	17. 55	19. 94	22. 55	25. 40	30. 32	37. 08	39. 96	41. 38	33. 96	19. 36
文教、工美、体育和娱乐用品制造业	1. 20	3. 00	4. 50	3. 92	5. 00	9. 64	11. 29	8. 86	7. 69	7. 19	2. 83
橡胶和塑料制品业	11. 51	14. 80	14. 85	19. 37	25. 25	20. 23	25. 04	24. 99	28. 24	26. 65	16. 52
医药制造业	10. 49	11. 30	12. 32	14. 54	15. 04	13. 70	16. 11	15. 26	16. 67	14. 11	7. 90
仪器仪表制造业	8. 96	10. 75	14. 28	14. 03	19. 40	20. 32	27. 87	29. 69	24. 11	25. 39	16. 61
印刷和记录媒介复制业	6. 29	6. 57	9. 14	14. 14	11. 70	8. 83	16. 83	14. 46	13. 00	13. 29	7. 93
有色金属冶炼及压延加工业	8. 96	12. 02	11. 87	14. 41	14. 73	14. 88	18. 57	25. 46	28. 29	28. 78	20. 69
造纸及纸制品业	4. 26	4. 59	4. 69	5. 70	17. 22	6. 46	11. 75	16. 48	14. 09	11. 67	8. 18
专用设备制造业	24. 38	27. 50	28. 84	23. 07	24. 85	32. 19	41. 36	42. 20	45. 86	44. 76	27. 33

资料来源：国泰安数据库、中国研究数据库和上市公司年报。

结合表 4-8 可知，黑色金属冶炼及压延加工业 2021 年发明专利申请数量平均值为 160. 09 件，为全行业 2012 年以来的最高值。铁路、船舶、航空航天和其他运输设备制造业的突破式创新能力较强。

计算机、通信和其他电子设备制造业 2012 年和 2015 年突破式创新能力表现突出，且总体保持较高水平。废弃资源综合利用业 2017 年发明专利申请数量平均值为 137.40 件，但在其他年份的表现并不稳定，显示出较大波动性。皮革、毛皮、羽毛及其制品和制鞋业，其他制造业，文教、工美、体育和娱乐用品制造业，家具制造业等的突破式创新能力有待提升。

整体而言，我国制造业企业在突破式创新能力方面 2012~2020 年实现了长足进步，然而，受宏观与微观因素影响，2021~2022 年整体出现回调，区域间与行业间差异也有所变大。

第四节 本章小结

本章基于对制造业企业数字化转型与高质量发展现状的多维分析，从整体情况、行业差异与区域差异三个维度进行了系统梳理。总体来看，数字化转型与高质量发展已成为我国制造业企业持续升级与竞争力提升的重要路径，但区域间与行业间依然存在分化现象，且创新动力不足。整体而言，我国制造业企业高质量发展存在以下问题。

一是区域间和行业间数字化转型水平差异较大。从全国范围看，东部地区在人工智能、云计算、大数据等领域的应用较为领先，中部地区、西部地区及东北地区的数字化转型相对滞后且波动较大。行业间差距明显，高技术行业（如计算机、通信和其他电子设备制造业与仪器仪表制造业等）对数字技术需求迫切，转型升级速度快；传统行业在技术、资金及人才等方面存在短板，整体数字化水平仍处于初级或中级。各项数字技术在不同区域与行业的应用水平差异较大，不仅加剧了地区发展不平衡，也增大了行业转型升级难度。

二是区块链等关键底层技术应用不足。除人工智能、云计算、大数据外，区块链技术的普及率仍较低。这意味着区块链在助力供应链协同、企业风险管控等方面的潜在优势尚未得到充分发挥，或将影响制造业企业数字化转型的整体进度。

三是企业整体创新能力下降，区域间与行业间创新发展不均衡。2012~2020年我国制造业企业在创新、绿色创新及突破式创新等维度持续攀升，但近年专利申请数量、绿色专利申请数量及发明专利申请数量整体均出现下滑，宏观环境波动、全球重大公共卫生突发事件冲击及企业研发战略调整等因素共同导致创新投入意愿下降。同时，东部地区在创新能力与突破式创新方面依旧领先，与中部、西部及东北地区之间的差距扩大，部分传统行业在创新方面存在不足，这种内外部结构性分化抑制了我国制造业高质量发展的整体潜力。

第五章　CEO 自恋特质与数字化转型

第四章系统分析了制造业企业数字化转型与高质量发展的现状与困境。以往研究发现，不同企业在战略决策与资源配置上的差异往往与高层领导的行为方式密切相关。鉴于此，本章进一步聚焦首席执行官（Chief Executive Officer，CEO）自恋特质这一较少被关注的心理特质，探讨其对企业数字化转型的影响机制，以期为探讨高层管理者特质对技术变革决策的作用机制提供新视角。

第一节　研究问题提出

数字化转型已被视为企业在 VUCA 环境下保障生存与可持续发展的关键手段。通过开展数字化转型，企业不仅能够革新商业模式，还能提升创新绩效（吴江等，2021）。然而，中国信通院发布的《全球数字经济新图景（2020 年）》显示，只有约 11%的企业在数字化转型进程中表现优异，多数企业或因技术与管理能力不足“不会转”，或因资源有限“不愿转”，或因成效滞后“不敢转”（刘多，2022）。尤其是近年来，市场环境的不确定性加大，进一步影响了企业对数字化转型的尝试（朱秀梅和林晓玥，2022）。基于此，挖掘数字化转型的内在动因及其影响机制，具有理论与实践价值。

现有研究多从技术创新、关系理论和战略理论等视角出发，关注企业内部的人力与管理要素，以及外部的政策、市场、技术、社会关系等对其数字化转型的影响。其中，领导者在企业数字化转型中扮演着决定性角色。案例研究显示，三一（蔡莉等，2022）、海尔（林琳和吕文栋，2019）等企业的成功数字化转型均离不开“一把手”的决心。这与高阶梯队理论的主张高度契合：CEO 作为企业高层管理团队的核心，是数字化转型决策的重要影响因素（Hambrick，2007）。然而，现有研究通常从理性假设出发，聚焦 CEO 人口统计学特征（如学历背景、复合职能背景等），忽视了高管心理或人格特质对复杂战略决策的潜在影响（阳镇等，2022；刘冀徽等，2022；毛聚等，2022）。根据有限理性理论，CEO 并非总能对动态环境做出完全理性的判断，往往会受到认知及心理偏差的干扰。近年来，带有自恋色彩的 CEO 形象引发社会关注，也提醒人们思考 CEO 自恋特质对企业决策与绩效的影响（Campbell 等，2011）。有研究表明，CEO 自恋特质可能高估能力、忽视风险，从而带来企业决策的高波动性；但也有学者发现自恋特质或能促使 CEO 在危机中展现更强的战略远见，并带动组织变革（Patel 和 Cooper，2014）。

“自恋”最初源于医学领域，用于描述个体过度自爱的临床现象。随后，心理学家 Ellis 将其引入心理学研究中，推动“自恋”的定位从病理概念转向人格特质。20 世纪 80 年代以前，自恋通常被视为一种心理或精神疾病，具有自恋特征的个体常常表现出异常的自我关注和情感体现，被认为是一种背离正常心理的状态。然而，自 20 世纪 80 年代中期起，研究者逐渐认可自恋是一种普遍存在的人格维度，具有个体差异性，其程度可以在正常人格谱系内进行衡量（Chatterjee 和 Hambrick，2007；Emmons，1987）。Raskin 和 Hall（1979）系统阐述了自恋的内涵，提出自恋是一种从出生即存在并在成年早期开始发展的夸大性心理模式，主要体现在幻想和行为中，并会因情境不同而呈现出不同的表现形式。随着高阶梯队理论研究的兴起，研究者进一步拓展了自恋概念的应用维度，将其界定为管理者持有的一种膨胀的自我观念与对外界认同的高度渴求，并将其视为影响战略决策行为的核心人格特质之一（Buyl 等，2019）。作为一种相对稳定的心理特征，Emmons（1987）通过因子分析将自恋划分为四个维度——领导力/权威、自负/自我崇拜、优越感/傲慢、功利心/权力欲。同时，自恋的形成机制可被视为认知因素和动机因素的交互作用。在认知因素层面，自恋者通常对自身能力持有过高评价，表现出强烈的自负特征。他们往往认为自己在智力、创造力、领导力和个人魅力等方面具有显著优势，对自我决策结果充满信心。然而，这种认知偏差也可能导致其偏执、夸大事实、难以客观审视自己，甚至拒绝承认错误（Campbell 等，2011）。在动机因素层面，自恋个体表现出持续的自我关注和存在感需求，倾向于通过获取他人称赞与肯定来维持其心理上的优越感，这一现象被称为"自恋维持剂"（尤志华等，2020）。总体来看，自恋人格特质受到遗传基因、家庭教育及成长经历的综合影响（Chatterjee 和 Hambrick，2007），具有一定的稳定性和持续性，并在特定情境与生命周期阶段表现出一定的可塑性。

基于此，本章聚焦数字化转型对企业而言的重要性，探索在市场低迷的情形下，CEO 自恋特质是否会显著影响企业开展数字化转型的意愿与行为，并解析其内在作用机制及边界条件。具体而言，利用 2011~2021 年沪深 A 股上市公司面板数据，检验 CEO 自恋特质与数字化转型之间的关系，通过"财富预期"和"融资约束"两个机制，诠释 CEO 自恋特质如何助力化解"不敢转""不愿转"等障碍；同时以企业所有权性质与 CEO 权力大小为情景因素，辨析 CEO 自恋特质在不同类型企业的影响范围与强度。本研究的潜在价值在于：其一，将 CEO 自恋特质视为企业数字化转型的新动因，为高阶梯队理论中有关高管特质与战略决策的关联提供新的实证；其二，通过引入"财富预期"和"融资约束"，揭示 CEO 自恋特质在决策中克服决策顾虑、鼓励数字化转型投入的具体中介机制；其三，结合管理自主权概念，考虑所有权与 CEO 权力如何调节自恋特质对数字化转型的影响边界，从而深化对企业战略变革的认知。

第二节　理论分析与假设提出

一　CEO 自恋特质与企业数字化转型

数字化转型是企业在新时代竞争环境下运用数字技术重塑组织的愿景、战略、结构、流程及能力，以实现新客户价值创造和自身价值提升的系统性变革（朱秀梅和林晓玥，2022）。然而，尽管数字化转型被广泛认为是企业提升竞争力的关键举措，现实中多数企业仍处于规划当中或初步实施阶段，主要受制于高昂的投资成本、长周期的回报预期以及实施过程的复杂性和不确定性等因素。因此，高层管理者的决策意愿和战略坚持成为企业数字化转型顺利推进的关键。但当前研究多基于客观理性决策理论（Theory of Objective Rationality）展开，主要关注 CEO 的人口统计学特征对企业数字化转型的影响，而较少考虑高管的心理和人格特质。

随着有限理性理论和社会认知理论（Theory of Social Cognition）的发展，研究者逐渐意识到，CEO 并非完全理性的经济人，而是受认知偏差和个性特征影响的决策者。研究表明，CEO 自恋特质会影响企业的战略调整及并购决策（Chatterjee 和 Hambrick，2007）、通过夸大企业绩效来提升企业形象（Amernic 和 Craig，2010）、通过影响股价来提升财务绩效（Olsen 等，2014）。然而，现有研究对 CEO 自恋特质在企业数字化转型中的作用机制尚未形成系统性的认知。

自恋是一种稳定的个性特征，其核心表现为个体对自身能力和远见的高度自信，对决策结果的乐观预期，以及对外界关注和认可的强烈需求（Raskin 和 Terry, 1988）。CEO 自恋特质倾向于高估自身决策能力，忽视外部环境的不确定性，表现出更强的风险偏好和变革导向（乔朋华等, 2019）。与“过度自信”（Overconfidence）主要源于对环境的认知误判不同，CEO 自恋特质更多的是一种稳定的心理特质，不易因外部环境变化而调整。因此，在 VUCA 时代，市场信心疲弱的背景下，CEO 自恋特质可能成为推动企业数字化转型的重要非理性因素。

首先，CEO 自恋特质会使其高度关注自我影响力和公众认可度（David 和 Guoli, 2015），数字化转型作为政府倡导与市场关注的焦点，自然会吸引其兴趣。其次，具有自恋特质的 CEO 通常对自身能力极度自信，相信企业可以克服数字化转型中的挑战并获得回报（Campbell 等, 2011）。即便其他企业的转型尝试失败，他们仍倾向于认为自身比竞争对手更具优势（乔朋华等, 2019）。最后，CEO 自恋特质使其愿意引领行业发展，希望通过数字化转型确定企业的市场核心地位（Kashmiri 等, 2017），从而坚定地推进企业数字化转型。因此，提出如下假设：

假设 1：CEO 自恋特质对企业数字化转型具有显著正向影响。

二　财富预期的中介作用

财富预期（Wealth Prospect）指 CEO 对企业未来财富创造能力的主观判断，不仅体现了 CEO 对未来机遇的理解，也反映了其对企业长期绩效的评估（贺小刚等, 2022）。在企业战略决策中，CEO 的财富预期往往决定了企业在不确定环境下的投资方向和力度。由于数字化转型高失败率、长回报周期等特性，企业管理者通常会基于其未来收益预期来决定是否投入大量资源来推进数字化变革。基于 CEO 自恋特质的性格特征，其乐观的财富预期可能成为其推动企业数字化转型的中介机制。一方面，具有自恋特质的 CEO 对未来财富收益通常持乐观预期，由于对自身智力与能力的高度自信（尤志华等，2020），其倾向于高估企业的增长潜力，相信企业能够通过数字化转型获取超额回报，进而对风险投资决策持更加开放的态度。研究发现，CEO自恋特质会导致其高估投资收益，并推动企业实施更具冒险性的战略（Kashmiri等，2017）。因此，CEO自恋特质使其更可能对数字化转型的经济回报抱有积极预期，进而增强其决策信心。另一方面，企业管理者对未来财富的乐观预期将直接影响战略决策。当CEO预期未来收益较高时，企业更可能增加对长期、大规模项目的战略投资，如加强数字化基础设施建设、增加研发投入、强化数字化人才培养等。因此，CEO自恋特质使其倾向于对数字化转型的未来财富预期保持乐观，从而加大对数字化项目及其辅助活动的投入。基于此，提出如下假设：

假设2：财富预期在CEO自恋特质与企业数字化转型之间起中介作用。

三　融资约束的中介作用

企业数字化转型作为企业的战略性投资往往需要大量的资金支持，而高融资成本和资金获取难度是阻碍企业数字化转型的重要因素。无论是技术及设备的数字化改造，还是人员、组织等的数字化适应，均需大量资金的支持。因此，CEO降低融资约束、缓解融资压力是企业开展数字化转型的另一关键机制。一方面，CEO自恋特质有助于缓解企业融资约束。融资约束的核心在于市场信息不对称性导致外部资金投资者无法正确且客观地评估企业价值。CEO自恋特质使其渴望获得外部关注度并享受由此带来的优越感（David和Guoli，2015）。这种持续的自我呈现和魅力展示会向股东及外部投资者释放积极信号（Amernic和Craig，2010；Olsen等，2014），降低市场信息不对称程度从而缓解企业融资约束。声誉信息理论指出，企业声誉作为一种积极信号可在资金供求方之间建立信任关系并帮助企业获得资金供给方的认可与支持（孙雪娇等，2019）。以往研究发现，为持续获取“自恋维持剂”，CEO 自恋特质使其倾向于通过加大企业践行社会责任的投入（Petrenko 等，2016）、在财务报告中使用更多积极词语（Buchholz 等，2018）、强调公司营收（Marquez-Illescas 等，2019）等方式提升企业声誉，从而获得金融市场认可并缓解企业融资约束。另一方面，企业融资约束的缓解有助于促进数字化转型策略的实施。当企业面临的融资约束较强时，投入高且回报周期长的转型项目往往被限制，导致数字化转型受制于低端的设备和应用配置。与之相对，融资约束较弱的企业有更多资金可用于支持底层数字技术开发及实际生产与经营管理过程中的数字化应用。综上所述，对具有自恋特质的 CEO 而言，为满足自身对关注度的渴望，其会通过一系列手段向外界释放类似企业声誉等方面的积极信号并降低市场信息不对称性，缓解融资约束和融资压力，进而加强企业数字化转型所需的资金支持。基于此，提出如下假设：

假设 3：融资约束在 CEO 自恋特质与企业数字化转型之间起中介作用。

四　企业所有权的调节机制

高阶梯队理论指出，CEO 管理自主权是影响企业战略决策的权变因素。管理自主权越大，对企业战略决策的决定性越强（Hambrick 和 Finkelstein，1987）。企业所有权性质对其治理结构有决定性作用，会影响 CEO 自恋特质与数字化转型之间的关系。国有企业相较于非国有企业更重视践行社会责任，并非只聚焦利润最大化的目标。国有企业大力推行现代企业制度，但行政色彩依旧较浓（文东华等，2015）。开展数字化转型、获取经济收益并非任职于国有企业的 CEO 获取“自恋供给”的首选途径。同时，相对于非国有企业，国有企业更为重视领导的思想作风，任职于国有企业的 CEO 更重视投资安全。基于此，提出如下假设：

假设 4：相比国有企业，CEO 自恋特质对非国有企业数字化转型的影响更显著。

五　CEO 权力的调节机制

CEO 的自由裁量权会制约其自恋特质对数字化转型的影响。自由裁量权是高管在制定或实施战略决策时所具有的行动自由度，其强度的提升会对企业战略决策和资源分配产生重要影响。代理理论指出 CEO 为了对董事（会）施加个人影响会谋求自身权力以实现对企业战略决策产生决定性影响。管家理论指出为了更好地让 CEO 履行“管家”职责而应赋予其更大权力。由此可知，当 CEO 具有较大权力时，更能够在制定并推进战略决策时彰显自身意愿与喜好，避免由权力不均衡而导致的决策争端、提高决策效率（李全等，2019）。因此，对于具有自恋特质的 CEO 而言，当其拥有较大权力时，更能够依据自身喜好、意愿和需求去推进数字化转型。基于此，提出如下假设：

假设 5：CEO 权力越大，CEO 自恋特质对企业数字化转型的影响越大。

综上所述，构建如图 5-1 所示的理论模型。

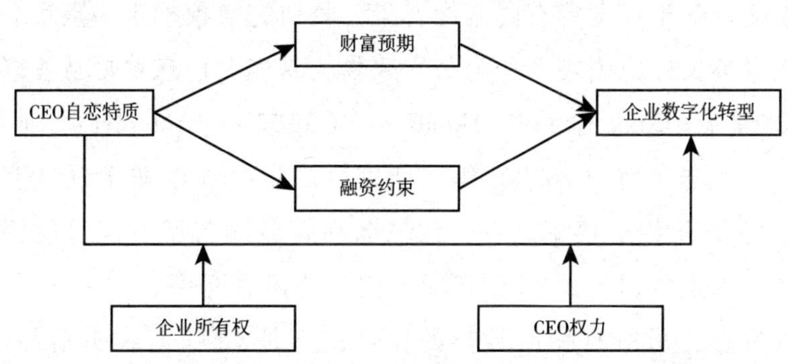

图 5-1　CEO 自恋特质对企业数字化转型的影响机理

第三节　变量测量与模型设定

一　变量界定与测量

（一）被解释变量

企业数字化转型（*DT*）。借鉴吴非等（2021）的衡量方法，通过Python对上市公司年报数据中人工智能、大数据、云计算、区块链和数字运用技术5类77个数字化转型特征词开展文本分析。通过搜索、匹配和词频统计后，为消除右偏性先加总后进行自然对数化处理，用以衡量企业数字化转型程度。

（二）解释变量

CEO自恋特质（*CEONar*）。最初衡量个体自恋较为常用的方法是“自恋人格量表”（NPI），但由于问卷调查法固有的样本受限、主观性较强等特征，选择非干预性指标（即二手数据）对CEO自恋特质进行衡量。同时，在选择自恋指标时，遵循以下两个原则：第一，能够反映CEO的自主意志，即在一定程度上可以由CEO本人决定。第二，能够反映一个或多个Emmons（1987）提出的问卷调查中的自恋四维度。基于我国特有的制度背景，将研究对象确定为上市公司总经理或董事长，原因在于作为公众人物，其相关信息更易从互联网中获取。综合Chatterjee和Hambrick（2007）、Antoinette和Harry（2013）、尤志华等（2020）等的研究，确定了3个非干预性客观指标：一是CEO相对薪酬比例，前三名高管薪酬占所有高管的平均薪酬比例；二是公司主页CEO新闻占比，公司官网中有关CEO的新闻报道数量占公司所有新闻数量的比例；三是CEO正式头衔的数量。对3个测量指标归一化处理后求加权平均数，用以测量CEO自恋特质。其中，数据源于国泰安数据库和相关企业官网。因CEO上任当年存在职位交替等情况，样本点均从 CEO 任职次年计算。同时，作为稳定特质，特定的 CEO 自恋特质程度用任职第二年和第三年的平均值衡量。

上述三个指标与 CEO 自恋特质四个维度的关系如表 5-1 所示。

表 5-1　CEO 自恋特质指标与自恋四维度的关系

指标	自恋人格特质的典型维度(Emmons,1987)			
	领导力/权威	自负/自我崇拜	优越感/傲慢	功利心/权力欲
CEO 相对薪酬比例			我能够为公司创造最大价值	我应该得到比其他人更高的薪酬
公司主页 CEO 新闻占比	我是公司的核心	CEO 职位能够为我带来知名度	因为我是最特别的，所以应该被媒体关注	我应当得到更多的宣传
CEO 正式头衔的数量	我能够兼任更多职务			我应该拥有更大的权力

（三）中介变量

中介变量包括企业家财富预期和融资约束。其中，财富预期（*Wealth*）借鉴贺小刚等（2022）的研究，采取以下公式计算财富预期：

$$Wealth_{i,t} = EP_{i,t+1} - T_{i,t}$$

其中，$Wealth_{i,t}$ 为财富预期，$EP_{i,t+1}$ 为企业 i 在 $t+1$ 年度的绩效预期，$T_{i,t}$ 企业 i 在 t 年度的绩效目标。

融资约束（*SA*）借鉴 Hadlock 和 Pierce（2010）构建的 *SA* 指数对企业融资约束程度进行衡量，公式如下：

$$SA = -0.737Size + 0.043Size^2 - 0.04Age$$

其中，*Size* 为使用企业总资产取对数衡量的企业规模，*Age* 为企业成立年限。*SA* 数值越大，表明企业受到的融资约束越小。

（四）调节变量

调节变量包括企业所有权和 CEO 权力。其中，企业所有权（*Nature*）设置为虚拟变量，国有企业为 1，非国有企业为 0。CEO 权力（*Power*）参考夏同水和苗承青（2021）的研究，将 CEO 权力划分为组织权力、所有者权力、专家权力和声誉权力四个维度。其中，每个维度均采取 1~2 个虚拟变量指标进行衡量。将以上四个维度的所有指标加总取平均值，作为衡量 CEO 权力的综合指标。

（五）控制变量

借鉴乔朋华等（2019）、毛聚等（2022）等的研究，选择营业收入增长率（*Growth*）、财务杠杆（*Lev*）、总资产收益率（*ROA*）、第一大股东持股比例（*TOP*1）、董事会规模（*Borad*）、独立董事比例（*Indep*）等作为企业层面的控制变量，选择 CEO 学历（*Education*）、CEO 年龄（*CEOAge*）、CEO 性别（*Gender*）等作为 CEO 层面控制变量。

核心变量的名称、符号及描述见表 5-2 所示。

表 5-2　核心变量的名称、符号及描述

变量名称	变量符号	变量描述
CEO 自恋特质	*CEONar*	除第一年外，3 个非干预性客观指标取平均值
企业数字化转型	*DT*	ln(年报词频总和+1)
财富预期	*Wealth*	$Wealth_{i,t}=EP_{i,t+1}-T_{i,t}$
融资约束	*SA*	$SA=-0.737Size+0.043Size^2-0.04Age$
企业所有权	*Nature*	国有企业为 1，非国有企业为 0
CEO 权力	*Power*	4 个维度 7 个指标加总取平均值
营业收入增长率	*Growth*	t 年营业收入与 $t-1$ 年营业收入差值除以 t 年营业收入

续表

变量名称	变量符号	变量描述
财务杠杆	*Lev*	资产负债率
总资产收益率	*ROA*	净利润/总资产
第一大股东持股比例	*TOP*1	第一大股东持股数/总股数
董事会规模	*Borad*	董事会人数取自然对数
独立董事比例	*Indep*	独立董事人数除以董事人数
CEO 学历	*Education*	用 1~6 分别编码中专及以下、大专、本科、硕士、博士、其他
CEO 年龄	*CEOAge*	CEO 任职当年年龄
CEO 性别	*Gender*	0 表示男性,1 表示女性

二 模型设计

遵循温忠麟等（2004）的中介效应检验，首先，构建 CEO 自恋特质与企业数字化转型的基本回归模型：

$$DT_{i,t} = \alpha_0 + \beta_1 CEONar_{i,t} + \gamma_j \sum CVs_{i,t} + \sum Industry + \sum Year + \varepsilon_{i,t}$$

其中，α_0 为常数项；β_1 为自变量的系数；i 为特定企业，t 为特定年份；$\sum CVs_{i,t}$ 与 $\varepsilon_{i,t}$ 分别为控制变量组与随机扰动项。同时，加入了行业固定效应（*Industry*）与年份固定效应（*Year*）。

其次，构建 CEO 自恋特质对财富预期（*Wealth*）和融资约束（*SA*）的回归模型：

$$Mediators_{i,t} = \alpha_0 + \beta_1 CEONar_{i,t} + \gamma_j \sum CVs_{i,t} + \sum Industry + \sum Year + \varepsilon_{i,t}$$

再次，检验 CEO 自恋特质与企业数字化转型的中介效应模型：

$$DT_{i,t} = \alpha_0 + \beta_1 CEONar_{i,t} + \beta_2 Mediators_{i,t} + \gamma_j \sum CVs_{i,t} + \sum Industry + \sum Year + \varepsilon_{i,t}$$

其中，β_2 为中介变量的系数，γ_j 为控制变量的系数。

最后，引入 CEO 自恋特质与调节变量的交乘项以检验交互效应模型：

$$DT_{i,t} = \alpha_0 + \beta_1 CEONar_{i,t} + \beta_3 CEONar_{i,t} \times Nature + \beta_4 Nature + \gamma_j \sum CVs_{i,t} + \sum Industry + \sum Year + \varepsilon_{i,t}$$

$$DT_{i,t} = \alpha_0 + \beta_1 CEONar_{i,t} + \beta_5 CEONar_{i,t} \times Power + \beta_6 Power + \gamma_j \sum CVs_{i,t} + \sum Industry + \sum Year + \varepsilon_{i,t}$$

第四节　实证结果与分析

一　描述性统计与相关性分析

表 5-3 列示了主要变量的描述性统计与相关性分析。

其中，*DT* 中位数为 1.098，平均值为 1.391，标准差为 1.404，说明样本中企业数字化转型程度仍存在一定差异；*CEONar* 最小值为 0.099，最大值为 0.544，平均值为 0.305，说明样本中 CEO 具有自恋特质，但程度有所差异。其余控制变量均在可接受范围内。*CEONar* 与 *DT* 的系数为 0.131，且在 1%的水平下显著，表明 CEO 自恋特质会促进企业数字化转型，初步验证了假设 1。总的来看，变量之间的相关系数绝对值均小于 0.6，说明变量间不存在严重的多重共线性问题。

表 5-3　主要变量的描述性统计与相关性分析（N=3674）

变量	*DT*	*CEONar*	*Wealth*	*SA*	*Growth*	*Lev*	*ROA*
DT	1.000						
CEONar	0.131***	1.000					
Wealth	-0.021	0.069***	1.000				
SA	0.006	-0.055***	0.116***	1.000			
Growth	-0.004	-0.022	0.090***	0.029*	1.000		
Lev	-0.036**	-0.060***	0.055***	0.502***	-0.005	1.000	
ROA	-0.017	-0.024	0.142***	0.070***	0.109***	-0.312***	1.000
TOP1	-0.082***	0.009	0.014	0.232***	0.047***	0.064***	0.140***
Borad	-0.129***	-0.179***	-0.002	0.236***	0.008	0.142***	0.068***
Indep	0.094***	0.088***	0.018	-0.0160	-0.003	-0.030*	-0.034**
Education	0.034**	-0.004	-0.036**	0.073***	-0.014	0.034**	-0.069***
CEOAge	-0.035**	-0.087***	0.002	0.080***	-0.089***	0.016	0.023
Gender	-0.012	0.051***	0.019	0.035**	-0.017	0.018	0.002
平均值	1.391	0.305	0.008	4.491	0.161	0.439	0.029
标准差	1.404	0.103	0.696	1.650	0.358	0.207	0.069
中位数	1.098	0.313	0.000	4.262	0.111	0.440	0.031
最小值	0.000	0.099	-12.310	-0.449	-0.544	0.049	-0.390
最大值	5.257	0.544	11.520	13.360	1.900	0.916	0.176

变量	*TOP1*	*Borad*	*Indep*	*Education*	*CEOAge*	*Gender*
DT						
CEONar						
Wealth						
SA						
Growth						
Lev						
ROA						
TOP1	1.000					
Borad	0.035**	1.000				
Indep	0.037**	-0.528***	1.000			
Education	0.058***	0.007	0.036**	1.000		
CEOAge	-0.012	0.085***	-0.052***	-0.227***	1.000	
Gender	0.028*	-0.092***	0.103***	0.015	-0.061***	1.000
平均值	0.320	2.253	0.375	5.037	54.550	0.053
标准差	0.145	1.758	0.052	1.426	7.383	0.223
中位数	0.295	2.303	0.357	5.000	54.000	0.000
最小值	0.084	1.792	0.333	1.000	37.000	0.000
最大值	0.729	2.773	0.571	8.000	74.000	1.000

注：***、**、*分别表示在 1%、5%、10%的水平下显著。

二　基准回归分析

因豪斯曼检验拒绝原假设，选择固定效应模型开展回归分析，具体结果如表 5-4 所示。

表 5-4　回归结果分析

变量	*DT* (1)	*DT* (2)	*Wealth* (3)	*DT* (4)	*SA* (5)	*DT* (6)
CEONar	1.790*** (5.858)	2.076*** (6.181)	0.526** (2.200)	2.033*** (6.108)	1.870*** (6.765)	1.210*** (3.838)
Wealth				0.083*** (2.812)		
SA						0.463*** (13.916)
控制变量	否	是	是	是	是	是
常数项	-0.456 (-1.177)	-1.210** (-2.030)	-0.411 (-1.204)	-1.176** (-1.985)	2.320*** (5.600)	-2.285*** (-3.996)
年份固定效应	是	是	是	是	是	是
行业固定效应	是	是	是	是	是	是
样本量	3674	3674	3674	3674	3674	3674
调整 R^2	0.027	0.110	0.016	0.112	0.173	0.185

注：***、**、*分别表示在 1%、5%、10%的水平下显著，括号内数值为经过异方差调整后的 t 值。

表 5-4 中第（1）和第（2）列为主效应结果，逐步加入控制变量后 CEO 自恋特质对企业数字化转型的影响系数为 2.076，在 1%的水平下显著，且调整 R^2 有所增加，说明 CEO 自恋特质显著促进企业数字化转型。假设 1 得以验证。

表 5-4 中第（3）和第（4）列检验财富预期的中介效应。结果显示，*CEONar* 对 *Wealth* 的系数为 0.526，*Wealth* 对 *DT* 的系数为 0.083，且分别在 5%、1%的水平下显著。在加入 *Wealth* 后，*CEONar* 对 *DT* 的系数依旧显著，为 2.033。因此，财富预期在 CEO 自恋特质

与企业数字化转型之间起中介作用，假设 2 得以验证。

表 5-4 中第（5）和第（6）列检验融资约束的中介效应。结果显示，*CEONar* 对 *SA* 的系数为 1.870，*SA* 对 *DT* 的系数为 0.463，且均在 1%的水平下显著。在加入 *SA* 后，*CEONar* 对 *DT* 的系数依旧显著，为 1.210。因此，融资约束在 CEO 自恋特质与企业数字化转型之间起中介作用，假设 3 得以验证

三 调节机制检验

检验企业所有权与 CEO 权力的调节效应，具体结果见表 5-5。

表 5-5 调节效应检验结果

变量	*DT* (1)	*DT* (2)	*DT* (3)
CEONar	2.076*** (6.181)	2.055*** (3.627)	0.975*** (3.649)
Narure×CEONar		-0.862** (-2.394)	
Nature		-0.080 (-0.703)	
Power×CEONar			1.137*** (2.736)
Power			0.144 (1.105)
控制变量	是	是	是
常数项	-1.210** (-2.030)	-0.279 (-0.783)	-0.155 (-0.472)
年份固定效应	是	是	是
行业固定效应	是	是	是
样本量	3674	3674	3674
调整 R^2	0.110	0.327	0.253

注：***、**、*分别表示在 1%、5%、10%的水平下显著，括号内数值为经过异方差调整后的 t 值。

由表 5-5 第（2）列可知，企业所有权与 CEO 自恋特质的交乘项（*Nature×CEONar*）系数为-0.862 且在 5%的水平下显著，证实了国有企业 CEO 自恋特质对企业数字化转型的影响不明显，假设 4 得以验证。

由表 5-5 中第（3）列可知，CEO 权力与 CEO 自恋特质的交乘项（*Power×CEONar*）系数为 1.137，在 1%的水平下显著，说明 CEO 权力的加入显著增强了 CEO 自恋特质与企业数字化转型之间的正相关关系，假设 5 得以验证。

四　稳健性检验

为了保障结果的稳健性，进行如下稳健性检验：首先，替换自变量测量。借鉴 Chatterjee 和 Hambrick（2007）、靳小翠和郑宝红（2020）的研究，将 CEO 自恋特质的衡量指标“CEO 正式头衔的数量”进行替换：检索企业官方网站的领导介绍栏目，如果没有任何领导介绍，得分为 0；如果有董事长或 CEO 致辞，但没有照片，得分为 0.2；如果有照片，同时也有其他管理者照片，得分为 0.5；如果专门介绍董事长或 CEO，得分为 1。此指标与前述的指标“CEO 相对薪酬比例”和指标“公司主页 CEO 新闻占比”构成新的测量指标，并归一化后取平均值作为 CEO 自恋的替换变量，命名为 *CEONar*1。其次，替换因变量测量。由于企业数字化转型是管理层战略思考、企业战略规划和执行的统一，借鉴徐子尧和张莉沙（2022）的研究，将企业数字化转型（*DT*）替换为反映管理层数字化战略认知与企业数字化相关的资产数据（曾皓，2022），并对数据进行标准化处理后求其平均数，从而得到企业数字化转型的替换变量（*DT*1）。最后，延长时间窗口。考虑到企业数字化转型存在滞后性，将企业数字化转型变量滞后一期与两期。采用以上方法得到的回归结果（见表 5-6）依然保持不变，进一步证实结论的稳健性。

表 5-6　稳健性检验

变量	更换自变量测量	替换因变量测量（*DT*1）	因变量滞后一期	因变量滞后两期
CEONar		0.175*** (5.624)	2.099*** (5.779)	2.159*** (5.694)
*CEONar*1	3.121*** (3.454)			
控制变量	是	是	是	是
常数项	-1.076* (-1.715)	-0.126** (-2.490)	-0.951 (-1.373)	0.112 (0.144)
年份固定效应	是	是	是	是
行业固定效应	是	是	是	是
样本量	3674	3674	3075	2427
调整 R^2	0.103	0.106	0.111	0.107

注：***、**、*分别表示在 1%、5%、10%的水平下显著，括号内数值为经过异方差调整后的 t 值。

五　内生性检验

考虑到 CEO 自恋特质与企业数字化转型之间可能存在由互为因果、遗漏变量及样本偏差而引发的内生性问题，采取以下方式解决内生性问题，结果如表 5-7 和表 5-8 所示。

第一，工具变量法。参考许为宾等（2021）、代昀昊和孔东民（2017）等的研究，选择衡量区域西方文化的虚拟变量殖民地（*Colonies*）作为 CEO 自恋特质的工具变量。表 5-7 呈现了基于最小二乘法的两阶段回归结果。

第二，控制行业的年度趋势。为了解决遗漏变量及其他宏观变量的影响，参考王新光（2022）的研究，在基准回归基础上进一步控制行业乘以年度的固定效应以控制行业发展周期性与政策变量的影响，结果如表 5-7 所示。

表 5-7　工具变量法和控制行业的年度趋势回归结果

变量	工具变量法 第一阶段 CEONar	工具变量法 第二阶段 DT	控制行业的年度趋势 DT
Colonies	0.026*** (7.651)		
CEONar		11.130*** (5.559)	0.949*** (5.141)
Industry×Year			0.004* (1.951)
控制变量	是	是	是
常数项	0.433*** (15.100)	-4.466*** (-4.528)	-6.982* (-1.728)
年份固定效应	是	是	是
行业固定效应	是	是	是
样本量	3674	3674	3674
F	13.12		

注：***、**、*分别表示在1%、5%、10%的水平下显著，括号内数值为经过异方差调整后的t值或z值。

第三，倾向匹配得分法（PSM法）。为解决因样本自选而产生的内生性问题，采用PSM法进行检验。参考李莹和曲晓辉（2021）的研究，按CEO自恋特质指标值从大到小进行排序，将前50%视为自恋特质作为处理组，后50%视为非自恋特质作为对照组。以最近邻匹配、半径匹配和核匹配为原则为处理组匹配相近特征的对照组。表5-8所示的匹配后估计结果与上文回归结果一致。

表 5-8　倾向匹配得分后的检验结果

变量	最近邻匹配				
	DT	*Wealth*	*DT*	*SA*	*DT*
CEONar	2.328***	0.567*	2.265***	1.681***	1.599***
	(4.349)	(1.876)	(4.298)	(3.607)	(3.285)
Wealth			0.111**		
			(2.224)		
SA					0.434***
					(8.027)
控制变量	是	是	是	是	是
常数项	-1.410*	-0.099	-1.399*	2.873***	-2.658***
	(-1.731)	(-0.223)	(-1.729)	(4.973)	(-3.382)
年份固定效应	是	是	是	是	是
行业固定效应	是	是	是	是	是
样本量	1918	1918	1918	1918	1918
调整 R^2	0.115	0.032	0.118	0.147	0.183
ATT	Difference = 0.403*** ; T = 6.53				

变量	半径匹配				
	DT	*Wealth*	*DT*	*SA*	*DT*
CEONar	2.069***	0.531**	2.024***	1.902***	1.176***
	(6.165)	(2.218)	(6.089)	(6.884)	(3.744)
Wealth			0.085***		
			(2.871)		
SA					0.470***
					(13.787)
控制变量	是	是	是	是	是
常数项	-1.2011	-0.426	-1.165*	2.350***	-2.305***
	(-2.004)	(-1.240)	(-1.955)	(5.723)	(-4.010)
年份固定效应	是	是	是	是	是
行业固定效应	是	是	是	是	是
样本量	3658	3658	3658	3658	3658
调整 R^2	0.109	0.014	0.111	0.182	0.186
ATT	Difference = 0.390*** ; T = 8.05				

续表

变量	核匹配				
	DT	*Wealth*	*DT*	*SA*	*DT*
CEONar	2.067***	0.532**	2.023***	1.902***	1.173***
	(6.158)	(2.221)	(6.083)	(6.885)	(3.736)
Wealth			0.083***		
			(2.829)		
SA					0.470***
					(13.800)
控制变量	是	是	是	是	是
常数项	-1.210**	-0.428	-1.174**	2.358***	-2.318***
	(-2.019)	(-1.247)	(-1.971)	(5.744)	(-4.034)
年份固定效应	是	是	是	是	是
行业固定效应	是	是	是	是	是
样本量	3668	3668	3668	3668	3668
调整 R^2	0.109	0.014	0.112	0.182	0.186
ATT	Difference = 0.385*** ；T = 8.11				

注：***、**、*分别表示在1%、5%、10%的水平下显著，括号内数值为经过异方差调整后的t值。

综上，通过采取工具变量法、控制行业的年度趋势和PSM法后，CEO自恋特质与企业数字化转型依然显著正相关，结论并未发生实质性改变，进一步支持了前文研究假设。

第五节　本章小结

本章使用2011~2021年沪深A股上市公司数据实证检验了CEO自恋特质与企业数字化转型的效应、机制与条件。研究发现，一是CEO自恋特质显著促进企业数字化转型。二是财富预期和融资约束在CEO自恋特质和企业数字化转型之间起中介作用。三是异质性检验表明，非国有企业中CEO自恋特质对企业数字化转型影响更明显，且 CEO 权力正向调节了 CEO 自恋特质对企业数字化转型的积极影响。以上研究结论在经过一系列稳健性检验后依然成立。本章结论在丰富企业数字化转型影响因素研究成果的同时，也在实践层面为推进数字化转型、建设数字中国和网络强国提供了微观途径。

第六章　数字化转型与突破式创新

第五章探讨了 CEO 自恋特质对企业数字化转型的驱动机制。然而，企业数字化转型不仅受高管个体特质的影响，更在组织层面塑造了企业的创新能力与竞争优势。因此，本章试图以突破式创新为切入点探索数字化转型的组织后果，并引入“能力—动机—机会”（Ability-Motivation-Opportunity，AMO）框架，从人力资本视角解析其作用机制。

第一节　研究问题提出

制造业作为实体经济的重要构成，关乎国家经济命脉与国民经济基础，但当前仍面临着供需矛盾突出、低端供给过剩、高端供应不足等严重问题。2022 年 1 月出台《“十四五”数字经济发展规划》，指出未来应以数字技术与实体经济深度融合为主线，赋能传统产业转型升级，培育新产业、新业态、新模式，这明确了深度融合数字经济与新一代信息技术是中国制造业企业破解“低端锁定”、实现创新发展的关键所在，既是顺应数字经济和产业变革的客观历史需求，也是供给侧结构性改革、经济高质量发展的必由之路。同时，随着国际形势日趋严峻，中国本土企业正面临着美国等发达国家在关键核心技术上的封锁与遏制，以往依靠技术引进推进技术创新的传统模式已不再具备可行性（张杰等，2020）。为此，党的二十大报告明确指出，要加快实施创新驱动发展战略，增强自主创新能力，坚决打赢关键核心技术攻坚战，这既是事关我国发展全局的重要问题，也是事关构建以国内大循环为主体、国内国际双循环相互促进的新发展格局的关键问题（王芳等，2022）。

数字化转型依托数字技术引发企业诸如流程再造、思维重塑、惯例更新、组织重构、关系调整等系统性变革，改变了企业内部管理和资源配置模式并形成以消费者价值创造为主导的新商业模式，创造了全新的价值生成路径（李晶和曹钰华，2022；李君等，2019）。现有部分研究已证实数字化转型对企业创新绩效具有正向促进效应（陈一华等，2021；申明浩和谭伟杰，2022；郑帅和王海军，2022），但部分研究识别了数字化转型对企业创新的“索洛悖论”现象，即因资源争夺、信息过载等而弱化企业创新的能力与动机（王旭等，2022）。换言之，学者就数字化转型对制造业企业创新的作用仍未达成共识，尤其是数字化转型对突破式创新这一打破技术壁垒、实现新技术探索的特殊类型创新的影响仍值得深入讨论。

人力资本是企业创新突破的战略性资源基础，这一观点早已成为战略管理、人力资源管理及创新管理等领域的共识（肖土盛等，2022）。技术创新理论指出，人力资本是企业研发创新的必要条件之一（Cohen 和 Tripsas，2018）。以往在探索数字化转型对企业创新的作用机制时，学者多从融资约束、治理结构等角度切入（付剑茹和王可，2022；姜英兵等，2022；楼润平等，2022），而基于人力资本视角的研究并不多见。创新过程理论指出，企业创新可分为创意萌发和创新转换两个阶段，员工知识和技术等是创意萌发的基础，后半程创意向创新、最终产品的转化则需要组织对员工创意的认同与支持（Cohen 和 Tripsas，2018）。可见，突破式创新的实现不仅要求组织重视人力资本的能力维度，还需要激活人力资本的创新动机并提供创新机会。因此，构建人力资本的 AMO 框架具有重要意义。

综上，为破解数字化转型与突破式创新之间的“黑箱”机制，本章整合人力资本的 AMO 框架并选取 2012~2021 年 A 股非 ST 制造业企业作为样本，构建并检验了“数字化转型—人力资本—突破式创新”的分析框架，系统考察了数字化转型对制造业企业突破式创新的影响及其机理。

第二节　理论分析与假设提出

一　数字化转型与突破式创新

数字化转型指制造业企业利用数字技术使生产运营、工艺流程等发生系统性变革（肖土盛等，2022），最终实现商业模式重构与顾客价值创新（戚聿东和肖旭，2020）。大量研究证实了数字化转型对企业创新的积极意义（姜英兵等，2022；李晓静和蒋灵多，2023；楼润平等，2022），但王旭等（2022）验证了数字化转型对企业创新存在“数据驱动”和“能力诅咒”等倒“U”形效应，究其原因在于过度数字化可能会导致资源争夺、信息过载等。庞瑞芝和刘东阁（2022）也提出数字化转型通过“学习效应”和“竞争效应”而对企业创新产生倒“U”形影响。研究结论的互斥原因可能在于当前研究集中于探索不同类型、阶段及投入强度的数字化转型对企业创新的整体影响与机制，忽视了不同类型的创新产出会因知识结构、技术复杂程度、投入成本等因素的影响而使数字化转型效果与机制亦会有所差异。因此，聚焦特定类型与特征的创新活动与产出有助于进一步厘清数字化转型与组织创新之间的关联机制。

根据创新对于行业现有技术的变革力度，Ettlie（1983）将创新划分为突破式创新与渐进式创新。其中，突破式创新变革力度更大，是对企业生产过程和产出结构的颠覆性改造与破坏式重构（Sheremata，2000），更能够反映企业的创新能力与创新水平。同时，实现突破式创新要求企业具备一定的异质性创新资源和创新能力，以融合更加激进的创新知识和更为复杂的技术手段为基础在新环境中寻求技术突破和产品/服务的转型升级（毕晓方等，2022）。突破式创新的探索性与前瞻性，能够从根源上助力制造业企业实现技术替代与升级，形成国际核心竞争力（张可和高庆昆，2013）。

数字化转型有助于促进制造业企业实现突破式创新，具体表现如下。首先，以大数据、人工智能及网络联通等新一代数字技术为核心的数字化转型有助于帮助制造业企业实现技术发展预测、技术瓶颈识别、集成创新开发等，从技术层面确保制造业企业开展有组织的科研活动，为实现关键核心技术的突破夯实技术基础（杨瑾和李蕾，2022）。张吉昌和龙静（2022）证实了数字技术应用提高了企业的突破式创新水平，李树文等（2021）识别了大数据技术对企业突破式创新的正向效应。同时，当数字技术与设备融入制造业企业的生产运营过程时，必然引发现有业务、流程、结构与模式的变革与重塑，进而突破原有商业逻辑，形成新的价值创造模式，其本质上也是一种突破式创新的体现（蒋峦等，2022）。其次，突破式创新的实现依赖于组织内外一系列知识元素的集聚及跨知识领域的知识元素联结（王芳等，2022），既要求制造业企业具备识别并吸收外部新知识元素的能力，还要求制造业企业具备将新知识元素与组织内原始知识元素重组与整合的能力（Strumsky 和 Lobo，2015）。通过数字化转型，制造业企业能够运用移动互联网和物联网等打破自身组织边界而增强对外部新知识元素识别与获取的概率，通过整合人工智能、智能制造等智能技术，赋能知识管理，增加对内外部新旧知识重组与整合的可能性（曾德麟等，2021）。换言之，制造业企业因数字化转型而实现的关联性、开放性与生态性提升在很大程度上降低了获取知识、金融等创新资源的难度（蔡莉等，2019；姜英兵等，2022），为制造业企业实现突破式创新夯实了资源基础。因此，提出如下假设：

假设 1：数字化转型促进了制造业企业的突破式创新。

二　AMO 框架下人力资本的中介效应

AMO 理论指出个体绩效提升由能力、动机和机会三个因素共同决定。其中，能力是个体完成工作所必备的知识、技术等，动机是个体参与特定任务的心理倾向，机会是推动或阻碍个体行为的组织情境因素（Levine 等，2001）。AMO 理论被广泛应用于探索“管理实践与竞争优势”的黑箱机制研究，如谭新雨（2024）剖析了创业效能感（A）、创业激情（M）、创业机会认知（O）在创业制度环境与科技人才创业意愿之间的多重中介机制；谢菊兰等（2022）识别了创新氛围通过影响员工能力（包括认知能力、情绪智力）、动机（包括情感体验、工作投入）和机会（如工作设计、社会网络等）产生的绩效提升效应。

人力资本是内嵌于员工且对组织具有经济价值的知识、技能和体力等素质的总和，被视为组织获取并维持竞争优势的重要源头。因此，遵循 AMO 理论对组织人力资本按能力、动机与机会进行划分。首先，人力资本的能力维度指组织内员工胜任特定任务并实现组织目标的可能性（Choi，2004）。应对不同任务带来的挑战，员工须具备如创造性地解决问题的能力、从多元视角辩证地看待问题的能力等多元能力（Choi，2004）。学历在一定程度上能够反映个体认知、素质及观念的多元性，受教育程度越高，越能有效利用信息并助力于推进组织战略落地，进而提升组织绩效（路博，2022）。其次，人力资本的动机维度是激发员工开展特定行为、实现战略目标的动力程度。研究发现，薪酬高低是决定员工工作积极性的重要影响因素之一（汪纯孝等，2006），劳动榨取理论、效率工资理论等也认同这一观点。

最后，Blumberg 和 Pringle（1982）提出，纵使员工有意愿、有能力完成某项任务，但其绩效水平仍受制于组织所提供的工作机会。因此，人力资本的机会维度是指组织为员工提供的开展特定工作、活动的机会。综上，从人力资本的能力维度（以员工学历结构优化为表征）、动机维度（以员工平均薪酬水平为表征）和机会维度（以研发岗位结构为表征），探索其在数字化转型与制造业企业突破式创新之间的中介效应。

三　人力资本能力维度的中介效应

数字化转型必然带来制造业企业生产方式与生产关系的变革，主要表现为“倒逼”人力资本结构的适应性优化（谢康等，2021）。资本技能互补性理论指出，技能劳动与先进技术之间应具备强适配性，意味着与制造业企业数字化转型相伴随的生产技术更新换代必然引发人力资本的结构优化（申广军，2016）。员工组织匹配理论亦有类似观点，制造业企业数字化转型最佳效果的发挥离不开与之匹配的高素质人才，迫使制造业企业致力于提升人力资本（肖土盛等，2022）。因此，制造业企业数字化转型作为系统工程，不仅需要硬件设备的数字化升级改造，也需要包括员工知识、技术等在内人力资本的数字化适应，这会推动制造业企业人力资本能力维度的优化。

人力资本能力维度的优化能够进一步促进制造业企业突破式创新。包括突破式创新在内的所有创新活动的实现均需要制造业企业员工具备一定的知识水平且能够完成新旧知识的交换、吸收与融合（王珏和祝继高，2018）。人力资本能力维度的优化有助于加速制造业企业对前沿技术的吸收与扩散，增强研发能力、提升研发效率与增加研发产出（杨仁发和郑媛媛，2022）。当制造业企业具有较高的人力资本能力维度时，能够更有效率地学习新知识或更有可能将新知识与已有知识相关联，有助于制造业企业跨领域整合知识元素并突破原有技术路径依赖，从而增加突破式创新的可能。因此，提出如下假设：

假设 2：数字化转型通过优化人力资本能力维度促进制造业企业的突破式创新。

四 人力资本动机维度的中介效应

数字化转型能够推动制造业企业人力资本动机维度的优化，主要体现在数字化转型“倒逼”员工薪酬水平提升，原因有以下三个方面。首先，数字化转型会增加制造业企业薪酬总量。数字经济时代，伴随着信息技术、软件、大数据等的广泛应用，制造业企业生产边际成本逐步降低、无形资产占最终产品总价值的比重日趋增加，相应地必将获得更高水平的租金回报（万相昱和何甜甜，2022）。租金回报水平的上升，意味着制造业企业可供内部分享的利润总额增加，进而使得支付员工的薪酬总量增加。其次，数字化转型会因优化员工职能结构而提升制造业企业内部的平均薪酬水平。数字化转型带来的自动程度升高、价值创造模式变革等（李树文等，2022），使得制造业企业由劳动密集型向技术密集型转变，原有低技能劳动者被机器所替代（任颋和刘欣，2021）并创造了新的就业岗位以吸纳高技能劳动者（Acemoglu 和 Restrepo，2018）。这种高技能劳动者与数字化设备资本形成的良性互补关系促进了制造业企业的平均薪酬水平呈现上升趋势（Krusell 等，2000）。此外，数字化转型会增强相关人员的议价能力从而提高薪酬水平。数字技术作为新兴技术，相关人才仍处于供不应求的阶段，相对于其他类型的员工，其具有更强的议价能力和更高的薪酬水平（戚聿东和肖旭，2020）。因此，数字化转型能够通过增加薪酬总量与提升平均薪酬水平而实现人力资本动机维度的优化。

因薪酬水平提升而得到优化的人力资本动机维度有助于推动制造业企业的突破式创新。在个体员工层面，大量研究证实了较高水平的薪酬能够有效调动员工的工作积极性，从而激发员工的创新行为

（李杰义和来碧波，2018）。社会交换的互惠性理论亦证实了因薪酬水平提升而增强的互惠关系感知会驱动员工的创新行为以对组织予以回馈（Mitchell 等，2012）。相对于其他类型的创新，突破式创新具有更为显著的高风险、高投入、周期长等特征。风险补偿理论认为，为了对冲突破式创新带来的高风险，员工需要更高水平的薪酬（Lerner 和 Wulf，2006），方可增强其参与到突破式创新的意愿与动机。基于上述理论分析，提出如下假设：

假设 3：数字化转型通过优化人力资本动机维度促进制造业企业的突破式创新。

五 人力资本机会维度的中介效应

数字化转型增加了制造业企业人力资本参与突破式创新的机会。工业机器人等对低技能劳动者的替代效应使得制造业企业取消了大量常规性、重复性工作岗位（肖土盛等，2022）。数字化转型必将引发制造业企业由劳动密集型向知识密集与技术密集转变，为此，制造业企业需雇用大量高技术人才（许玲玲等，2022）。数字化转型带来制造业企业的信息化、扁平化与透明化发展（陈同扬等，2022），能够使其更好地开展人才盘点、优化组织结构，通过按需设岗等方式将人才队伍建设重心放在创造更大价值的员工与岗位上。因技术研发活动的高附加值特征，制造业企业通过数字化转型能更精准地识别创新人才、研发人才，并通过增设研发岗位实现对低技能岗位的替换（肖土盛等，2022；余明桂等，2022），提供更多的开展突破式创新活动的机会。

人力资本机会维度的优化会进一步促进制造业企业的突破式创新。人力资本能力与动机维度的优化并不一定能够确保制造业企业实现突破式创新，原因在于多数制造业企业存在人力资本错配现象（李静和楠玉，2019），大量具有创新潜力的科技人才被配置于非生产型、非创新型岗位上（徐亚平和胡鑫，2023），严重削弱了人力资本结构优化与动机增强所产生的创新效应。数字化转型能够解决制造业企业人力资本错配问题（孙雪等，2023）。伴随着研发、创新岗位的增多，制造业企业将战略性、创新性人力资本配置到相应岗位的可能性也会提升，从而增强对新知识要素的识别、吸收与整合能力（李盛楠等，2021），提升创新效率（徐亚平和胡鑫，2023）且更敢于开展探索性创新（李柏洲等，2019），为突破式创新的实现提供了可能。基于上述理论和分析，提出如下假设：

假设 4：数字化转型通过优化人力资本机会维度促进制造业企业的突破式创新。

综上所述，构建如图 6-1 所示的模型。

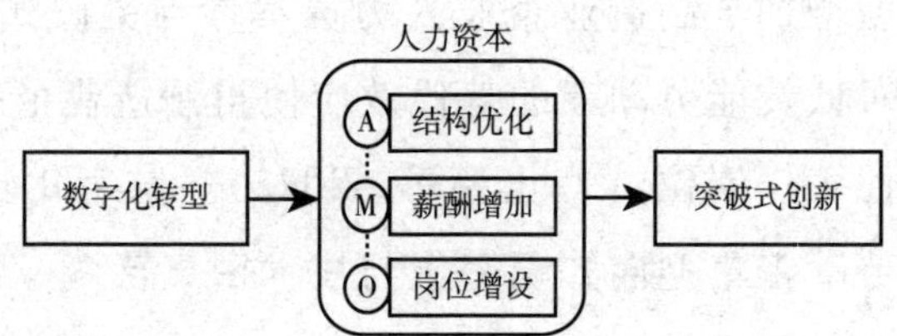

图 6-1　基于人力资本 AMO 框架的数字化转型与突破式创新模型

第三节　变量测量与模型设定

一　样本选择与数据来源

2012 年《“十二五”国家战略性新兴产业发展规划》明确提出，“统筹绿色数据中心布局”，“推进数字经济发展和数字化转型”等，大量制造业企业开始尝试数字化转型。因此，为避免政策影响带来的结果偏差，选取 2012～2021 年制造业 A 股上市公司作为研究样本，按如下原则对数据进行筛选：剔除ST上市公司样本，剔除变量缺失样本。经过上述处理，最终得到18487个“企业—年度”观测值。数据均来自Wind、CSMAR与Find数据库。

二　变量定义

（一）因变量

突破式创新（*RI*）。相较于实用新型与外观设计多为应用层面的改进，发明专利涉及更多原创知识，更能反映技术突破程度。因此，参考林润辉和王伦（2023）的研究，用样本时期内企业发明专利申请数量衡量制造业企业突破式创新。

（二）自变量

数字化转型（*DT*）。数字化转型数据来自SMAR数据库，反映上市公司数字化转型程度。首先，参考陈庆江等（2021）、吴非等（2021）的研究，从“人工智能技术”“大数据技术”“云计算技术”“区块链技术”“数字技术应用”五个维度构建数字化词典；其次，使用Python“jieba”分词工具对上市公司年报进行文本分析和词频统计；最后，将词频加总后得到数字化转型总词频数，对数化处理后用以衡量数字化转型（*DT*）。

（三）中介变量

人力资本。其中，能力维度以学历结构优化（*Edu*）为替代指标，参考侯粲然等（2022）的研究，采用向量夹角方法进行衡量。首先，构建人力资本空间向量，将企业所有高管和员工按照受教育程度分为专科及以下、本科、硕士、博士及以上四类，将每一类受教育程度员工所占比重依次作为空间向量的一个分量，由此构建一组四维人力资本空间向量$X_0=(X_{0,1},X_{0,2},X_{0,3},X_{0,4})$。

其次，确定基准向量为基本单位向量组$X_1=(1,0,0,0)$；$X_2=(0,1,0,0)$；$X_3=(0,0,1,0)$；$X_4=(0,0,0,1)$，依

次计算人力资本空间向量 X_0 与基准向量的夹角 θ_j（$j=1$，2，3，4），公式如下：

$$\theta_J = \cos^{-1}\left[\frac{\sum_{i=1}^{4}(X_{j,i} \times X_{0,i})}{\left(\sum_{i=1}^{4} X_{j,i}^{2}\right)^{\frac{1}{2}} \times \left(\sum_{i=1}^{4} X_{0,i}^{2}\right)^{\frac{1}{2}}}\right]$$

其中，$X_{j,i}$ 表示基本单位向量组 X_j（$j=1$，2，3，4）的第 i 个分量，$X_{0,i}$ 表示人力资本空间向量 X_0 的第 i 个分量。

最后，确定夹角 θ_j 的权重，并将所有夹角加权求和，从而计算得出学历结构优化指数 Edu，公式如下：

$$Edu = \sum_{i=1}^{4}(W_j\theta_j)$$

其中，W_j 为 θ_j 的权重采用变异系数法（伏润民等，2008）确定，计算各夹角 θ_j（j=1，2，3，4）的变异系数 V_j，则 $W_j=V_j/(V_1+V_2+V_3+V_4)$。$Edu$ 考虑了不同受教育程度人力资本比重相对变化对企业整体人力资本学历结构优化的影响。根据反余弦函数单调递减的性质可知，低受教育程度人力资本所占比重相对下降越快，高受教育程度人力资本所占比重相对上升越快，夹角 θ_j 相对越大。因此，Edu 数值越大，代表企业人力资本能力维度的水平越高。

人力资本动机维度以员工平均薪酬（*Salary*）为替代指标，参考徐朝晖和王满四（2022）的研究，选用报告期实际支付的员工工资总额与员工人数之比的对数。企业当年实际支付的员工工资等于"应付职工薪酬期末贷方余额"减去"上年度应付职工薪酬期末贷方余额"加上"当年支付给职工以及为职工支付的现金"再减去"董事、监事及高管年薪总额"。员工人数等于"在职员工人数"减去"董事人数""高管人数""监事人数"再加上"独立董事人数"以及"未领取薪酬的董事、监事或高管人数"。*Salary* 的数值越大，表明员工平均薪酬越高。

人力资本机会维度使用研发岗位占比（*Job*）为替代变量，参考Ramirez 等（2020）的研究，通过计算研发岗位员工数量占员工总数的比例进行衡量。*Job* 数值越大，代表企业研发人员占比越高。

为排除其他因素的影响，选择以下变量作为控制变量（*VCs*）：资产负债率（*Lev*，总负债/总资产×100%）、净资产收益率（*ROE*，净利润与股东权益平均余额）、现金流比率（*Cashflow*，经营活动产生的现金流量净额除以总资产）、总资产周转率（*ATO*，营业收入除以平均资产余额）、营业收入增长率［*Growth*，（本年营业收入/上一年营业收入）-1］。

表 6-1　核心变量名称、符号及描述

变量名称		变量符号	衡量指标
数字化转型		*DT*	数字化关键词的词频累计
突破式创新		*RI*	(发明专利申请数量+1),取自然对数
人力资本	能力	*Edu*	采用向量夹角测度学历结构由初级向高级的演变
	动机	*Salary*	员工工资总额与员工人数之比的对数
	机会	*Job*	研发岗位员工数量占员工总数的比例
资产负债率		*Lev*	总负债/总资产×100%
净资产收益率		*ROE*	净利润与股东权益平均余额
现金流比率		*Cashflow*	经营活动产生的现金流量净额除以总资产
总资产周转率		*ATO*	营业收入除以平均资产余额
营业收入增长率		*Growth*	(本年营业收入/上一年营业收入)-1

三　模型设定

首先，为检验数字化转型对制造业企业突破式创新的影响，设定面板固定效应模型：

$$RI = \alpha_0 + \beta_0 DT + \theta_0 VCs + \mu_0 year + \varepsilon$$

其中，*RI* 为突破式创新，*DT* 为数字化转型程度。*VCs* 代表控制变量，*year* 是年份固定效应，ε 为随机扰动项。

其次，依次检验数字化转型对制造业企业人力资本的能力维度、动机维度和机会维度的影响：

$$Edu = \alpha_1 + \beta_1 DT + \theta_1 VCs + \mu_1 year + \varepsilon$$

$$Job = \alpha_2 + \beta_2 DT + \theta_2 VCs + \mu_2 year + \varepsilon$$

$$Salary = \alpha_3 + \beta_3 DT + \theta_3 VCs + \mu_3 year + \varepsilon$$

其中，*Edu*、*Salary*、*Job* 分别为人力资本的能力、动机与机会维度。

在此基础上，依次检验人力资本的能力、动机与机会维度对制造业企业突破式创新的直接效应：

$$RI = \alpha_4 + \beta_4 DT + \gamma_0 Edu + \theta_4 VCs + \mu_4 year + \varepsilon$$

$$RI = \alpha_5 + \beta_5 DT + \gamma_1 Job + \theta_5 VCs + \mu_5 year + \varepsilon$$

$$RI = \alpha_6 + \beta_6 DT + \gamma_2 Salary + \theta_6 VCs + \mu_6 year + \varepsilon$$

最后，综合上述计算的结果对中介效应进行判断与检验。

第四节　实证结果与分析

一　描述性统计与相关性分析

变量描述性统计结果见表6-2。企业数字化转型的均值为8.158、方差为21.000，这揭示了制造企业数字化转型程度具有较大差异。突破式创新的均值为1.559、方差为1.409，但最大值与最小值分别为9.028和0，亦能说明制造企业突破式创新程度有所差异。

表 6-2 核心变量的描述性统计

变量	样本量	均值	中位数	方差	最小值	最大值
DT	18484	8.158	2.000	21.000	0.000	463.000
Edu	18484	0.621	0.575	0.140	0.476	1.392
Job	18484	0.158	0.131	0.137	0.000	0.991
Salary	18484	11.550	11.530	0.450	6.562	14.650
RI	18484	1.559	1.386	1.409	0.000	9.028
Lev	18484	0.382	0.370	0.191	0.0349	0.925
ROE	18484	0.071	0.075	0.126	-1.072	0.406
ATO	18484	0.665	0.590	0.377	0.000	2.902
Cashflow	18484	0.052	0.050	0.065	-0.196	0.257
Growth	18484	0.169	0.115	0.364	-0.660	4.330

表 6-3 呈现了变量间相关系数。数字化转型与突破式创新呈正相关，人力资本的能力、动机与机会维度均与数字化转型和突破式创新呈正相关，且各相关系数均在 1%水平下显著。

表 6-3 核心变量的相关性分析

变量	*DT*	*Edu*	*Job*	*Salary*	*RI*
DT	1.000				
Edu	0.262***	1.000			
Job	0.179***	0.455***	1.000		
Salary	0.190***	0.475***	0.157***	1.000	
RI	0.150***	0.188***	0.199***	0.187***	1.000
Lev	0.005	-0.080***	-0.085***	0.016**	0.102***
ROE	0.002	0.038***	-0.006	0.067***	0.121***
ATO	0.000	-0.121***	-0.152***	0.030***	0.070***
Cashflow	-0.031***	-0.044***	-0.050***	0.084***	0.073***
Growth	0.019***	0.042***	-0.024***	0.065***	0.014*

续表

变量	*Lev*	*ROE*	*ATO*	*Cashflow*	*Growth*
DT					
Edu					
Job					
Salary					
RI					
Lev	1.000				
ROE	-0.258***	1.000			
ATO	0.177***	0.246***	1.000		
Cashflow	-0.177***	0.368***	0.175***	1.000	
Growth	0.033***	0.268***	0.137***	0.019***	1.000

注：***、**、*分别表示在1%、5%和10%的水平下显著。

二 基准回归分析

参考温忠麟等（2004）的研究，进行中介效应检验，首先检验企业数字化转型与制造企业突破式创新的影响，其次检验数字化转型对制造企业人力资本的能力、动机与机会的影响，最后同时纳入数字化转型与不同维度下的人力资本探索其对制造企业突破式创新的影响。结果如表6-4所示。

由表6-4第（1）（4）（7）列可知，数字化转型对制造企业突破式创新的影响系数均为0.010（$p<0.01$），表明数字化转型能促进制造企业实现突破式创新，假设1得以验证。

由表6-4第（2）（5）（8）列分别检验了数字化转型对人力资本的能力维度、动机维度与机会维度的影响，系数分别为0.002、0.003和0.001，且均在1%水平下显著。换言之，数字化转型“倒逼”制造企业人力资本的能力、动机与机会维度优化。

表 6-4　基准回归模型结果

变量	人力资本的能力维度			人力资本的动机维度		
	(1)	(2)	(3)	(4)	(5)	(6)
	RI	*Edu*	*RI*	*RI*	*Salary*	*RI*
DT	0.010***	0.002***	0.007***	0.010***	0.003***	0.009***
	(21.040)	(35.730)	(14.510)	(21.220)	(19.320)	(18.050)
Mediation			1.801***			0.575***
			(24.500)			(23.540)
Constant	0.760***	0.638***	-0.390***	0.752***	11.042***	-5.594***
	(16.330)	(140.580)	(-5.940)	(16.260)	(814.340)	(-20.450)
控制变量	是	是	是	是	是	是
年份固定效应	是	是	是	是	是	是
样本量	18864	18864	18864	18968	18968	18968
调整 R^2	0.0698	0.0959	0.0985	0.0714	0.241	0.0977
F	95.36	134.4	129.8	98.32	402.1	129.3

变量	人力资本的机会维度		
	(7)	(8)	(9)
	RI	*Job*	*RI*
DT	0.010***	0.001***	0.007***
	(20.570)	(33.510)	(14.190)
Mediation			2.205***
			(25.740)
Constant	0.780***	0.226***	0.281***
	(16.330)	(56.400)	(5.530)
控制变量	是	是	是
年份固定效应	是	是	是
样本量	18644	18644	18644
调整 R^2	0.0687	0.308	0.101
F	92.73	553.9	131.4

注：***、**、*分别表示在1%、5%、10%的水平上显著。

表 6-4 第（3）列中数字化转型对突破式创新的影响系数为 0.007（p<0.01），表明在控制了人力资本的能力维度后，数字化转型仍正向影响制造企业突破式创新。同时，人力资本的能力维度对突破式创新的影响系数为 1.801（p<0.01），即人力资本的能力维度正向影响制造企业突破式创新。结合表 6-4 第（1）（2）（3）列可知，当加入人力资本的能力维度后，数字化转型对制造企业突破式创新的影响系数由 0.010 降为 0.007，且均在 1%水平上显著；表明人力资本的能力维度在数字化转型与突破式创新间具有部分中介效应，假设 2 得以验证。

表 6-4 第（6）列中数字化转型对突破式创新的影响系数 0.009（p<0.01），表明在控制了人力资本的动机维度后，数字化转型依旧正向影响制造企业突破式创新。同时，人力资本的动机维度对突破式创新的影响系数为 0.575（p<0.01），说明人力资本的动机维度对制造企业突破式创新有显著正向影响。结合表 6-4 第（4）（5）（6）列发现，当加入人力资本的动机维度后，数字化转型对制造企业突破式创新的影响系数由 0.010 降为 0.009，且在 1%水平下显著，说明人力资本的动机维度在数字化转型与突破式创新间具有部分中介效应，验证假设 3。

表 6-4 第（9）列中数字化转型对突破式创新的影响系数为 0.007（p<0.01），表明在控制了人力资本的机会维度后，数字化转型对突破式创新的影响依旧显著为正。同时，人力资本的机会维度对突破式创新的影响系数为 2.205（p<0.01），即人力资本的机会维度对突破式创新有显著正向影响。结合表 6-4 第（7）（8）（9）列可知，当加入人力资本的机会维度后，数字化转型对制造企业突破式创新的影响系数由 0.010 变为 0.007，且在 1%水平下显著，说明人力资本的机会维度在数字化转型与突破式创新间具备部分中介效应，假设 4 得以验证。

三　稳健性检验

为确保以上研究结论的稳健性，采用替换解释变量的测量方式、替换被解释变量的测量方式。

第一，用广东金融学院发布的中国上市企业数字化转型指数替换数字化转型的测量方式。该方法设定了三区九级评价标准对上市企业相应年度的数字化转型水平进行定级，分别是 AAA（最高，9）、AA、A、BBB、BB、B、CCC、CC、C（最低，1）。回归结果如表 6-5 所示，在替换数字化转型的测量方式后，基准回归结论仍成立。

表 6-5　替换解释变量的回归结果

变量	人力资本的能力维度			人力资本的动机维度		
	(1)	(2)	(3)	(4)	(5)	(6)
	RI	*Edu*	*RI*	*RI*	*Salary*	*RI*
DT	13.570***	0.023***	11.130***	13.453***	0.040***	12.363***
	(10.470)	(23.030)	(8.500)	(10.450)	(13.530)	(9.570)
Mediation			105.477***			27.168***
			(11.230)			(8.610)
Constant	-36.764***	0.637***	-103.991***	-36.341***	11.041***	-336.298***
	(-6.150)	(137.510)	(-12.310)	(-6.130)	(808.550)	(-9.520)
控制变量	是	是	是	是	是	是
年份固定效应	是	是	是	是	是	是
样本量	18748	18748	18748	18875	18875	18875
调整 R^2	0.0205	0.0610	0.0270	0.0204	0.233	0.0242
F	27.22	82.15	33.56	27.23	382.3	30.26

续表

变量	人力资本的机会维度		
	(7)	(8)	(9)
	RI	*Job*	*RI*
DT	12.287***	0.017***	10.938***
	(9.690)	(19.070)	(8.560)
Mediation			81.358***
			(7.600)
Constant	−32.360***	0.227***	−50.798***
	(−5.400)	(55.120)	(−7.860)
控制变量	是	是	是
年份固定效应	是	是	是
样本量	18535	18535	18535
调整 R^2	0.0186	0.276	0.0216
F	24.47	472.1	26.63

注：***、**、*分别表示在1%、5%、10%的水平上显著。

第二，借鉴毕晓方等（2017）的研究，以研发投入费用化水平测量突破式创新，并均按营业收入进行规模化处理。回归结果如表6-6所示，在替换了突破式创新的测量方式后，基准回归结果仍是稳健的。

表6-6 替换被解释变量的回归结果

变量	人力资本的能力维度			人力资本的动机维度		
	(1)	(2)	(3)	(4)	(5)	(6)
	RI	*Edu*	*RI*	*RI*	*Salary*	*RI*
DT	0.034***	0.002***	0.016***	0.034***	0.003***	0.028***
	(19.520)	(31.360)	(9.430)	(19.510)	(18.260)	(15.910)
Edu			10.362***			2.546***
			(37.69)			(24.76)
Constant	7.273***	0.644***	0.597*	7.272***	11.102***	−20.989***
	(24.960)	(75.600)	(1.820)	(24.940)	(471.480)	(−17.840)
控制变量	是	是	是	是	是	是

续表

变量	人力资本的能力维度			人力资本的动机维度		
	(1)	(2)	(3)	(4)	(5)	(6)
	RI	*Edu*	*RI*	*RI*	*Salary*	*RI*
年份固定效应	是	是	是	是	是	是
样本量	13930	13842	13842	13916	13916	13916
调整 R^2	0.129	0.0947	0.210	0.129	0.199	0.166
F	138.8	97.53	231.1	138.7	232.0	174.1

变量	人力资本的机会维度		
	(7)	(8)	(9)
	Job	*RI*	
DT	0.035***	0.001***	0.018***
	(19.350)	(31.240)	(10.410)
Edu			11.918***
			(35.420)
Constant	7.180***	0.221***	4.546***
	(22.990)	(29.150)	(14.760)
控制变量	是	是	是
年份固定效应	是	是	是
样本量	13747	13747	13747
调整 R^2	0.128	0.336	0.201
F	136.1	464.4	217.6

注：***、**、*分别表示在1%、5%、10%的水平上显著。

四　内生性检验

为规避遗漏变量、样本选择等内生性问题，进行遗漏变量、Heckman两阶段检验和工具变量法等内生性检验。

第一，采用面板数据并结合固定效应模型进行实证分析。面板数据能提供更多个体动态信息，在一定程度上能减少因遗漏变量而带来的误差。固定效应模型能消除不随时间的推移而变化的因素导致的内生性问题。如表 6-7 第（1）列所示，数字化转型对制造业企业突破式创新的影响系数为 0.426，且在 10%的水平下呈显著正相关。

表 6-7　内生性检验

变量	固定效应模型 （1） *RI*	Heckman 两阶段 （2） *RI*	工具变量法 第一阶段 *DT*	 第二阶段 *RI*
DT	0.426* （1.940）	0.732*** （9.320）		1.655*** （3.930）
INT			0.092*** （9.640）	
Constant	18.186*** （2.640）	-63.367*** （-6.970）	-2.648*** （-4.280）	-12.037*** （-6.970）
控制变量	是	是	是	是
年份固定效应	是		是	是
公司固定效应	是			
IMR		24.763** （2.260）		
样本量	19023	11994	7199	7199
Number of Firm	2965			
调整 R^2	0.00697	0.0255	0.0515	0.00767
F	6.989	45.81	36.34	.

注：***、**、* 分别表示在 1%、5%、10%的水平上显著。

第二，通过年报数据衡量数字化转型可能会存在制造业企业在实际运营中开展了数字化转型但并未在年报中披露的问题，由此引发研究样本存在自选择的内生性问题。因此，可通过 Heckman 两阶段模型对其进行检验与控制。第一阶段将数字化转型设为虚拟变量

DT_dummy（若企业在年报披露其数字化转型情况，则 *DT_dummy*=1，否则 *DT_dummy*=0）。在保持其他设定不变的情况下，将虚拟变量 *DT_dummy* 代入第一阶段 probit 回归模型中计算出逆米尔斯比率（*IMR*）。将 *IMR* 作为控制变量引入 Heckman 第二阶段模型。结果如表 6-7 第（2）列所示，数字化转型与 *IMR* 对制造业企业突破式创新的回归系数分别为 0.732 和 24.763，分别在 1%和 5%的水平下显著。换言之，在控制了选择性偏差后，回归结果依旧支持基准回归结论。

第三，借鉴姜英兵等（2022）的研究，以地区互联网普及率（*INT*）作为工具变量，原因在于，地区互联网普及率能在一定程度上反映了当地互联网发展情况，是制造业企业开展数字化转型的基础设施，与制造业企业数字化转型具有天然关联；同时，地区互联网普及率与制造业企业突破式创新间并不存在直接关联渠道，尚无证据表明地区互联网普及率与企业突破式创新存在显著关系。鉴于此，地区互联网普及率可以成为检验数字化转型与制造业企业突破式创新关系的有效工具变量。引入工具变量后的实证结果如表 6-7 第（3）和（4）列所示。在第一阶段模型中，工具变量 *INT* 对制造业企业数字化转型的影响系数为 0.092（$p<0.01$），意味着工具变量的选择符合有效性要求。进一步开展第二阶段模型分析，结果依旧与基准回归模型相一致。

五　异质性检验

为进一步明晰不同产权类型、区域特征与科技属性对以上研究结论的影响，进一步开展异质性检验，结果如表 6-8 所示。

第一，产权性质不同的企业在创新能力与创新产出上往往具有较大差异。理论上来说，国有企业往往具备更多创新资源等，在研发投入、创新产出上具有较大优势。因此，基于产权性质（*SOE*）将制造业企业划分为国企与非国企，进行回归后结果如表 6-8 第（1）和

（2）列所示。相对于非国有制造业企业，国有制造业企业的数字化转型更能够促进突破式创新，原因可能在于，对国有企业而言，其对人才的吸引力更强，更容易在供不应求的劳动力市场上获取数字化相关人才，从而因人力资本能力维度优化而进一步促进突破式创新。

第二，《加快“新基建”打造城市竞争力新底座》白皮书显示，东部地区（包括北京、上海、江苏、浙江、福建等12个省份）相对于中西部地区（山西、内蒙古、甘肃、宁夏等19个省份）在数字经济发展上处于引领地位，不仅数字经济规模更大，而且数字技术基础设施更完善。举例而言，省级重点投资计划“新基建”项目中，东部地区平均36个/省，远高于中西部地区平均29个/省。因此，进一步采用东部与中西部区域对样本企业进行划分，考察数字化转型对突破式创新的驱动效应是否存在地区差异。表6-8第（3）和（4）列所示，东部地区制造业企业数字化转型对突破式创新的促进作用（0.892且 $p<0.01$）显著强于中西部地区制造业企业（0.204且 $p<0.01$），究其原因可能在于，企业数字化发展对突破式创新的驱动效应离不开数字人才的支撑。一方面东部区域的数字化人才储备明显优于中西部地区（李梦娜和周云波，2022），大量双一流、985、211院校集聚于东部区域为制造业企业输送了充足的数字化相关人才；另一方面，东部地区制造业的平均工资水平显著高于中西部区域，对数字化转型所需的“高精尖缺”人才具有较强吸引力，促进了东部地区“高薪酬水平—高素质劳动力供给—高质量发展”良性循环目标的实现。

第三，当制造业企业获得高新技术企业认定后，可享受包括15%企业所得税优惠税率及其他税收优惠等政府资金支持（杨国超和芮萌，2020），能够缓解制造业企业资金压力与融资约束，从而促进研发投入和新产品产值增加等（胡善成等，2022）。因此，基于科技属性，参照国家高新技术企业认定标准（企业研发支出占营业收入的比重在3%以上）将制造业企业分为高科技企业与非高科技企业。实证结果如表6-8第（5）和第（6）列所示，高科技企业实施数字化转型比非高科技企业更能促进企业突破式创新，可能的原因如下：高科技企业的规模、盈利能力等均优于非高科技企业，数字化相关的人才储备充足且有更高水平的薪酬与奖励性绩效。同时，为获得高科技企业认证带来的政策优惠，高科技企业会加大研发投入、尽可能壮大研发人才队伍且设置大量研发岗位，从而促进突破式创新。

表6-8 异质性检验

变量	产权性质		地域		企业科技属性	
	(1) 国企	(2) 非国企	(3) 东部	(4) 中西部	(5) 高科技企业	(6) 非高科技企业
	RI	*RI*	*RI*	*RI*	*RI*	*RI*
DT	1.561*** (7.880)	0.594*** (11.100)	0.892*** (11.330)	0.204*** (3.620)	0.803*** (10.580)	0.187*** (4.040)
Constant	-55.188*** (-3.280)	-25.021*** (-4.570)	-42.680*** (-5.150)	-19.480*** (-5.200)	-50.816*** (-5.900)	-15.262*** (-4.550)
控制变量	是	是	是	是	是	是
年份固定效应	是	是	是	是	是	是
样本量	4755	14268	13339	5093	12996	5169
R^2	0.028	0.024	0.027	0.041	0.028	0.029
调整 R^2	0.0254	0.0229	0.0262	0.0377	0.0272	0.0261
F	9.262	23.26	24.95	14.30	25.23	10.23

注：***、**、*分别表示在1%、5%、10%的水平上显著。

第五节 本章小结

本章将制造业A股上市公司作为研究对象，选取了基于2012~

2021 年制造业 A 股上市公司的面板数据进行实证研究，系统考察了微观企业数字化转型对企业突破式创新的影响和作用机制，并依据产权性质、地区差异和企业科技属性对制造业企业数字化转型与企业突破式创新的影响进行了异质性分析。研究结论发现，制造业企业实施数字化转型对于提升其突破式创新能力具有显著的正向促进作用，在经过一系列内生性检验和稳健性检验后该结论仍然成立。渠道与机制分析发现，人力资本在制造业企业数字化转型程度与突破式创新水平之间起到部分中介作用。具体而言，制造业企业数字化转型带来的结构性变革将会通过优化人力资本能力维度、动机维度和机会维度进而提高企业突破式创新能力。此外，对于国有企业、东部地区的企业以及高科技企业来说，数字化转型对其突破式创新能力提升的边际效应更为明显。

第七章　数字化转型与绿色创新

企业数字化转型不仅是提升竞争力和推动突破式创新的重要路径，同时也在应对环境挑战、促进可持续发展方面发挥着关键作用。第六章探讨了数字化转型通过提升人力资本的能力、激发创新动机和拓展发展机会，促进企业突破式创新。然而，随着全球可持续发展议程的落地落实，企业创新不应仅局限于技术突破，还需进一步关注数字化赋能制造业企业实现绿色低碳转型的具体机制。在此背景下，本章基于中国沪深 A 股制造业上市公司 2011～2021 年的数据，进一步讨论了数字化转型、动态能力对绿色创新的影响，并考察了政府环境规制和市场竞争的调节效应。

第一节　研究问题提出

党的二十大报告强调要加快节能降碳先进技术研发。新型工业化背景下，面对“双碳”目标和“十四五”规划的任务要求，制造业企业必须遵循新发展理念、全面实现低碳转型（中国社会科学院工业经济研究所课题组等，2023）。2021 年，国务院印发《2030 年前碳达峰行动方案》，明确指出加快绿色低碳科技革命。作为其中的重要一环，绿色创新兼具“绿色”与“创新”特点，既可提高能源利用效率、降低污染排放，又可促进差异化绿色产品的形成、提高自主创新能力与绿色竞争力，对制造业企业实现经济与环境双重效益而言至关重要（尹建华和双琦，2023；Albort-Morant 等，2016）。

但是，中国制造业企业绿色创新有待进一步加强、创新积极性有待进一步激发。一方面，企业为推进绿色创新面临高额的研发成本，且因易被其他企业模仿复制而难以获得创新价值（王永贵和李霞，2023）；另一方面，因缺乏完善的污染排放定价机制，制造业企业排放废气、废水等行为的成本相对较低（郭捷和杨立成，2020）。面对艰巨任务和现实困境，激发制造业企业绿色创新活力、增加绿色创新绩效已成为新时代学者普遍关注的焦点和亟待解决的议题。

为适应不确定性环境、获取持续优势，众多企业正加速推行以ABCD 技术为核心的数字化转型（吴非等，2021）。埃森哲中国（2022）的调查显示，2022 年近六成企业将加大数字化投资，其中计划增幅在 15%以上的企业比重高达 33%。研究发现，数字化转型有助于企业实现商业模式、业务流程等的颠覆性创新（黄丽华等，2021），是企业突破发展瓶颈、攻克技术难题并释放超额价值的关键所在（戚聿东和肖旭，2020）。基于此，探索数字化转型是否及如何促进制造业企业绿色创新，有助于为中国发展数字经济、实现“双碳”目标、落实新发展理念提供微观参考。

数字化转型因泛生性、开放性、流动性、普惠性等特征而被视为攻克绿色创新成本高、难突破的重要抓手（戚聿东和肖旭，2020）。靳毓等（2022）识别了数字化转型通过缓解融资约束、弱化代理冲突、提高成长能力促进制造业企业绿色创新的内在机制。肖静和曾萍（2023）从资源视角证实了数字化会影响创新人力资源和财务资源投入从而促进绿色创新。然而，数字化转型对绿色创新的作用效果存在“索洛悖论”。王旭等（2022）以重污染企业为样本的实证研究发现，数字化转型对绿色创新具有“数字驱动”和“能力诅咒”的双重效应；王锋正等（2022）、成琼文和陆思宇（2023）以资源型、制造业上市公司为样本的实证研究亦发现了类似结果，原因在于，数字化转型作为复杂系统工程，一方面需要管理制度、资源能力与之适配，另一方面也呈现周期长与不确定性大等特征，故而难以预测其对绿色创新的最终效果（戚聿东和肖旭，2020）。同时，数字化转型与绿色创新也会基于对资金、人力等稀缺资源的争夺而产生冲突（Ning 等，2023）。麦肯锡也发现，全球超 70%的制造业企业因缺乏能力、资源等而陷入数字技术的“试点困境”。

综上，当前研究虽取得较大进展，但就数字化转型与绿色创新的效果、机制与边界等问题仍未达成共识，有待进一步探讨。为此，本章立足动态能力理论和能力层次视角，以 2011～2021 年沪深 A 股制造业上市公司为样本，构建“数字化转型—动态能力—绿色创新”研究框架并探索环境规制和市场竞争的调节效应。

第二节　理论分析与假设提出

一　理论分析

首先，动态能力理论认为，企业所拥有的能力是其实现创新、获取持续优势的基础（Teece，2007；Teece 等，1997）。一方面，绿色创新效益的获取要求企业必须具备特定的技术基础；另一方面，技术基础强的企业更有可能解决绿色创新中的复杂技术难题（Ning 等，2023）。因此，以 ABCD 数字技术为核心的数字化转型，有助于制造业企业改善现有流程、服务与产品，成为企业绿色创新的使能要素。

其次，基于能力层级视角，组织能力有高低之分，低阶能力的构建是高阶能力发展的基础。以 ABCD 数字技术为核心的数字化转型正是数字经济时代企业构建其他高阶能力（包括动态能力）的技术基础（戚聿东和肖旭，2020）。作为高阶组织能力，动态能力（感知能力、获取能力和重构能力）有助于制造业企业从外部环境中感知、获取并整合新信息（吴瑶等，2022），这正是制造业企业真正实现绿色创新的根本（Ning 等，2023）。因此，数字化转型可提高制造业企业识别、获取与整合外部环境稀缺资源的能力（即动态能力），最终将其用于绿色创新实践（吴瑶等，2022）。

最后，继承战略管理的权变思想，动态能力对企业绩效产出的影响取决于特定外部要素，且在不同场景下呈现出不同的作用形态（Boyd 等，2012）。制造业企业绿色创新作为长期复杂工程，投资大、风险高且难以产生立竿见影的效果（邢丽云等，2022），需要“有效市场”和“有为政府”的有机协同。一方面，在环境规制强的地区，企业面对着更强大的政府监管力度、环保压力和非环保行为成本增加，这会引导制造业企业在生产工艺、治污技术等领域开展绿色创新（王永贵和李霞，2023）。另一方面，在市场竞争程度较高的地区，制造业企业倾向于将稀缺资源配置至收益可预期且稳定的项目，而非高成本、高风险的绿色创新项目（宋清和刘奕惠，2021）。遗憾的是，现有研究多是关注环境规制和市场竞争程度对绿色创新的直接作用，鲜有探索两者可能发挥的调节效应。因此，基于政府和市场双视角，揭示环境规制和市场竞争对数字化转型与制造业企业绿色创新的影响，有助于深入理解绿色创新的复杂驱动机理，为政府和企业开展绿色创新活动提供理论依据。基于此，构建了如图 7-1 所示的研究模型。

二　数字化转型与绿色创新

绿色创新源于创新理论、生态理论和绿色发展理念的有机融合，兼具“创新”与“绿色”特征，相较于传统创新，具有更高的风险和投资回报不确定性（肖静和曾萍，2023）。数字化转型兼具技术应用与组织变革特征，是指企业在 ABCD 数字技术赋能下实现组织变

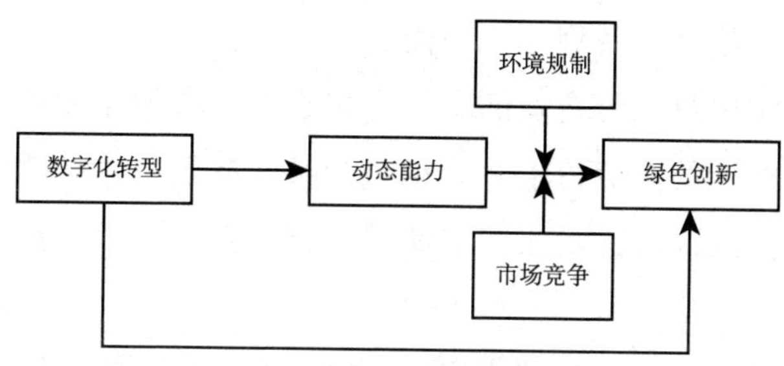

图 7-1　研究模型

革、商业模式重构与价值创新的系统过程（André Hanelt 等，2021；Vial，2019）。数字化转型与绿色创新的关联机制可从以下角度论述。

第一，数字化转型有助于缓解绿色创新的资金压力。绿色创新的开展需大量资金投入，在研发阶段尤为突出，多数制造业企业面临着显著的融资约束（王旭等，2022）。数字化转型可以有效缓解制造业企业面临的融资约束。首先，作为国家大力提倡的发展方向，开展数字化转型可为制造业企业带来更多政策支持、享受更多优惠（肖静和曾萍，2023）。其次，作为耗资巨大的变革项目，开展数字化转型可向制造业企业的供应商、需求方、投资者等利益相关者传递积极信号而增加其融资可得性（王旭等，2022）。最后，作为以数字技术为内核的组织变革，开展数字化转型可有效降低信息不对称程度从而提高制造业企业的盈利能力（陈中飞等，2022）。

第二，数字化转型有助于夯实绿色创新的人才基础。绿色创新的实现需制造业企业攻克复杂技术难题，对人力资本提出了更高要求（王旭等，2022）。数字化转型可增强人力资本的能力与动机，为制造业企业夯实绿色创新的人才基础。就能力而言，数字化转型一方面因增加对高技能劳动者的需求而促进人力资本结构调整，另一方面因对低技能劳动者的替代而实现人力资本结构优化（肖土盛等，2022）。

就动机而言，数字化转型一方面能够为员工提供更清晰、透明的规章制度，从而实现员工与企业的有效连接；另一方面也能够为员工带来大体量、多类型的有价值信息，也可为员工搭建更为高效的学习与培训平台，从而全面增强员工参与绿色创新的动机和意愿（王海花和杜梅，2021）。

第三，数字化转型有助于提高绿色创新的资源效率。绿色创新的推进需制造业企业打破组织边界、有效利用内外知识（邢丽云等，2022），数字化转型为这一目标的实现提供了可能（曾德麟等，2021）。在企业内部，数字化转型有助于通过建立自动化、智能化的业务流程与创新流程打通各创新环节、实现协同创新，有效降低绿色创新成本（朱秀梅和林晓玥，2022）。面向市场需要，数字化转型赋能企业与客户的持续深度交互，确保精准获取客户需求信息、开展有针对性的研发生产，降低制造业企业绿色创新的盲目性（曾德麟等，2021）。在产业链层面，数字化转型也能够促进企业产生的知识溢出效应，确保企业以较低成本获得绿色创新知识、充裕绿色创新知识储备（涂心语和严晓玲，2022）。基于上述分析，提出以下研究假设：

假设1：数字化转型显著正向影响制造业企业的绿色创新。

三　动态能力的中介作用

动态能力作为研究企业管理实践与创新绩效的重要视角，在VUCA时代愈发受到学界与业界的关注。动态能力可分为感知能力、获取能力和重构能力三个维度，有助于帮助制造业企业摆脱路径依赖和结构惯性并在应变过程中塑造新的竞争优势、实现可持续发展（Teece，2007）。

第一，数字化转型增强制造业企业感知能力有利于促进绿色创新。感知能力指制造业企业感知、筛选、识别、校准创新机会的分析系统，包括内在研发和新技术识别、目标市场与消费者需求识别、竞争者与互补者识别等结构化流程（Teece，2007）。数字化转型一方面会重塑制造业企业组织结构、业务流程与沟通机制，另一方面会增强制造业企业获取和分析市场数据并发现新的市场需求的能力（朱秀梅和林晓玥，2022），能够成为构建感知能力的技术基础。数字化转型带来的感知能力提升，确保了制造业企业开展绿色创新活动时能够更为精准地定位自身与市场需求，在提高创新效率的同时降低创新成本，从而促进绿色创新（邢丽云等，2022）。

第二，数字化转型增强制造业企业获取能力有利于促进绿色创新。绿色创新的实现不仅要感知并识别创新机会，还需要具备获取能力以帮助制造业企业获取并积累创新资源（邢丽云等，2022）。包含信息技术、互联技术在内的数字化转型有助于制造业企业从外部获取管理制度、技术标准等显性知识和技巧、经验等隐性知识（戚聿东和肖旭，2020）。数字化转型“倒逼”人力资本结构优化，夯实了制造业企业获取新技术、新知识的人才基础（肖土盛等，2022）。同时，数字化转型的积极信号释放、信息不对称缓解等也能提升制造业企业从政府、金融等机构获取绿色创新相关资源的可能（陈中飞等，2022）。

第三，数字化转型增强制造业企业重构能力有利于促进绿色创新。如前所述，制造业企业在推进绿色创新过程中不确定性大、风险程度强，需要动态调整创新过程和创新方向（邢丽云等，2022），这有赖于重构能力的提升。研究发现，数字化转型通过实现组织的去中心化来增强组织柔性、适应外界高速的变化（黄丽华等，2021）。数字化转型通过数字孪生等技术赋能制造业企业在数字世界中以较低成本模拟绿色创新，使动态调整研发过程成为可能（戚聿东和肖旭，2020）。打破组织内“信息孤岛”的互联技术也确保了制造业企业从采购、生产到研发的全面联动，进一步为制造业企业动态调整时的高效率与低成本提供保障（曾德麟等，2021）。基于上述分析，提出以下研究假设：

假设 2：动态能力在数字化转型与制造业企业绿色创新间起中介作用。

四　环境规制与市场竞争的调节作用

动态能力理论认为，作为战略资源，动态能力对企业行为决策的影响应被置于特定场景中（Teece，2007）。绿色创新作为指向环境保护的创新行为，具高风险、高投入和双重外部性等特征，会导致制造业企业绿色创新动力不足（王永贵和李霞，2023）。这一困境有赖于“有为政府”和“有效市场”的共同作用。具体而言，作为影响企业绿色创新决策的重要力量，环境规制和市场竞争会增强或弱化动态能力对制造业企业绿色创新的促进效应。

一方面，环境规制是政府部门为降低环境污染、避免资源浪费而制定的节能减排相关政策法规与规章制度，是促进企业加强环境保护的约束力量（邢丽云等，2022）。在强环境规制的区域，面对着更大环保压力和更高成本的非环保行为，制造业企业必须兼顾环境效益和经济效益（郭捷和杨立成，2020）。面对强环境规制，具有较强动态能力的制造业企业能更准确把握市场动态、寻求有价值的绿色创新信息与知识，并将之与组织业务、流程与管理整合，实现绿色创新资源的优化配置，在降低绿色创新成本的同时提高绿色创新效率（邢丽云等，2022）。当环境规制较弱时，即便具备强动态能力，制造业企业也会因绿色创新的高风险、强双重外部性等特点而不愿开展绿色创新（邢丽云等，2022）。

另一方面，市场竞争可被视为企业间资源优化配置的调节机制，是影响制造业企业绿色创新决策的关键因素（宋清和刘奕惠，2021）。如前所述，绿色创新的推进需要制造业企业投入大量人力、物力和财力，且创新效益不明确、回收周期长、风险难预估（王旭等，2022）。因此，当区域的市场竞争程度较高时，为了寻求利润最大化和收益的稳定性，制造业企业往往更倾向于投资风险较低且回报稳定的项目（宋清和刘奕惠，2021）。这种风险规避决策偏好导致了制造业企业即便拥有较强动态能力，也不会将绿色创新活动作为自身的投资首选。与之相对，当市场竞争程度较低时，竞争对手的可见程度相对较高，具有强动态能力的制造业企业能够更快捷地获取竞争对手的绿色创新相关信息从而提高自身创新效率（纪炀等，2019）。同时，当市场竞争程度较低时，制造业企业所面临的绩效压力也相对较小，便于对相对充裕的资金、人员等创新资源实现优化配置，最终增加了绿色创新的产出（焦豪等，2021）。综上所述，提出以下研究假设：

假设3：环境规制对动态能力与制造业企业绿色创新起正向调节作用。

假设4：市场竞争对动态能力与制造业企业绿色创新起负向调节作用。

五　环境规制、市场竞争对中介效应的调节作用

在中介机制的前半段路径中，数字化转型有利于制造业企业动态能力提升。但是，这一机制的产生源自制造业企业以ABCD数字技术为核心对自身管理模式、业务流程与研发过程等进行全面改造（戚聿东和肖旭，2020），从而实现自身感知能力、获取能力和重构能力的提升。这一过程在一定程度上受到外部经济、技术等宏观环境的影响，且由主导企业带动（陈庆江等，2021），但更多的是企业内部的重塑与改造。因而，环境规制和市场竞争对前半段的调节效应可能有限，更多的是对后半段的调节效应产生增强或弱化作用。据此，提出如下假设：

假设5：环境规制对动态能力在数字化转型与制造业企业绿色创

新之间的中介效应具有正向调节作用，该正向调节作用主要发生在后半段。

假设6：市场竞争对动态能力在数字化转型与制造业企业绿色创新之间的中介效应具有负向调节作用，该负向调节作用主要发生在后半段。

第三节　变量测量与模型设定

一　样本选择与数据来源

选取2011~2021年我国沪深A股制造业上市公司作为初始研究样本。数字化转型的效应发挥及专利产出需要一定的时间，因此将企业绿色创新数据观察期前置一期。具体而言，绿色创新样本采集期为2012~2021年，其他变量的样本数据采集期为2011~2020年。

数据来源于国家统计局、国泰安（CSMAR）、万得（Wind）及中国研究数据服务平台（CNRDS）数据库，并经过以下操作对样本进行初步的筛选：删除样本期退市的企业；剔除ST、*ST、S*ST等特殊处理样本；删除变量缺失及异常的样本。

此外，为避免异常值对样本分析产生干扰，对连续变量均进行了上下1%水平的缩尾处理。经筛选后最终获得2192家企业，共15255个观测值。

二　变量定义与测量

（一）被解释变量

绿色创新（*GPAT*）。参考成琼文和陆思宇（2023）、邢丽云等（2022）的研究，采用将绿色实用新型和绿色发明专利申请数量求和并加 1 后取自然对数方式衡量绿色创新。

（二）解释变量

数字化转型（*DT*）。借鉴吴非等（2021）的研究，使用文本分析方法，采用将年报数据进行词频数加总并加 1 后取自然对数的方式衡量数字化转型。

（三）中介变量

动态能力（*DyCap*）。参考相关研究（杨林等，2020）将研发支出比（研发支出与总资产之比）、本科以上员工的比例（本科以上员工数占总员工的比例）和资产报酬率（净利润与总资产之比）标准化后取均值以衡量动态能力。

（四）调节变量

环境规制（*EnvRe*）和市场竞争（*Comp*）。环境规制参考刘荣增和何春（2021）的研究，用省级工业污染治理投资完成额占第二产业增加值的比重衡量。市场竞争参考纪炀等（2019）的研究，用赫芬达尔指数（行业各公司营业收入占行业总营业收入比重的平方和）进行衡量。当行业赫芬达尔指数低于中位数时，表明企业面临的市场竞争激烈，赋值为 1，反之为 0。

（五）控制变量

参考以往研究，选择以下控制变量：企业规模（*Size*，企业总资产的自然对数）、企业年限（*Age*，企业成立年限的自然对数）、产权性质（*State*，国有企业赋值 1，其他为 0）、两职合一（*Dual*，董事长兼任总经理赋值 1，其他为 0）、独董比例（*Indr*，独立董事与董事会总人数之比）、董事会规模（*Board*，董事会总人数加 1 取自然对数）。

三　模型构建

参考温忠麟等（2004）的研究，检验动态能力在数字化转型与绿色创新间的中介效应：

$$GPAT_{i,t+1} = \alpha_0 + \alpha_1 DT_{i,t} + \sum \beta_i Control_{i,t} + \sum Firm + \sum Year + \varepsilon_{i,t}$$

$$DyCap_{i,t} = \gamma_0 + \gamma_1 DT_{i,t} + \sum \delta_i Control_{i,t} + \sum Firm + \sum Year + \varepsilon_{i,t}$$

$$GPAT_{i,t+1} = \omega_0 + \omega_1 DT_{i,t} + \omega_2 DyCap_{i,t} + \sum \sigma_i Control_{i,t} + \sum Firm + \sum Year + \varepsilon_{i,t}$$

其中，*GPAT* 为绿色创新，*DT* 为数字化转型，*DyCap* 为动态能力，*Control* 为控制变量，*Firm* 与 *Year* 分别代表企业固定效应与年份固定效应，ε 为随机扰动项，i 代表企业，t 代表年份。

借鉴温忠麟和叶宝娟（2014）的研究，检验有调节的中介效应。首先，检验调节变量对主效应的调节（c_3）：

$$GPAT_{i,t+1} = c_0 + c_1 DT_{i,t} + c_2 U_{i,t} + c_3 U_{i,t} \times DT_{i,t} + \sum \varphi_i Control_{i,t} + \sum Firm + \sum Year + \varepsilon_{i,t}$$

其中，U 为调节数量。

其次，检验调节变量对自变量与中介变量关系的调节（a_3）、对自变量的回归系数（a_1）：

$$DyCap_{i,t} = a_0 + a_1 DT_{i,t} + a_2 U_{i,t} + a_3 U_{i,t} \times DT_{i,t} + \sum \mu_i Control_{i,t} + \sum Firm + \sum Year + \varepsilon_{i,t}$$

最后，若 c_3 不显著使用如下公式：

$$GPAT_{i,t+1} = c_0 + c_1 DT_{i,t} + c_2 U_{i,t} + b_1 DyCap_{i,t} + b_2 U_{i,t} \times DyCap_{i,t} + \sum \lambda_i Control_{i,t} + \sum Firm + \sum Year + \varepsilon_{i,t}$$

若 c_3 显著使用如下公式：

$$GPAT_{i,t+1} = c_0 + c_1 DT_{i,t} + c_2 U_{i,t} + c_3 U_{i,t} \times DT_{i,t} + b_1 DyCap_{i,t} + b_2 U_{i,t} \times DyCap_{i,t}$$

$$+\sum \lambda_i Control_{i,t}+\sum Firm+\sum Year+\varepsilon_{i,t}$$

具体判断标准如下：若 a_1 和 b_2 均显著，则调节变量对中介机制的后半段路径具有调节效应；若 a_3 和 b_1 均显著，则调节变量对中介机制的前半段路径具有调节效应；若 a_3 和 b_2 均显著，则调节变量对中介机制的前后路径均具有调节效应。

第四节　实证结果与分析

一　描述性统计与相关系数

各研究变量的均值、标准差等描述性统计与相关系数如表 7-1 所示。

表 7-1　变量描述性统计与相关系数（N=15384）

变量	*GPAT*	*DT*	*DyCap*	*EnvRe*	*Comp*	*Size*
GPAT	1.000					
DT	0.184***	1.000				
DyCap	0.204***	0.306***	1.000			
EnvRe	-0.011	-0.167***	-0.072***	1.000		
Comp	-0.035***	0.008	0.207***	-0.037***	1.000	
Size	0.301***	0.118***	0.048***	0.049***	-0.111***	1.000
Age	-0.031***	0.068***	0.038***	-0.048***	-0.038***	0.206***
State	0.107***	-0.083***	0.092***	0.108***	-0.027***	0.343***
Dual	-0.028***	0.058***	0.005	-0.105***	0.046***	-0.177***
Indr	0.009	0.082***	0.038***	-0.052***	0.031***	-0.009
Board	0.080***	-0.081***	-0.003	0.111***	-0.050***	0.239***
均值	0.539	1.152	0.368	0.002	0.493	21.979
标准差	0.922	1.231	0.058	0.001	0.500	1.143
最小值	0.000	0.000	0.292	0.000	0.000	20.000
最大值	4.007	4.543	0.574	0.008	1.000	25.450
中位数	0.000	0.693	0.353	0.002	0.000	21.815

续表

变量	*Age*	*State*	*Dual*	*Indr*	*Board*
GPAT					
DT					
DyCap					
EnvRe					
Comp					
Size					
Age	1.000				
State	0.198***	1.000			
Dual	-0.097***	-0.289***	1.000		
Indr	-0.008	-0.054***	0.104***	1.000	
Board	0.055***	0.252***	-0.170***	-0.573***	1.000
均值	2.780	0.262	0.321	0.375	2.230
标准差	0.354	0.440	0.467	0.053	0.164
最小值	1.609	0.000	0.000	0.333	1.792
最大值	3.434	1.000	1.000	0.571	2.639
中位数	2.833	0.000	0.000	0.333	2.303

注：*、**、*** 分别表示在10%、5%、1%的水平下显著。

由表7-1可知，数字化转型的均值为1.152，标准差为1.231、最小值与最大值分别为0和4.543，表明样本企业的数字化转型程度差异较大；绿色创新的均值为0.539，标准差为0.922，最小值和最大值分别为0和4.007，表明样本企业的绿色创新也具有较大差异。数字化转型与绿色创新之间呈现显著正相关关系，动态能力与数字化转型、绿色创新均呈现显著正相关关系。

二　基准回归分析

控制企业和年份后开展多元线性回归，结果如表7-2所示。由

表 7-2 的第（1）列可知，数字化转型对绿色创新的影响系数为 0.036（p<0.01），表明数字化转型显著正向影响制造业企业绿色创新，假设 1 得以验证。表 7-2 的第（2）列显示了数字化转型对动态能力的影响系数为 0.002（p<0.01）。第（3）列显示了数字化转型、动态能力对绿色创新的影响系数分别为 0.035（p<0.01）和 0.692（p<0.01）。因此，假设 2 得以验证。

表 7-2 基准回归模型结果

变量	(1)	(2)	(3)
	GPAT	*DyCap*	*GPAT*
DT	0.036*** (4.960)	0.002*** (5.770)	0.035*** (4.810)
DyCap			0.692*** (2.920)
Size	0.034** (2.340)	0.002*** (3.130)	0.033** (2.260)
Age	-0.062 (-0.770)	-0.022*** (-7.310)	-0.047 (-0.580)
State	-0.019 (-0.480)	-0.001 (-0.900)	-0.018 (-0.450)
Dual	0.002 (0.130)	0.000 (0.450)	0.002 (0.120)
Indr	-0.128 (-0.710)	0.020*** (2.980)	-0.141 (-0.790)
Board	-0.023 (-0.340)	0.007*** (2.630)	-0.028 (-0.410)
常数项	0.025 (0.060)	0.368*** (24.340)	-0.230 (-0.550)
观测值	15384	15384	15384
R^2	0.722	0.906	0.722
企业固定效应	是	是	是
年份固定效应	是	是	是

注：*、**、*** 分别表示在 10%、5%、1%的水平下显著。

三 有调节的中介路径

进一步检验环境规制和市场竞争对中介机制的调节作用，如表 7-3 所示。

表 7-3 的第（1）列显示，环境规制与数字化转型的交乘项对绿色创新的回归系数为 6. 725（p<0. 05）。

由表 7-3 的第（2）列可知，数字化转型对动态能力的回归系数为 0. 001（p<0. 01），环境规制与数字化转型的交乘项对动态能力的回归系数为 0. 077 但并不显著。由第（3）列可知，环境规制与动态能力的交乘项对绿色创新的回归系数为 137. 461（p<0. 1），假设 3 得以验证。同时，证实环境规制增强了动态能力在数字化转型与绿色创新间的中介作用，且调节效应发生在后半段，验证假设 5。

同样的，表 7-3 的第（4）～（6）列呈现了市场竞争对动态能力在数字化转型与绿色创新间的中介作用的调节效应。由第（4）列可知，市场竞争与数字化转型的交乘项对绿色创新的回归系数为 -0. 055（p<0. 01）。由第（5）列可知，数字化转型对动态能力的回归系数为 0. 002（p<0. 01），市场竞争与数字化转型的交乘项对动态能力的回归系数为-0. 000 且不显著。由第（6）列可知，市场竞争与动态能力的交乘项对绿色创新的回归系数为-0. 918（p<0. 05），假设 4 得以验证，同时，验证假设 6，即市场竞争弱化了动态能力在数字化转型与绿色创新间的中介作用，且该调节效应发生在后半段。

表 7-3 有调节的中介效应结果

变量	(1)	(2)	(3)	(4)	(5)	(6)
	GPAT	*DyCap*	*GPAT*	*GPAT*	*DyCap*	*GPAT*
DT	0. 024***	0. 001***	0. 027***	0. 063***	0. 002***	0. 059***
	(2. 580)	(4. 100)	(2. 820)	(6. 760)	(4. 860)	(6. 250)

续表

变量	(1) *GPAT*	(2) *DyCap*	(3) *GPAT*	(4) *GPAT*	(5) *DyCap*	(6) *GPAT*
EnvRe	-2.908 (-0.470)	-0.756*** (-3.320)	-51.356* (-1.830)			
EnvRe×DT	6.725** (1.990)	0.077 (0.620)	4.629 (1.300)			
DyCap			0.422 (1.490)			1.201*** (3.650)
EnvRe×DyCap			137.461* (1.790)			
Comp				0.065* (1.880)	0.006*** (4.590)	0.379*** (2.63)
Comp×DT				-0.055*** (-4.640)	-0.000 (-0.670)	-0.049*** (-4.030)
Comp×DyCap						-0.918** (-2.270)
Size	0.035** (2.390)	0.002*** (3.230)	0.034** (2.340)	0.035** (2.430)	0.002*** (3.040)	0.034** (2.320)
Age	-0.059 (-0.720)	-0.022*** (-7.270)	-0.044 (-0.540)	-0.052 (-0.640)	-0.021*** (-7.150)	-0.037 (-0.460)
State	-0.017 (-0.420)	-0.001 (-0.910)	-0.016 (-0.390)	-0.017 (-0.410)	-0.001 (-0.890)	-0.017 (-0.420)
Dual	0.002 (0.130)	0.000 (0.450)	0.002 (0.110)	0.002 (0.130)	0.000 (0.500)	0.002 (0.100)
Indr	-0.127 (-0.710)	0.020*** (2.990)	-0.141 (-0.790)	-0.119 (-0.660)	0.020*** (2.970)	-0.126 (-0.710)
Board	-0.024 (-0.350)	0.007*** (2.64)	-0.029 (-0.430)	-0.018 (-0.270)	0.007*** (2.660)	-0.021 (-0.300)
常数项	0.005 (0.010)	0.368*** (24.330)	-0.162 (-0.380)	-0.080 (-0.190)	0.365*** (24.090)	-0.498 (-1.170)
观测值	15384	15384	15384	15384	15384	15384
R^2	0.722	0.906	0.723	0.723	0.906	0.723
企业固定效应	是	是	是	是	是	是
年份固定效应	是	是	是	是	是	是

注：*、**、*** 分别表示在 10%、5%、1%的水平下显著。

四 稳健性检验

为确保以上研究结论的稳健性，采用替换解释变量的测量方式、替换被解释变量的测量方式，检验结果如表 7-4 所示。首先，更换解释变量的衡量方式。参考肖静和曾萍（2023）的研究，以“数字技术运用”维度词频加 1 后取自然对数作为数字化转型的替代变量。将其代入基准模型后，回归结果见表 7-4 第（1）~（3）列。其次，更换被解释变量的衡量方式。参考成琼文和陆思宇（2023）的研究，使用绿色发明专利申请量对企业绿色创新进行衡量，将其代入基准回归模型后，结果如表 7-4 中第（4）~（6）列所示。由表 7-4 可知，在更换解释变量与被解释变量的衡量方式后，研究结论依旧成立。

表 7-4 替换解释变量与被解释变量衡量方式的稳健性检验结果

变量	(1) *GPAT*	(2) *DyCap*	(3) *GPAT*	(4) *GPAT*	(5) *DyCap*	(6) *GPAT*
DT	0.039*** (4.760)	0.001*** (4.860)	0.038*** (4.630)	0.028*** (4.620)	0.002*** (5.770)	0.027*** (4.470)
DyCap			0.703*** (2.960)			0.598*** (3.060)
Size	0.037** (2.530)	0.002*** (3.410)	0.035** (2.440)	0.035*** (2.920)	0.002*** (3.130)	0.034*** (2.830)
Age	-0.060 (-0.750)	-0.022*** (-7.300)	-0.045 (-0.560)	-0.048 (-0.720)	-0.022*** (-7.310)	-0.035 (-0.530)
State	-0.019 (-0.470)	-0.001 (-0.920)	-0.018 (-0.450)	0.010 (0.310)	-0.001 (-0.900)	0.011 (0.340)
Dual	0.002 (0.120)	0.000 (0.430)	0.002 (0.110)	0.001 (0.060)	0.000 (0.450)	0.001 (0.050)

续表

变量	(1) GPAT	(2) DyCap	(3) GPAT	(4) GPAT	(5) DyCap	(6) GPAT
Indr	-0.131 (-0.730)	0.019*** (2.960)	-0.145 (-0.810)	-0.061 (-0.420)	0.020*** (2.980)	-0.073 (-0.490)
Board	-0.021 (-0.310)	0.007*** (2.680)	-0.026 (-0.380)	-0.015 (-0.270)	0.007*** (2.630)	-0.019 (-0.340)
常量	-0.028 (-0.070)	0.365*** (24.180)	-0.285 (-0.680)	-0.244 (-0.720)	0.368*** (24.340)	-0.465 (-1.340)
观测值	15384	15384	15384	15384	15384	15384
R^2	0.722	0.906	0.722	0.717	0.906	0.717
企业固定效应	是	是	是	是	是	是
年份固定效应	是	是	是	是	是	是

注：*、**、***分别表示在10%、5%、1%的水平下显著。

五　内生性检验

采用被解释变量前置两期、PSM检验和工具变量法检验研究的内生性问题，检验结果如表7-5至表7-7所示。

第一，被解释变量前置两期。上文将绿色创新前置一期进行回归。为检验研究的内生性问题，将其前置两期代入回归模型，结果如表7-5的第（1）~（3）列所示。可知，数字化转型对绿色创新的回归系数为0.021（$p<0.01$），数字化转型对动态能力的回归系数为0.002（$p<0.01$），数字化转型、动态能力对绿色创新的回归系数分别是0.020（$p<0.05$）和0.568（$p<0.05$）。换言之，被解释变量前置两期后，研究结论依旧显著。

表 7-5　被解释变量前置两期的内生性检验

变量	(1) *GPAT*	(2) *DyCap*	(3) *GPAT*
DT	0.021*** (2.600)	0.002*** (5.450)	0.020** (2.480)
DyCap			0.568** (2.200)
Size	0.004 (0.220)	0.002*** (3.470)	0.002 (0.150)
Age	0.067 (0.730)	-0.024*** (-7.080)	0.081 (0.880)
State	-0.012 (-0.240)	-0.002 (-0.850)	-0.011 (-0.230)
Dual	0.022 (1.210)	0.001 (0.870)	0.022 (1.190)
Indr	0.045 (0.230)	0.019*** (2.660)	0.034 (0.170)
Board	0.013 (0.170)	0.006** (2.100)	0.010 (0.130)
常量	0.209 (0.450)	0.364*** (21.360)	0.002 (0.000)
观测值	13132	13132	13132
R^2	0.733	0.903	0.733
企业固定效应	是	是	是
年份固定效应	是	是	是

注：*、**、***分别表示在10%、5%、1%水平下显著。

第二，PSM检验。首先，参考以往研究，依据企业数字化程度对样本分组，其中数字化程度大于样本中位数的赋值为1，设为处理组；小于样本中位数的赋值为0，设为对照组。其次，将企业规模、企业年限、产权性质、两职合一、独董比例、董事会规模设为协变量，使用Logit回归观测样本的倾向性得分值并进行半径匹配和核匹配。结果显示，匹配后标准化偏差值均小于5%，T检验结果亦表明特征变量不存在显著差异。通过半径匹配平衡性检验和核匹配平衡性检验显示，经过数字化转型程度匹配后，协变量标准化偏差明显降低，数字化程度大于中位数的样本和小于中位数的样本之间差异显著降低，证明了PSM匹配结果的可靠性。半径匹配和核匹配ATT效应对应的t检验值远大于2.5758（p<0.01），说明处理组平均处理效应显著。最后，将PSM处理后的数据进行基准模型回归，结果如表7-6所示。其中，表7-6中第（1）~（3）列为半径匹配结果，第（4）~（6）列为核匹配结果。

由表7-6可知，无论是半径匹配后的回归结果还是核匹配后的回归结果，数字化转型的虚拟变量对绿色创新的影响均在0.05水平下显著，其对动态能力的影响均在0.01水平下显著，且检验数字化转型的虚拟变量与动态能力对绿色创新的影响时，前者至少在0.05水平下显著，后者在0.01水平下显著。所以，经过PSM检验后，上文研究结论依旧成立。

表7-6 PSM匹配后的回归结果

变量	半径匹配			核匹配		
	(1)	(2)	(3)	(4)	(5)	(6)
	GPAT	*DyCap*	*GPAT*	*GPAT*	*DyCap*	*GPAT*
Dum_DT	0.034** (2.530)	0.001*** (2.600)	0.033** (2.460)	0.034** (2.530)	0.001*** (2.610)	0.033** (2.460)
DyCap			0.721*** (3.040)			0.722*** (3.040)
Size	0.040*** (2.750)	0.002*** (3.730)	0.038*** (2.650)	0.040*** (2.750)	0.002*** (3.730)	0.038*** (2.650)
Age	-0.064 (-0.780)	-0.022*** (-7.270)	-0.048 (-0.590)	-0.064 (-0.790)	-0.022*** (-7.290)	-0.049 (-0.600)

续表

变量	半径匹配			核匹配		
	(1)	(2)	(3)	(4)	(5)	(6)
	GPAT	*DyCap*	*GPAT*	*GPAT*	*DyCap*	*GPAT*
State	-0.023	-0.002	-0.022	-0.023	-0.002	-0.022
	(-0.560)	(-1.030)	(-0.540)	(-0.560)	(-1.030)	(-0.540)
Dual	0.002	0.000	0.002	0.002	0.000	0.002
	(0.130)	(0.450)	(0.120)	(0.120)	(0.440)	(0.110)
Indr	-0.128	0.019***	-0.142	-0.128	0.019***	-0.142
	(-0.710)	(2.930)	(-0.790)	(-0.720)	(2.930)	(-0.790)
Board	-0.015	0.007***	-0.020	-0.016	0.007***	-0.021
	(-0.230)	(2.720)	(-0.300)	(-0.240)	(2.700)	(-0.310)
常量	-0.090	0.362***	-0.351	-0.084	0.362***	-0.346
	(-0.220)	(23.930)	(-0.840)	(-0.210)	(23.960)	(-0.820)
观测值	15365	15365	15365	15369	15369	15369
R^2	0.720	0.906	0.721	0.721	0.906	0.722
企业固定效应	是	是	是	是	是	是
年份固定效应	是	是	是	是	是	是
ATT		0.227***			0.232***	

注：*、**、***分别表示在10%、5%、1%的水平下显著。

第三，工具变量法。参考何帆和刘红霞（2019）的研究，将数字化转型滞后一期作为工具变量（*IV*）进行内生性检验，结果见表7-7。

表7-7　数字化滞后一期的工具变量法

变量	(1)	(2)
	DT	*GPAT*
DT		0.049***
		(2.640)
IV	0.425***	
	(38.780)	

续表

变量	(1) *DT*	(2) *GPAT*
Size	0.146*** (8.140)	0.029* (1.660)
Age	-0.200** (-2.100)	-0.024 (-0.27)
State	-0.117** (-2.530)	-0.017 (-0.400)
Dual	-0.010 (-0.530)	0.009 (0.540)
Indr	-0.087 (-0.420)	-0.156 (-0.830)
Board	0.132* (1.670)	-0.007 (-0.110)
观测值	14318	14318
R^2		0.036
企业固定效应	是	是
年份固定效应	是	是
Kleibergen-Paap rk LM		1033.354***
Cragg-Donald Wald F		2761.634
Kleibergen-Paap rk Wald F		1503.541

注：*、**、*** 分别表示在 10%、5%、1% 的水平下显著，括号内为稳健标准误。

表 7-7 的第（1）列为第一阶段回归，*IV* 对数字化转型的回归系数为 0.425（p<0.01），满足工具变量相关性要求。第（2）列为第二阶段回归，Kleibergen-Paap rk LM 统计量显著，拒绝工具变量识别不足的原假设。Cragg-Donald Wald F、Kleibergen-Paap rk Wald F 统计量分别为 2761.634、1503.541，远大于 Stock-Yogo 弱工具变量识别 F 检验在 10%显著性水平上的临界值，拒绝了弱工具变量的原假设，表明工具变量的选择具有合理性。可知，数字化转型对绿色创新的回归系数为 0.049（p<0.01），原假设依旧成立。

第五节 本章小结

新型工业化背景下，制造业企业高质量发展的本质是以数字化转型为手段实现绿色发展。然而，当前针对数字化转型与制造业企业绿色创新的作用效果、内在机制与边界条件等仍未达成共识，有待进一步明晰。基于此，本章以 2011～2021 年沪深 A 股制造业上市公司为研究样本，在动态理论视角下构建并检验了以数字化转型为解释变量、以绿色创新为被解释变量、以动态能力为中介变量、以环境规制和市场竞争为调节变量的被调节的中介模型。经过基准模型回归分析、有调节的中介模型检验、稳健性检验、内生性检验等实证分析，得出如下研究结论：数字化转型通过帮助制造业企业增强感知能力、获取能力和重构能力从而对绿色创新产生促进效应；制造业企业所处区域的环境规制越严，该促进效应越显著；制造业企业所处区域的市场竞争越激烈，该促进效应越被弱化。

第八章　数字化转型与高碳企业碳绩效

第一节　研究问题提出

改革开放以来，中国经济飞速发展，现已成为世界第二大经济体。然而，传统增长模式也带来了较大的环境与资源压力（黄速建等，2018）。为实现经济与生态的协调发展，我国政府秉承构建人类命运共同体的理念，坚定实施“双碳”战略。在此背景下，我国制造业企业，尤其是高碳行业企业如何在落实“双碳”战略的同时保障经济效益稳步增加，事关我国经济能否顺利推进高质量发展。

近年，数字技术迅猛发展并与实体经济深度融合，我国经济发展日趋数智化与智能化（单宇等，2021；罗斌元和陈艳霞，2022）。《中国数字经济发展与就业白皮书（2021年）》显示，截至2020年，数字经济规模占国内生产总值的比重已接近40%。党的二十大报告强调，加快发展数字经济、促进数字经济和实体经济深度融合。已有研究表明，数字技术有助于企业提高市场价值、增加创新产出和提升全要素生产率（曾德麟等，2021；董晓松等，2021；许龙等，2023），也能够为节能减排与排污防治提供新的解决方案（成琼文和陆思宇，2023；靳毓等，2022；邢明强和许龙，2024），对高碳企业实现“绿色化—经济效益”的协同而言具有较大价值。然而，多数高碳企业仍面临转型动力不足、专业投入不足、预期成效不明显等问题（王霞等，2020），急需借助数字技术寻求更加精准且具有操作性的绿色转型。为此，国家近年来陆续出台了多项鼓励政策，要求各行业在数字技术的支撑下加快绿色化转型。《“十四五”国家信息化规划》明确指出，要深入推进绿色智慧生态文明建设，推动数字化绿色化协同发展。已有研究发现，数字技术的嵌入有利于激发创新、提升生产效率、节约成本等，从而助力企业减少碳排放，真正意义上实现数字化与绿色化双化协同（刘宇等，2025）。

值得注意的是，企业数字化转型本质上是一种系统性战略变革过程，旨在借助人工智能、云计算、大数据和区块链等底层技术重塑经营模式、流程与能力。数字技术能够助力企业跨越时空的限制，打破“信息孤岛”，紧密连接外部市场，获取海量的信息并挖掘出信息资源的核心价值，支撑企业决策（林琳和吕文栋，2019）。数字技术能够使企业更好地整合内外部资源，增加创新产出。企业在数字技术的加持下，能够逐渐转变发展方式从而实现高质量发展（王晓红等，2022；朱长宁和李宏伟，2024）。从动态能力的角度，数字技术可赋能企业快速识别市场机会，响应市场变化与需求（吴瑶等，2022；邢明强和许龙，2024；徐细雄等，2023）。内部而言，数字技术可赋能企业精准掌控内部运作流程，以更加科学的方式优化甚至重塑运作流程，提高效率，节约成本（马鸿佳等，2024）。然而，有学者认为当数字技术应用程度提升到一定阶段后，可能存在负向作用。庞瑞芝和刘东阁（2022）认为，数字技术应用与企业创新之间存在倒“U”形关系。综上，已有文献从技术创新、运营效率等角度对数字化转型的正向影响进行了初步论证，但在ABCD数字技术及其组合如何影响企业碳绩效这一问题上缺乏共识，尚待进一步研究。尤其是高碳企业如何通过数字技术组合实现碳绩效提升这一命题对企业和政策部门而言均具有深远的意义。

基于此，本章将研究对象锚定高碳行业，并将数字化转型的四类底层核心技术（人工智能、区块链、云计算与大数据）纳入研究模型，利用 fsQCA 方法，探索其不同组合对碳绩效的影响。

第二节　理论分析与假设提出

数字技术是高碳企业数字化转型的关键，通常包括人工智能、区块链、云计算和大数据四种核心底层技术（吴非等，2021）。这些技术既具备相对独立的功能与运行逻辑，也能在企业的生产运营和管理决策中形成协同效应。对高碳企业而言，这四种数字技术的应用能带来创新效率的提升，也能帮助其在碳减排和绿色转型上取得突破。

学界关于数字技术应用的研究多蕴含着数字化转型因素，部分研究将其等同于数字化转型。王海花等（2023）基于资源基础观和制度理论发现，数字技术应用能助力企业精准监管生产流程、优化能源消费结构、减少资源浪费，进而提升可持续发展绩效。肖静和曾萍（2023）指出，数字技术应用能够赋能企业将原有产品与服务和数字技术相结合，引发更多的绿色技术产出以及更有效地流程优化。整体看来，已有文献多是将数字化转型视作整体系统变革来开展研究，尚未明晰不同底层技术应用对企业组织层面结果的影响效果与机制。

碳绩效亦是“双碳”背景下研究的焦点之一。周志方等（2019）发现，具备较高碳风险意识的企业通过促进低碳技术创新来实现碳绩效的提升。潘雄锋和袁赛（2023）发现，重污染企业的碳披露具有治理效应，可通过绿色技术创新和绿色运营创新，达到碳绩效提升的效果。李勇和缪彬（2022）从内部与外部两个角度梳理了碳绩效的影响因素，识别了包括传统能源损耗、污染物排放、低碳行为、董事会特征、碳信息披露等内部因素和政府、利益相关者、社会公众等外部因素对企业碳绩效的影响。

一　人工智能应用与高碳企业碳绩效

人工智能作为数字化转型的核心驱动力，通过机器学习、深度学习等先进算法，为高碳企业提供了实时决策与流程优化能力支持，从而显著提升了碳绩效。高碳行业的生产过程通常具有能耗高、工艺参数复杂的特点，传统生产模式依赖人工经验或静态规则进行调控，难以实现精细化控制，导致能源浪费与过量排放（周志方等，2019）。AI技术通过整合多源传感器数据，能够对生产过程中的关键参数（如温度、压力、流量等）进行实时监测与动态预测，并基于算法模型自动调整工艺参数，从而提升能源利用效率，减少不必要的碳排放。

此外，高碳企业的核心设备（如锅炉、反应器、压缩机等）在运行过程中一旦发生故障，不仅会导致生产中断和产能浪费，还可能因设备低效运行或紧急维修而引发额外的碳排放。传统的设备维护模式通常为定期检修或事后维修，难以有效预防突发故障。基于AI的预测性维护模型，可通过分析设备运行数据（如振动、温度、压力等），精准识别潜在故障隐患，并提前安排维护或更换零部件，从而避免因设备突发故障或低效运行导致的碳排放异常攀升。

与此同时，高碳企业在生产运营中往往面临资源成本、排放强度、产品质量等多重目标的权衡问题，传统优化方法难以在复杂约束条件下找到最优解。AI技术通过构建多目标优化模型，能够兼顾经济效益与环境绩效，在满足生产约束条件的前提下，找到资源消耗与碳排放的最佳平衡点。例如，在化工生产中，AI系统可以综合考虑原料成本、能源消耗、排放限额等因素，动态优化生产计划与工艺参数，在保证产品质量的同时实现碳排放最小化。

综上所述，AI技术通过精准调控生产工艺、实现预测性设备维护以及支持多目标优化决策，为高碳企业的碳绩效提升赋能。

二　区块链应用与高碳企业碳绩效

区块链技术凭借分布式存储、共识机制和不可篡改等特性，为高碳企业的碳绩效提升提供了全新的技术路径。通过确保数据的透明性、安全性与可追溯性，区块链不仅能够优化企业内部碳排放管理，还能为绿色供应链构建和绿色金融发展提供有力支持，从而全方位赋能高碳企业的低碳转型。

首先，区块链技术能够显著提升碳排放数据的透明性与可信度。高碳企业的生产环节复杂，排放数据来源多样，传统的数据记录方式容易受到人为干扰，存在数据篡改或“粉饰”的风险。通过将生产环节和排放信息加密上链，区块链技术能够确保数据的真实性与不可篡改性，为内部管理和外部监管提供可靠依据。例如，企业可以将能源消耗、废气排放等关键数据实时上链，形成可追溯、可验证的碳排放记录。这不仅有助于企业准确评估自身碳绩效，还能为内部诊断能耗瓶颈、优化生产工艺提供数据支持。同时，透明的排放数据也能够增强企业对外披露的公信力，为构建绿色品牌形象奠定基础。

其次，区块链技术在绿色供应链管理中的应用能够帮助企业实现全生命周期的碳排放追溯与优化。高碳企业的碳排放不仅来源于自身生产环节，还与其供应链上下游的能源消耗和环保表现密切相关。区块链的防篡改特性可用于记录和追溯原材料开采、生产、运输、分销等各环节的碳排放数据，帮助企业识别供应链中的高耗能或高排放节点。这种全链条的碳排放管理不仅能够提升企业整体碳绩效，还能推动供应链上下游的协同减排。

最后，区块链技术在绿色金融与碳交易领域的应用为高碳企业提供了新的融资渠道和减排激励。高碳行业在设备升级、工艺改进等方面往往需要大量资金支持，而传统融资方式存在信息不对称、信用评估难等问题。区块链技术通过构建去中心化、可验证的碳排放数据平台，能够为绿色金融产品（如绿色债券、绿色贷款）和碳交易市场提供更具公信力的数据支撑。例如，企业可以将经过区块链验证的碳排放数据作为绿色融资的信用凭证，降低融资成本；同时，区块链技术还能够优化碳交易流程，提高交易效率，降低交易成本，从而激励企业积极参与碳市场，实现减排目标。

综上所述，区块链技术通过提升碳排放数据透明度、优化绿色供应链管理以及支持绿色金融与碳交易，为高碳企业的碳绩效提升赋能。

三 云计算应用与高碳企业碳绩效

云计算作为一种高效、灵活的信息技术基础设施，具有弹性算力、按需付费和虚拟化资源等特性，为高碳企业的节能降碳提供了全新的技术路径支撑。其核心价值在于帮助企业优化资源配置、降低运营能耗，并通过数字化手段实现生产流程的低碳化转型。

首先，云计算的弹性资源供给模式显著降低了高碳企业的 IT 基础设施能耗。传统模式下，企业需要自建高能耗的数据中心以满足算力需求，这不仅导致大量的能源浪费，还增加了设备维护和更新的成本。云计算通过按需分配算力的方式，使企业能够在需要时租用云端资源，运行复杂的能耗预测模型或低碳工艺模拟程序；在算力需求较低时，则可及时减少资源使用，避免不必要的能源消耗。

其次，云计算支持高碳企业实现远程协同与虚拟化管理，从而减少因地理分散而带来的额外排放。高碳企业通常具有生产布局分散、供应链复杂的特点，传统的管理模式需要频繁的跨区域调度与人员流动，导致大量的交通排放。云计算通过大规模的数据整合与共享能力，使企业能够在云端统一管理生产、物流、能耗监测等信息，实现跨区域的协同作业。此外，云计算的虚拟化技术还能够支持远程办公与在线协作，进一步减少企业的运营碳足迹。

最后，云计算为高碳企业构建数字孪生系统提供了强大的技术支持，助力企业实现生产流程的低碳化再造。数字孪生技术通过在云端构建物理工厂的虚拟镜像，能够实时模拟生产过程中的能耗与排放情景，帮助企业探索最优的节能方案。

综上所述，云计算通过弹性资源供给、远程协同管理以及数字孪生技术，为高碳企业的碳绩效提升赋能。

四　大数据应用与高碳企业碳绩效

大数据技术凭借着对海量、异构、实时变化信息的采集、存储与分析能力，为高碳企业的碳排放控制与资源利用效率提升提供了强有力的决策支持。通过深度挖掘数据价值，大数据技术能够帮助企业实现供应链优化、内部决策精准化以及市场需求的动态预判，从而全面提升碳绩效。

首先，大数据技术在供应链优化中的应用能够显著降低高碳企业的间接排放。高碳企业的生产与流通环节通常涉及多个能源消耗节点，传统管理模式难以全面掌握供应链各环节的能耗情况。大数据技术通过整合上下游的能源消耗、物流运输、仓储管理等数据，能够动态识别供应链中的薄弱环节，并有针对性地优化资源配置。此外，大数据还能够帮助企业实现库存的动态管理，避免因过度囤积原材料或成品而导致的能源浪费。

其次，大数据技术为高碳企业的内部决策提供了精准支持，助力企业实现生产过程低碳化。高碳企业的生产运行涉及多个部门与环节，传统的数据管理方式往往存在“信息孤岛”问题，难以全面反映生产过程中的能耗与排放情况。通过跨部门数据的汇总与交叉分析，大数据技术能够帮助企业及时发现生产运行异常、设备老化或冗余能源消耗等问题，并制定有针对性的改进方案。

最后，大数据技术在高碳企业的市场预判与客户需求洞察方面发挥着重要作用，帮助企业减少因市场波动而导致的资源浪费。高碳行业的生产通常具有高能耗、高排放的特点，若市场低迷或需求波动时未能及时调整产量，可能导致库存积压与能源无效使用。大数据技术通过分析历史销售数据、市场趋势以及客户行为，能够精准预测需求变化，帮助企业动态调整生产计划。

综上所述，大数据技术通过优化供应链、支持内部决策以及预判市场需求，为高碳企业的碳绩效提升赋能。

五　数字技术组合对高碳企业碳绩效的协同效应

实际而言，数字化转型的四大底层核心技术并非孤立运行，而是具有高度的互补性与协同效应。对于高碳企业而言，单一技术的应用虽能在特定环节提升碳绩效，但通过技术间的深度融合与优势互补，可以构建更加系统化、智能化的碳减排解决方案，从而实现更显著的降碳效果与可持续发展目标。

首先，高碳企业的碳减排需要基于全面、准确的数据支持，而单一技术往往难以满足这一需求。通过区块链、云计算、大数据与 AI 技术的协同，可以构建“数据安全—高效算力—智能决策”的闭环体系，实现碳排放的全流程管控。区块链技术能够确保企业及供应链数据的真实性与不可篡改性，为碳排放管理提供可信的数据基础。云计算提供弹性算力支持，满足大数据分析与 AI 模型训练的高性能计算需求。大数据技术则通过整合生产、物流、能耗等多源数据，挖掘潜在的节能减排机会。AI 技术将数据分析结果用于支撑智能决策或预测，帮助企业优化生产工艺、设备维护与资源配置。

其次，单一技术的过度依赖可能引发 IT 能耗过高、数据安全风险等问题，而多技术的协同应用能够有效降低这些负面外部性。区块链技术的引入可以提高数据的可靠性与合规性，避免因数据篡改或泄露而导致的决策失误。云计算的分布式算力支持能够分散高能耗的计算任务，减轻单一数据中心的能源负担。AI 与大数据的结合则能够优化资源配置，避免因算力浪费或数据冗余而导致的额外能耗。

再次，四大数字技术在生产监控、财务管理、能源配额与供应链追溯等不同环节各具优势，其协同应用能够打破部门壁垒，实现跨部门的能耗优化与碳减排目标。例如，AI 技术可以用于生产设备的智能监控与预测性维护，区块链技术可以确保能耗数据的透明性与可追溯性，云计算平台可以支持跨部门的数据共享与协同分析，大数据技术则能够整合各环节的能耗信息，为企业制定全局性的碳减排策略提供支持。此外，通过区块链的共识机制与云平台的开放架构，高碳企业可以与供应链上下游、金融机构及社会公众构建更加紧密的低碳合作网络。

最后，尽管四大数字技术的协同应用可赋能高碳企业的碳绩效提升，但其实际效果取决于企业的技术部署策略。高碳企业需结合自身行业特征、资源禀赋与技术储备，对数字技术的部署顺序、整合方式与平台选择进行精细化布局。例如，对于能源密集型行业，企业可以优先部署云计算与大数据技术，构建能耗监测与优化平台；对于供应链复杂的企业，则可以重点引入区块链技术，提升碳排放数据的透明性与可追溯性。同时，企业还需关注技术的绿色化应用，例如选择使用可再生能源的云服务商，或提高 AI 模型的训练效率以减少算力消耗。

综上所述，高碳企业若想依托数字化转型真正提升碳绩效，需注重技术间的协同效应与互补性，构建“数据安全—高效算力—智能决策”的闭环体系，降低单一技术的负面外部性，并通过跨部门协同与生态圈构建实现全局性的碳减排目标。在这一过程中，企业需结合自身特点，制定精细化的技术部署策略，从而在满足“双碳”政策要求的同时，实现高质量发展。

第三节　研究设计与模型设定

为深入探究数字技术及其组合在高碳企业碳绩效提升中的具体影响及其作用机理，采用模糊集定性比较分析（fsQCA）与面板回归相结合的混合研究方法。fsQCA 能够揭示不同数字技术组合对碳绩效的组态效应，而面板回归则可用于评估数字技术应用的净效应及其统计显著性。通过两种方法的互补，全面揭示数字技术赋能高碳企业碳绩效提升的多重路径与机制。

一　样本选择与数据来源

选取 2011~2020 年中国 A 股制造业企业中的高碳企业为研究对象。高碳企业的选取根据《国民经济行业分类》（GB/T4754-2017）并结合刘传江和赵晓梦（2017）的界定方法，筛选出电力、黑色金属冶炼、非金属矿物质产品、煤炭开采、石油化工、造纸、有色金属、燃气、非金属矿采选、纺织、农副食品等 12 个高碳行业。数据来源于国泰安数据库（CSMAR）、《中国能源统计年鉴》、锐思（RESSET）数据库，涵盖企业财务数据、行业碳排放量及主营业务成本等关键指标。通过剔除 ST、*ST 及数据缺失样本后，共获得 5297 个有效观测值。为适配 fsQCA 方法，将面板数据按照企业历年数据取均值转换为截面数据，并基于数字技术应用水平与碳绩效表现筛选典型案例。

二　变量定义与测量

（一）因变量

碳绩效（ln*Carbon*）。鉴于企业直接碳排放数据披露不足，参考赵玉珍等（2021）的研究，基于行业碳排放强度与企业营业成本构建碳绩效指标，具体公式如下：

$$碳绩效 = \frac{企业营业收入}{\left(\frac{行业碳排放量}{行业主营业务成本} + 1\right) \times 企业营业成本}$$

该指标用单位碳排放对应的营业收入衡量企业碳减排效率，值越大，意味着高碳企业的碳绩效越优。其中，行业碳排放量数据来源于《中国能源统计年鉴》，行业主营业务成本数据来源于锐思数据库，企业营业收入与企业营业成本来自国泰安数据库。

（二）解释变量

数字化转型及数字技术应用。借鉴吴非等（2021）研究，构建人工智能、区块链、云计算、大数据四大数据技术关键词库，利用 Python 爬取企业年报文本中相关关键词的词频，以词频总和衡量企业对特定数字技术的应用水平。词频越高，表明企业对该技术的战略关注度和资源投入越高。

（三）控制变量

为控制企业异质性对碳绩效的影响，引入以下控制变量：资本密集度（*Cp*），采用总资产与营业收入之比衡量，反映企业资产配置效率；资产负债率（*Lev*），用企业总负债与总资产之比衡量，反映企业偿债能力；两职合一（*Duty*），虚拟变量，通过董事长与总经理是否为同一人进行判断，是则赋值为 1，否则为 0，表征企业的治理结构；董事会规模（*Board*），用董事会人数衡量，反映决策复杂性；独立董事比例（*Dir*），用独立董事人数占董事会总人数之比衡量，反映治理独立性；托宾 Q（*TobinQ*），用企业市场价值与资产重置成本的比值衡量，反映投资效率。

三　模型构建

（一）fsQCA 筛选与组态分析

采用理论抽样法筛选典型案例，具体程序如下。首先，初步筛选。选择同时应用两种及以上数字技术且技术应用水平高于行业均值的案例企业。其次，碳绩效分层。将碳绩效按整数位划分为高、中、低三个层级，优先选择高碳绩效层企业。最后，多样性控制。在各技术组合（如 AI+区块链、云计算+大数据等）中，按碳绩效与技术应用水平综合排序，最终选取 16 家典型案例进行 fsQCA 分析。

在开展 fsQCA 分析时遵循以下步骤。首先，将碳绩效、数字技术应用水平等连续变量转换为模糊集隶属度，设定完全隶属（95%分位数）、交叉点（中位数）和完全不隶属（5%分位数）阈值，进行变量校准。其次，分析不同数字技术组合的必要性（Necessity）与充分性（Sufficiency），识别显著影响碳绩效的组态路径，构建真值表。最后，通过一致性（Consistency ≥ 0.8）与覆盖度（Coverage ≥ 0.5）指标验证组态稳定度。

（二）面板回归模型

为验证 fsQCA 组态分析结论，构建双向固定效应面板回归模型，探究数字技术组合对碳绩效的净效应，依次检验人工智能与区块链组合、区块链与云计算组合、区块链与大数据组合、四大数字技术组合对高碳企业碳绩效的影响。

$$\ln Carbon = \alpha_0 + \alpha_1 (AI \times Block)_{it} + \alpha_2 Control_{it} + \mu_i + \nu_t + \varepsilon_{it}$$

$$\ln Carbon = \alpha_0 + \alpha_1 (Cloud \times Block)_{it} + \alpha_2 Control_{it} + \mu_i + \nu_t + \varepsilon_{it}$$

$$\ln Carbon = \alpha_0 + \alpha_1 (Data \times Block)_{it} + \alpha_2 Control_{it} + \mu_i + \nu_t + \varepsilon_{it}$$

$$\ln Carbon = \alpha_0 + \alpha_1 (AI \times Block \times Cloud \times Data)_{it} + \alpha_2 Control_{it} + \mu_i + \nu_t + \varepsilon_{it}$$

其中，$\ln Carbon$ 为高碳企业碳绩效，AI_{it}、$Block_{it}$、$Cloud_{it}$、$Data_{it}$ 分别表示人工智能、区块链、云计算与大数据技术的应用水平，四大数字技术组合使用数字技术之间的交乘项表示技术之间的协同效应，

μ_i 为企业固定效应，ν_t 为时间固定效应，ε_{it} 为随机误差项，i 为高碳企业，t 为年份。

第四节　实证结果与分析

一　fsQCA 组态分析

在 fsQCA 方法中，数据校准是将原始连续变量转化为模糊集隶属度的关键步骤。如此操作后方可进行必要性与充分性分析。遵循陶克涛等（2021）的校准方法，将完全非隶属度、交叉点和完全隶属度分别设定为 95%分位数、50%分位数和 5%分位数。为避免校准后数据出现 0.5 导致模型无法识别，参考 Fiss（2011）的研究对所有隶属度值统一增加 0.001。

必要性分析旨在判断单一数字技术是否为提升碳绩效的必要条件，其实证结果如表 8-1 所示。参考 Zhang 等（2020）的研究，当特定前因变量的一致性系数高于 0.9，意味着其通过必要性分析，应在后续组态分析中去除该前因变量。

表 8-1　必要性分析

前因变量	一致性	覆盖率
AI	0.49	0.59
~*AI*	0.72	0.70
Block	0.75	0.68
~*Block*	0.56	0.73
Cloud	0.46	0.54
~*Cloud*	0.69	0.69
Data	0.74	0.82
~*Data*	0.48	0.50

注："~"表示逻辑非。

由表8-1可知，四大数字技术（人工智能、区块链、云计算和大数据）的一致性系数均未超过0.9（最高为区块链的0.75）。这一结果表明，并无单一数字技术构成高碳排企业碳绩效提升的必要条件，也进一步验证了从技术组合视角探索碳绩效驱动路径的必要性和价值。

通过构建真值表并设置案例阈值（1.0）和一致性阈值（0.8），识别出四条显著提升碳绩效的数字技术组合路径（见表8-2）。所有组态的一致性系数均高于0.87，解的覆盖度为0.70，表明模型具有较强的解释力。

表8-2 组态结果

条件组态	组态1	组态2	组态3	组态4
AI	●	⊗	⊗	●
Block	●	●	●	●
Cloud	⊗	●	⊗	●
Data	⊗	⊗	●	●
一致性	0.872656	0.938104	0.938104	0.932229
原始覆盖度	0.260494	0.226213	0.486474	0.288713
唯一覆盖度	0.058535	0.025653	0.236940	0.102612
解的一致性	0.874529			
解的覆盖度	0.703825			

注：●表示核心条件存在，⊗表示辅助条件存在。

1. 组态一：人工智能与区块链的组合

区块链技术的分布式账本与加密算法构建了数据可信传输的底层架构，其不可篡改特性有效解决了AI模型训练中面临的“数据污染”问题。与此同时，人工智能模型依赖区块链提供的真实生产数据（如设备运行参数、能耗日志），通过机器学习动态优化工艺控制策略，形成“数据可信—决策精准”的正向循环。此外，区块链的智能合约功能可自动化执行人工智能决策指令（如设备启停、参数调整），减少人工干预延迟，进一步提升碳减排响应效率。

2. 组态二：云计算与区块链的组合

区块链的高能耗共识机制（如 PoW）与数据存储需求可能加剧碳排放，而云计算的弹性资源池化能力可显著降低其环境成本。具体而言，云计算通过虚拟化技术将区块链节点部署在共享服务器集群中，利用动态负载均衡减少空闲算力浪费（能耗降幅可达 30%）；同时，云服务商的可再生能源供电（如谷歌云 100%绿电）进一步抵消区块链的碳足迹。此外，区块链为云端数据提供端到端加密与多方验证机制，防止供应链碳排放数据在传输中被恶意篡改。

3. 组态三：大数据与区块链的组合

区块链的不可逆时间戳与链式结构确保了供应链碳排放数据的时序完整性与可追溯性，为大数据分析提供高质量输入。基于区块链的可信数据，企业可构建供应链碳流图谱，利用聚类算法识别高耗能节点（如过度包装、低效仓储），并通过关联规则挖掘发现隐性排放源（如供应商偷排）。此外，区块链存证的绿色数据（如清洁能源使用证明）可接入金融机构 ESG 评级系统，降低绿色债券发行成本。

4. 组态四：大数据、人工智能、区块链和云计算的组合

四大数字技术的深度融合，构建了“数据治理—算力支撑—智能优化—生态协同”的闭环体系，形成了系统性赋能高碳企业碳绩效提升的创新范式。在这一体系中，区块链技术作为信任基础设施，通过分布式账本与加密机制确保碳数据的全域可信性。无论是生产环节的实时能耗数据、供应链的碳排放追溯信息，还是碳交易市场的配额流转记录，均通过区块链实现不可篡改的存证与跨主体共享，为后续分析决策奠定了数据可信基础。云计算技术则依托弹性资源池与绿色算力供给能力，为大规模数据处理与复杂模型训练提供低成本、高效率的支持。例如，云平台通过虚拟化技术整合分散的服务器资源，动态分配算力以满足区块链数据验证、大数据实时分析及 AI 模型迭代的差异化需求，同时借助可再生能源供电（如风电、光伏）显著

降低算力碳足迹。大数据技术进一步整合生产设备、供应链物流、市场消费等多维度信息，构建覆盖全价值链的碳流图谱，通过聚类分析、关联规则挖掘等手段识别隐性排放源与节能潜力点，生成可视化的减排知识图谱。在此基础上，人工智能技术驱动数字孪生系统对物理工厂进行高精度仿真，结合实时数据与历史经验自主优化生产排程、设备调度与能源分配策略，实现碳足迹的动态最小化。四者协同突破了单一技术的“天花板”效应，展现出非线性叠加的减排增益。

综上所述，提出以下研究假设以开展实证分析。

假设1：人工智能与区块链技术组合正向提升高碳企业碳绩效。

假设2：云计算与区块链技术组合正向提升高碳企业碳绩效。

假设3：大数据与区块链技术组合正向提升高碳企业碳绩效。

假设4：人工智能、区块链、云计算与大数据技术组合正向提升高碳企业碳绩效。

二　描述性统计

表8-3展示了主要变量的描述性统计分析。从核心变量来看，高碳企业碳绩效的均值为2.454，标准差为1.110，最小值为-0.298，最大值为5.595，表明样本企业的碳绩效存在显著差异。进一步分析发现，碳绩效分布呈现右偏特征（均值>中位数），意味着虽然部分企业通过技术升级已达到较高碳减排效率，但多数企业仍处于低碳转型初期，整体碳绩效提升空间较大。

数字技术组合变量的统计特征进一步揭示了技术应用的异质性。fsQCA识别的四类数字技术组合模式（*AI×Block*、*Cloud×Block*、*Data×Block*、*AI×Block×Cloud×Data*）的均值分别为0.001、0.001、0.002、0.008，标准差均值小于1（经对数化处理），但最大值分别为3.296、3.135、4.111、42.480，表明少数领先企业已深度应用数字技术组合，而多数企业仍处于技术探索阶段（中位数接近0）。这一结果印证了高碳行业数字技术应用的“长尾分布”特征：头部企业通过技术协同形成碳减排优势，而长尾企业受制于资源与能力，尚未突破技术部署门槛。

表 8-3　描述性统计

变量	样本	均值	标准差	最小值	最大值
In*Carbon*	5296	2.454	1.110	-0.298	5.595
AI×Block	5296	0.001	0.050	0.000	3.296
Cloud×Block	5296	0.001	0.046	0.000	3.135
Data×Block	5296	0.002	0.075	0.000	4.111
AI×Block×Cloud×Data	5296	0.008	0.584	0.000	42.480
Lev	5296	0.444	0.209	0.059	0.938
TobinQ	5296	1.772	0.998	0.832	6.453
Board	5296	8.804	1.798	5.000	15.000
Duty	5296	1.732	0.468	0.000	2.000
Cp	5296	2.152	1.683	0.364	11.410
Dir	5296	0.372	0.0522	0.333	0.571

从控制变量看，企业资产负债率（*Lev*）均值为 0.444（标准差 0.209），显示样本企业整体负债水平较高，可能制约其绿色转型投资能力；托宾 Q（*TobinQ*）均值为 1.772（标准差 0.998），表明资本市场对高碳企业的估值存在分化；董事会规模（*Board*）均值为 8.804，独立董事比例（*Dir*）均值为 0.372，符合中国上市公司治理结构的一般特征。资本密集度（*Cp*）均值 2.152（标准差 1.683），反映高碳行业重资产属性显著，绿色设备更新面临较高的沉没成本。

三　基准回归分析

根据 fsQCA 结论构建影响高碳企业碳绩效的数字技术组合理论模型，基准回归模型结果如表 8-4 所示。总的来看，以区块链技术应用为辅助条件，分别与人工智能、云计算、大数据技术组合应用，均能显著提升高碳企业碳绩效。同时，数字技术全组合的协同效应亦呈现正向影响，但系数相对较小，暗示着技术复杂性与资源约束可能会削弱边际效应。

第一，人工智能与区块链技术的组合应用对高碳企业碳绩效的影响系数为 0.0208（$p<0.01$），表明人工智能与区块链协同每提升 1 单位，碳绩效增长约为 2.08%。区块链保障了生产运营数据的真实完整，为人工智能决策优化模型提供了更高质量的输入。

第二，云计算与区块链技术的组合应用对高碳企业碳绩效的影响系数为 0.105（$p<0.01$），显示云计算与区块链组合的碳绩效增益最高为 10.5%。云计算通过绿色算力支持区块链的高频数据验证，同时区块链加密技术降低了云端数据泄露风险，二者协同显著提升资源调度效率等。

第三，大数据与区块链技术的组合应用对高碳企业碳绩效的影响系数为 0.162（$p<0.01$），显示大数据与区块链组合的碳绩效增益最高为 16.2%。区块链的可追溯赋能大数据精准识别供应链高耗能节点，企业据此优化库存与物流策略，减少隐性碳排放。

第四，全数字技术应用组合对高碳企业碳绩效的影响系数为 0.00758（$p<0.01$）。该系数虽然正向显著，但效应值远低于前三类组合。这表明，四项技术协同虽能形成系统性减排能力，但其高部署成本特征可能稀释边际收益，尤其是对中小型企业而言，面临较高的资源壁垒。

表 8-4　基准回归结果

变量	(1)	(2)	(3)	(4)
	ln*Carbon*2	ln*Carbon*2	ln*Carbon*2	ln*Carbon*2
AI×Block	0.0208***			
	(0.00649)			
Cloud×Block		0.105***		
		(0.00823)		

续表

变量	(1) ln*Carbon2*	(2) ln*Carbon2*	(3) ln*Carbon2*	(4) ln*Carbon2*
Data×Block			0.162***	
			(0.0550)	
AI×Cloud×Data×Block				0.00758***
				(0.000582)
Cp	0.0265***	0.0266***	0.0267***	0.0266***
	(0.00347)	(0.00348)	(0.00348)	(0.00348)
Dir	0.135*	0.135*	0.136*	0.135*
	(0.0761)	(0.0761)	(0.0761)	(0.0761)
Duty	-0.279***	-0.279***	-0.279***	-0.279***
	(0.0198)	(0.0198)	(0.0198)	(0.0198)
TobinQ	0.00806*	0.00778	0.00749	0.00778
	(0.00483)	(0.00483)	(0.00482)	(0.00483)
Board	0.00562**	0.00563**	0.00556**	0.00563**
	(0.00258)	(0.00258)	(0.00258)	(0.00258)
Lev	-0.0258***	-0.0260***	-0.0257***	-0.0259***
	(0.00723)	(0.00724)	(0.00722)	(0.00724)
Constant	1.468***	1.468***	1.469***	1.468***
	(0.0528)	(0.0529)	(0.0528)	(0.0529)
观察值	5296	5296	5296	5296
R^2	0.947	0.947	0.947	0.947

注：***、**、*分别表示在1%、5%和10%的水平下显著。

四　稳健性与内生性检验

为验证基准回归结果的可靠性，通过替换解释变量衡量方式与滞后处理缓解内生性两种方法进行检验。

首先，参考已有研究，将数字技术组合应用情况由连续变量替换为虚拟变量。若高碳企业在样本期应用了特定技术组合模式，则赋值为1，否则为0。该方法可避免词频衡量可能存在的右偏性干扰，并检验技术应用的“有无”而非“强弱”对碳绩效的影响。具体结果如表 8-5 所示。

表 8-5　替换解释变量的稳健性检验

变量	(1) ln*Carbon*2	(2) ln*Carbon*2	(3) ln*Carbon*2	(4) ln*Carbon*2
NewAI×Block	0.277***			
	(0.0467)			
NewCloud×Block		0.277***		
		(0.0467)		
NewData×Block			0.385***	
			(0.0602)	
NewAI×Cloud×Data×Block				0.231***
				(0.0622)
Cp	0.0266***	0.0266***	0.0268***	0.0266***
	(0.00348)	(0.00348)	(0.00348)	(0.00348)
Dir	0.137*	0.137*	0.138*	0.136*
	(0.0761)	(0.0761)	(0.0761)	(0.0761)
Duty	−0.280***	−0.280***	−0.279***	−0.279***
	(0.0198)	(0.0198)	(0.0198)	(0.0198)
Tobin Q	0.00758	0.00758	0.00737	0.00777
	(0.00483)	(0.00483)	(0.00482)	(0.00483)
Board	0.00564**	0.00564**	0.00562**	0.00565**
	(0.00258)	(0.00258)	(0.00258)	(0.00258)
Lev	−0.0259***	−0.0259***	−0.0256***	−0.0260***
	(0.00724)	(0.00724)	(0.00722)	(0.00724)
Constant	1.468***	1.468***	1.467***	1.468***
	(0.0529)	(0.0529)	(0.0528)	(0.0529)
Observations	5296	5296	5296	5296
R^2	0.947	0.947	0.947	0.947

注：***、**、*分别表示在 1%、5%和 10%的水平下显著。

由表 8-5 可知，双技术组合下，人工智能与区块链组合、云计算与区块链组合、大数据与区块链组合对高碳企业碳绩效的影响系数分别为 0. 277、0. 277、0. 385，且均 p<0. 01，与基准回归模型保持一致，且效应值显著放大。同时，全数字技术应用组合模式下的碳绩效增益效应为 0. 231（p<0. 01），虽然相对于双技术组合有所降低，但仍验证了系统性协同的稳健性。

其次，参考已有文献，对所有核心解释变量滞后一期处理，以缓解反向因果的潜在可能，具体结果如表 8-6 所示。

表 8-6　滞后一期的内生性检验

变量	(1)	(2)	(3)	(4)
	ln*Carbon*2	ln*Carbon*2	ln*Carbon*2	ln*Carbon*2
AI×*Block*	0. 0319**			
	(0. 0141)			
Cloud×*Block*		0. 208***		
		(0. 0156)		
Data×*Block*			0. 255***	
			(0. 0612)	
AI×*Cloud*×*Data*×*Block*				0. 137***
				(0. 0102)
Cp	0. 0259***	0. 0260***	0. 0261***	0. 0260***
	(0. 0038)	(0. 0038)	(0. 0038)	(0. 0038)
Dir	0. 132	0. 134	0. 137*	0. 134
	(0. 0831)	(0. 0832)	(0. 0832)	(0. 0832)
Duty	-0. 245***	-0. 245***	-0. 245***	-0. 245***
	(0. 0231)	(0. 0231)	(0. 0231)	(0. 0231)
TobinQ	0. 0153***	0. 0149***	0. 0148***	0. 0149***
	(0. 0055)	(0. 0055)	(0. 0055)	(0. 0055)
Board	0. 00573**	0. 00572**	0. 00571**	0. 00572**
	(0. 0028)	(0. 0028)	(0. 0028)	(0. 0028)
Lev	-0. 0258***	-0. 0262***	-0. 0260***	-0. 0262***
	(0. 0078)	(0. 0078)	(0. 0078)	(0. 0078)
Constant	1. 524***	1. 525***	1. 523***	1. 525***
	(0. 0570)	(0. 0571)	(0. 0570)	(0. 0571)

续表

变量	(1) ln*Carbon*2	(2) ln*Carbon*2	(3) ln*Carbon*2	(4) ln*Carbon*2
Observations	4211	4211	4211	4211
R^2	0.950	0.950	0.950	0.950

注：***、**、*分别表示在1%、5%和10%的水平下显著。

由表8-6可知，滞后一期的人工智能与区块链组合、云计算与区块链组合、大数据与区块链组合对高碳企业碳绩效的影响系数分别为0.0319、0.208、0.255且$p<0.05$、$p<0.01$、$p<0.01$，虽数值低于基准模型，但显著性并未发生本质变化。同时，滞后一期的全数字技术应用组合对高碳企业碳绩效的影响系数为0.137（$p<0.01$），较基准模型有大幅提高。

第五节　本章小结

在全球气候治理深化与数字经济加速融合的背景下，数字技术已成为驱动高碳企业绿色转型的核心引擎。本章聚焦人工智能、区块链、云计算与大数据四大关键技术，通过混合研究方法（fsQCA与面板回归）系统揭示数字技术协同赋能碳绩效提升的作用路径与机制，为高碳行业低碳化转型提供了兼具理论深度与实践价值的洞见。研究发现，单一数字技术的碳减排效能有限，但技术组合通过功能互补可产生非线性增益。混合研究的实证结果表明，人工智能与区块链技术组合、云计算与区块链技术组合、大数据与区块链技术组合及全数字技术应用组合均有助于高碳企业的碳绩效提升。同时，在四项组态中，区块链技术均作为核心辅助条件存在，其分布式账本与加密机制为其他技术提供了可信数据基座，有助于解决数字化转型中的“数据孤岛”与“信任缺失”等问题。全数字技术应用组合虽有系统性减排潜力，但其效应值受制于高部署成本与组织复杂性，更适用于资源充裕的头部企业。对中小企业而言，双技术协同方法的效益更高，一方面能够实现低门槛转型，另一方面有利于增加碳减排效益。

第九章　数字化转型与高碳企业绿色形象

第一节　研究问题提出

高碳企业因高消耗、高排放等属性在“双碳”目标下面临着更为严苛的碳排放标准、碳排放配额及环保审查等，亟须实现自身的绿色转型升级。通过开展绿色创新、绿色并购、碳减排等来实现绿色转型已被证实是高碳企业应对环境规制的重要手段（赵晓梦等，2021）。

除了来自政府的环境规制外，高碳企业仍需关注其他利益相关者（包括消费者、民众等）的环保诉求（汪建成等，2021）。换言之，对高碳企业而言，扭转现有状态并构建绿色形象是其绿色转型中尤为重要的一环，对其获取并维持竞争优势而言至关重要。所谓绿色形象，是将“企业形象”这一概念拓展至绿色环保领域，指外部利益相关者对企业绿色行为、绿色产品等的全面感知。高碳企业可通过构建绿色形象将自身与同行业其他竞争企业相区分，开展差异化竞争以吸引更多的投资者与合作伙伴（Chen，2008）。

已有文献从绿色并购、绿色创新和绿色核心竞争力等视角开展绿色形象研究。张娆等（2024）证实了绿色并购可提高企业绿色创新产出及社会责任履行水平，助力企业绿色形象构建。解学梅和朱琪玮（2021）基于最优区分理论发现，合规性绿色创新与战略性绿色创新均可助力企业绿色形象构建，相较而言，战略性绿色创新的助力作用更大。Chen（2008）提出绿色核心竞争力的概念，即通过提高企业绿色创新水平助力企业构建绿色形象。以上研究多是关注绿色创新、绿色并购等实质性绿色转型活动，将其视为企业构建绿色形象的关键所在。然而，企业内部活动与外部利益相关者间存在难以跨越的“信息鸿沟”，实质性绿色转型活动是企业绿色形象构建的必要条件，但并非充分条件。倘若企业开展的实质性绿色转型活动无法传递给外部利益相关者、无法使其感知到企业为绿色转型做出的努力，企业就难以构建绿色形象（刘军伟等，2024）。

《“十四五”国家信息化规划》指出数字化转型与绿色化转型具备协同作用，即以数字化带动绿色化、以绿色化促进数字化。已有研究多是探索数字化转型与实质性绿色转型活动的关联机制，但这些活动如何更有效地传递给利益相关者，仍然是一个值得研究的问题。如前所述，数字化转型可通过加强绿色创新等实质性绿色转型活动为高碳企业构建绿色形象夯实基础，但这些实质性绿色转型活动依托数字化转型能更有效地传递给利益相关者的潜在机制仍值得进一步探究。鉴于此，本章试图引入环境信息披露与高管环保背景以揭示高碳企业数字化转型与绿色形象之间的关联机制，通过选取 2011~2022 年高碳企业相关数据开展实证研究。

第二节　理论分析与假设提出

一　数字化转型与绿色形象

绿色形象是利益相关者对企业绿色化转型、绿色行为、绿色产品等特征的整体感知（Amores-Salvadó 等，2014）。数字化转型可通过以下两个途径加强企业绿色形象的构建，不仅推动其实质性绿色转型，还能依托技术手段提高信息透明度、弥合内外部信息鸿沟。

一方面，数字化转型能够提升高碳企业在资源获取、技术创新和资源利用等方面的效率，从而推动其实质性绿色转型，为构建绿色形象奠定基础。研究表明，制造业企业的数字化转型可通过缓解融资约束、增加人力资本等方式来增加绿色创新产出（邢明强和许龙，2024）。此外，数字化转型不仅提升了资源利用效率，还通过加强绿色技术创新推动碳绩效的提升（马苓等，2024）。总的来看，数字化转型通过促进实质性绿色转型，为高碳企业绿色形象构建夯实基础。

另一方面，数字化转型能够提升高碳企业内部信息透明度和传递效率，使利益相关者了解企业开展的绿色转型实践，从而弥合信息鸿沟（王海军等，2023）。在高碳企业实质性绿色转型行为增加的情况下，外部利益相关者能够更好地了解企业的绿色信息。通过人工智能、大数据等技术，数字化转型可助力高碳企业了解外部利益相关者的投资偏好，确保其绿色转型能够更精准地满足利益相关者诉求，从而提高绿色形象构建效率。

综上，高碳企业通过数字化转型，一方面促进了实质性绿色转型，奠定了绿色形象构建的基础；另一方面提高了信息透明度和传递效率，弥合信息鸿沟，从而助力绿色形象构建。鉴于此，提出以下假设。

假设 1：高碳企业数字化转型正向影响高碳企业绿色形象。

二　环境信息披露的中介作用

环境信息披露是企业向社会公众披露自身环境信息的行为，使社会公众了解企业的环境表现。已有研究表明，环境信息披露能够提升信息透明度，满足外部利益相关者对企业绿色表现的期望，从而缓解融资约束并提升经营绩效（李政大等，2024）。此外，环境信息披露还能增强企业对于环保压力的感知，推动企业开展绿色创新和绿色并购等（刘祎等，2024）。尤其是新环保法实施后，环境信息披露已成为企业必要的经营程序（程志华和张珺，2023）。吕靓欣（2023）认为董事会连锁关系越强，企业间行为模仿的概率越大，对于环境信息披露质量提升的正向影响越大。王茂斌等（2024）认为绿色制造有较好的环保效应，能够增强企业主动披露环境信息的意愿进而有利于环境信息披露质量的提升。

环境信息披露在数字化转型赋能高碳企业绿色形象构建的过程中具有中介作用，理由如下。首先，数字化转型通过增强披露信心、缓解外部压力、降低披露成本等增强高碳企业环境信息披露意愿与质量。其次，数字化转型具有绿色创新增强、碳绩效提升等绿色效应，能够增强高碳企业的环境信息披露信心（王茂斌等，2024）。这些企业为了在差异化竞争中脱颖而出，更有意愿披露更高质量的环境信息。再次，数字化转型使得高碳企业能够超越时空限制、更易感知同行业内基于环境信息披露的竞争压力，因同群效应而激发同行间模仿行为，进而提升环境信息披露质量（吕靓欣，2023）。最后，数字化转型在提升信息质量、降低信息成本等维度具有较大优势，可增强高碳企业披露环境信息的能力与质量（刘敏等，2023）。

环境信息披露有助于提升高碳企业绿色形象。首先，环境信息披露专注于环境领域，能将企业实质性绿色转型的信息系统地传递给外部利益相关者。相较于仅通过数字化转型提高信息透明度，环境信息披露能更有效地展示高碳企业的绿色成果，使外部利益相关者对企业的环保承诺与实际表现有更全面的了解。这种透明度和信息传递的有效性，有助于增强外部利益相关者对企业绿色形象的认可与信任。其次，高质量的环境信息披露能够缓解信息不对称问题，消除外部利益相关者对高碳企业环保行为的质疑，提升企业的信誉和声誉。详尽且准确的环境信息披露展示了高碳企业在环保方面的努力与成就，树立负责任和可持续发展的形象，可吸引更多的投资者和客户，进一步推动企业绿色形象构建。最后，环境信息披露质量的提升可激励高碳企业持续改进自身环保实践。定期和高质量的环境信息披露，要求高碳企业不断审视和提升其环境绩效以满足利益相关者的期望和监管要求。这种自我监督和改进机制，也是企业在绿色转型过程中不断取得进展、巩固绿色形象的关键所在。综上，提出以下假设。

假设 2：高碳企业数字化转型通过提升环境信息披露质量促进其绿色形象构建。

三　高管环保背景的调节效应

高管环保背景指企业高管团队成员具有参与环保项目或在环保企业任职的经历。高管团队过往履历会影响其当下的经营决策，故具有环保背景的高管团队往往会拥有更高的环境关注度、更强的环保倾向和作出更科学的环保决策等（王辉等，2022）。研究发现，高管环保背景通过提高企业绿色创新水平、降低绿色转型成本（毕茜等，2019）、吸引绿色投资者（王辉等，2022）等方式促进企业绿色转型，督促企业履行环保责任（李毅等，2023）。

高管环保背景能够进一步增强数字化转型赋能高碳企业绿色形象构建的中介机制，原因在于：一是，具有环保背景的高管团队往往更为重视环境保护和绿色发展，倾向于在环境保护领域投入更多资源和精力。在资源有限的情况下，这些高管倾向于在环境保护领域配置更多人力、物力、技术等，以更充分地发挥数字化转型的绿色效应，从而增加企业实质性绿色转型产出（袁显平和李盼，2023）。此时，具有环保背景的高管团队亦会更加重视环保荣誉，在实质性绿色转型产出增加的情况下，他们更有意愿披露高质量的环境信息。二是，具有环保背景的高层管理者对外部利益相关者的环保诉求更为敏感，也更容易感知到外部环境压力。此时，得益于数字化转型打破了企业间信息壁垒，这些高管更容易感知到行业内环境行为与信息披露的差距，从而促使其致力于提升环境信息披露质量与构建绿色形象。同时，得益于数字化转型，这些高管能够更精准地把握外部利益相关者的环保诉求并提供更透明、详尽的环保信息，强化企业绿色形象构建。鉴于此，提出以下研究假设。

假设 3：高管环保背景可增强环境信息披露在数字化转型与绿色形象间的中介作用。

第三节　变量测量与模型设定

一　样本选取与数据收集

选取 2011～2022 年全国 A 股上市公司中高碳企业为研究对象，数据来源于国家统计局官网、CSMAR、Wind 和中国重要报纸全文数据库。其中，根据证监会 2012 版行业分类，高碳行业包括电力、热力生产和供应业，黑色金属冶炼和压延加工业，非金属矿物制品业，煤炭开采和洗选业，石油加工和炼焦、核燃料加工业，化学原料和化学制品制造业，造纸和纸制品业，有色金属冶炼和压延加工业，燃气生产和供应业，非金属矿采选业，农副食品加工业，纺织业等。在数据处理过程中，首先，剔除在采集期间退市、ST 等特殊处理样本，以及删除变量缺失或异常的样本。其次，对连续变量进行上下 1%水平的缩尾处理，以减小异常值的影响。通过上述步骤，确保研究数据的可靠性和有效性。

二　变量定义与测量

（一）因变量

绿色形象（*GI*）是企业利益相关者对其绿色产品和行为等的整体感知。参考解学梅和朱琪玮（2021）的研究，从中国重要报纸全文数据库获取高碳企业的环境报道，依据报道领域及感情色彩对其进行分类并赋值，如污染治理、绿色创新产出等正向环境报道赋值为1，环保处罚、环境污染等负向环境报道赋值为-1，具体公式如下。

$$GI\begin{cases}\dfrac{E^2-EC}{T^2}, & E>C\\ 0\quad, & E=C\\ \dfrac{EC-C^2}{T^2}, & E<C\end{cases}$$

其中，E 为正向环境报道数量，C 为负向环境报道数量，T 为二者之和。

（二）自变量

数字化转型（DI）指企业应用数字技术进行的整体变革。参考吴非等（2021）的研究，将数字化转型分为人工智能、区块链、云计算、大数据及数字技术五个维度并构建词语池，在此基础上梳理五个维度的相关词语在高碳企业各年年度报告中出现的频次并进行加总，为防止右偏性，对上述数据加一取对数后进行衡量。

（三）中介变量

环境信息披露（ENV）参考孔东民等（2021）的研究，将企业环境信息披露分为环境管理披露、环境认证披露、环境信息披露载体、环境负债披露、环境业绩及治理披露等维度，在此基础上用项目评分法赋分以衡量企业环境信息披露水平。

（四）调节变量

高管环保背景（EGP）借鉴王辉等（2022）的研究，统计高碳企业高管团队成员的简历中出现的“绿色”“环境”“环保”“生态”等词语，若有则认为其具有环保背景，将具有环保背景的高管总数加一取对数后对高管环保背景进行衡量。

参考现有研究，选取以下控制变量：固定资产占比（*Fixed*），用固定资产占总资产的比重衡量；产权性质（*State*），国有企业赋值为

1，其他为0；经营费用率（*Ac*），用销售费用与管理费用之和与营业收入之比衡量；管理费用率（*Mfee*），用管理费用与营业收入的比值衡量；两职合一（*Dual*），当董事长兼任总经理时赋值为1，其他为0；独董比例（*Indr*），用独立董事与董事会总人数之比衡量；总资产增长率（*Gr*），用期末总资产与期初总资产的差值与期初总资产之比衡量；股权集中度（*Balance*），用第二到第十位大股东持股比例之和与第一大股东持股比例之比衡量；四大会计师事务所（*Big*4），当所采用的会计师事务所属于四大时赋值为1，其他为0。

三　模型构建

遵循温忠麟等（2004）、温忠麟和叶宝娟（2014）提出的实证研究方法对中介效应、调节效应和有调节的中介效应进行检验。检验环境信息披露在数字化转型与绿色形象间的中介效应，具体公式如下：

$$GI_{i,t} = a_0 + a_1 DI_{i,t} + \sum \beta_i Control_{i,t} + \sum Year + \sum Ind + \varepsilon_{i,t}$$

$$ENV_{i,t} = \gamma_0 + \gamma_1 DI_{i,t} + \sum \delta_i Control_{i,t} + \sum Year + \sum Ind + \varepsilon_{i,t}$$

$$GI_{i,t} = \theta_0 + \theta_1 DI_{i,t} + \theta_2 ENV_{i,t} + \sum \upsilon_i Control_{i,t} + \sum Year + \sum Ind + \varepsilon_{i,t}$$

检验高管环保背景的调节效应及有调节的中介效应，具体公式如下：

$$GI_{i,t} = \mu_0 + \mu_1 DI_{i,t} + \mu_2 CEO_{i,t} + \mu_2 DI_{i,t} CEO_{i,t} + \sum \rho_i Control_{i,t} + \sum Year + \sum Ind + \varepsilon_{i,t}$$

$$ENV_{i,t} = \sigma_0 + \sigma_1 DI_{i,t} + \sigma_2 CEO_{i,t} + \sigma_3 DI_{i,t} CEO_{i,t} + \sum \tau_i Control_{i,t} + \sum Year + \sum Ind + \varepsilon_{i,t}$$

$$GI_{i,t} = \varphi_0 + \varphi_1 DI_{i,t} + \varphi_2 CEO_{i,t} + \varphi_3 DI_{i,t} CEO_{i,t} + \varphi_4 \mathrm{ENV}_{i,t} + \sum \omega_i Control_{i,t} + \sum Year + \sum Ind + \varepsilon_{i,t}$$

第四节　实证结果与分析

一　描述性统计与相关系数

表 9-1 呈现了核心变量的描述性统计分析。

表 9-1　描述性统计

变量	样本量	均值	标准差	最小值	最大值
GI	6652	0.052	0.255	-1.000	1.000
DI	6652	0.753	0.923	0.000	3.466
ENV	6652	2.460	0.882	0.000	3.761
EGP	6652	0.294	0.472	0.000	1.792
Big4	6652	0.060	0.238	0.000	1.000
Fixed	6652	0.327	0.170	0.032	0.768
Gr	6652	0.143	0.298	-0.238	2.033
Indr	6652	37.290	5.229	33.330	57.140
Dual	6652	0.257	0.437	0.000	1.000
Balance	6652	0.886	0.733	0.0372	3.410
State	6652	0.422	0.494	0.000	1.000
Ac	6652	0.103	0.074	0.000	0.412
Mfee	6652	0.064	0.044	0.006	0.259

对高碳企业而言，*GI* 取值范围从-1 至 1，均值为 0.052。这意味着，仅部分高碳企业获得了正面的绿色形象评价，多数企业仍因存在违规行为而被利益相关者视为具有环境破坏属性。*DI* 取值范围从 0 至 3.466，均值为 0.753，意味着高碳企业进行了一定程度的数字化转型尝试，但水平偏低。由此可知，高碳企业在数字化转型与绿色形象构建上均存在不足，尚未意识到数字化转型的价值及绿色形象构建的重要性。

二　基准回归分析

表 9-2 呈现了控制个体和年份后的 OLS 回归分析结果。

表 9-2　基准回归结果

变量	GI (1)	ENV (2)	GI (3)	GI (4)	ENV (5)	GI (6)
DI	0.008**	0.023**	0.008**	0.007*	0.022**	0.006*
	(0.004)	(0.011)	(0.004)	(0.004)	(0.011)	(0.004)
EGP				0.031***	-0.008	0.031***
				(0.008)	(0.021)	(0.008)
DI×EGP				0.022**	0.034*	0.021**
				(0.009)	(0.021)	(0.009)
ENV			0.020***			0.019***
			(0.003)			(0.003)
Big4	0.050***	0.388***	0.043**	0.049***	0.388***	0.042**
	(0.018)	(0.037)	(0.018)	(0.018)	(0.038)	(0.018)
Fixed	0.061***	0.608***	0.049**	0.061***	0.601***	0.049**
	(0.023)	(0.072)	(0.023)	(0.023)	(0.072)	(0.023)
Gr	0.001	0.022	0.001	0.001	0.023	0.000
	(0.010)	(0.033)	(0.010)	(0.010)	(0.033)	(0.010)
Indr	0.001*	-0.007***	0.001*	0.001*	-0.007***	0.001*
	(0.001)	(0.002)	(0.001)	(0.001)	(0.002)	(0.001)
Dual	-0.014**	-0.034	-0.014**	-0.016**	-0.035	-0.015**
	(0.007)	(0.023)	(0.007)	(0.007)	(0.023)	(0.007)
Balance	-0.011***	0.003	-0.011***	-0.010**	0.003	-0.010**
	(0.004)	(0.014)	(0.004)	(0.004)	(0.014)	(0.004)
State	0.035***	0.050**	0.034***	0.036***	0.050**	0.035***
	(0.008)	(0.024)	(0.008)	(0.008)	(0.024)	(0.008)
Ac	-0.093**	-0.420*	-0.085*	-0.067	-0.404	-0.059
	(0.046)	(0.254)	(0.046)	(0.045)	(0.256)	(0.045)
Mfee	-0.304***	-2.431***	-0.256***	-0.333***	-2.464***	-0.285***
	(0.089)	(0.403)	(0.090)	(0.089)	(0.404)	(0.090)
行业固定效应	是	是	是	是	是	是

续表

变量	GI (1)	ENV (2)	GI (3)	GI (4)	ENV (5)	GI (6)
年份固定效应	是	是	是	是	是	是
常数项	-0.013	0.186*	-0.017	-0.035	0.216**	-0.039
	(0.039)	(0.096)	(0.039)	(0.040)	(0.100)	(0.040)
观察值	6667	6667	6667	6652	6652	6652
R^2	0.043	0.231	0.047	0.048	0.231	0.051

注：***、**、*分别表示在1%、5%、10%的水平下显著，括号内数值为经过稳健标准误计算的t值。

由表9-2的第（1）列可知，数字化转型对绿色形象的影响系数为0.008且在5%的水平下显著，支持了假设1。由第（2）列可知，数字化转型对环境信息披露的影响系数为0.023且在5%的水平下显著。由第（3）列可知，数字化转型、环境信息披露对绿色形象的影响系数分别为0.008和0.020，且分别在5%和1%的水平下显著。这表明数字化转型对绿色形象构建的促进效可通过提升环境信息披露质量来实现，验证了假设2。

进一步检验高管环保背景对中介机制的调节作用，由表9-2第（4）列可知，数字化转型以及高管环保背景与数字化转型的交乘项对绿色形象的影响系数分别为0.007、0.022，分别在10%、5%的水平下显著。由第（5）列可知，数字化转型对环境信息披露的影响系数为0.022且在5%的水平下显著。高管环保背景与数字化转型的交乘项对环境信息披露的影响系数为0.034，且在10%的水平下显著。由第（6）列可知，环境信息披露对绿色形象的影响系数为0.019，且在1%的水平下显著，证实高管环保背景可增强环境信息披露在数字化转型与绿色形象间的中介作用。综合来看，高管环保背景的调节效应存在且发生在中介机制的前半段路径。

三　稳健性与内生性检验

第一，替换衡量方式。参考霍晓萍和董之皓（2024）的研究，依据高碳企业是否开展数字化转型构建虚拟变量以衡量高碳企业数字化转型水平，稳健性检验结果如表 9-3 所示。可知，在构建数字化转型的虚拟变量从系统的角度对数字化转型进行衡量后，结论依然保持不变，证明结论稳健。

表 9-3　替换衡量方式

变量	(1)	(2)	(3)	(4)	(5)	(6)
XUNI	0.017***	0.040**	0.017**	0.015**	0.040**	0.014**
	(0.007)	(0.020)	(0.007)	(0.007)	(0.020)	(0.007)
EGP				0.031***	-0.009	0.031***
				(0.008)	(0.021)	(0.008)
XUNI×EGP				0.030**	0.109***	0.028*
				(0.016)	(0.041)	(0.016)
ENV			0.020***			0.019***
			(0.003)			(0.003)
Big4	0.050***	0.387***	0.042**	0.049***	0.387***	0.041**
	(0.018)	(0.038)	(0.018)	(0.018)	(0.038)	(0.018)
Fixed	0.060***	0.604***	0.048**	0.061***	0.597***	0.049**
	(0.023)	(0.071)	(0.023)	(0.023)	(0.072)	(0.023)
Gr	0.001	0.023	0.001	0.000	0.023	0.000
	(0.010)	(0.033)	(0.010)	(0.010)	(0.033)	(0.010)
Indr	0.001	-0.007***	0.001*	0.001*	-0.006***	0.001*
	(0.001)	(0.002)	(0.001)	(0.001)	(0.002)	(0.001)
Dual	-0.014**	-0.034	-0.013**	-0.015**	-0.035	-0.014**
	(0.007)	(0.023)	(0.007)	(0.007)	(0.023)	(0.007)
Balance	-0.011***	0.003	-0.011***	-0.010**	0.004	-0.010***
	(0.004)	(0.014)	(0.004)	(0.004)	(0.014)	(0.004)
State	0.035***	0.050**	0.034***	0.036***	0.050**	0.035***
	(0.008)	(0.024)	(0.008)	(0.008)	(0.024)	(0.008)
Ac	-0.080*	-0.373	-0.073*	-0.063	-0.359	-0.056
	(0.043)	(0.250)	(0.043)	(0.043)	(0.251)	(0.043)

续表

变量	(1)	(2)	(3)	(4)	(5)	(6)
Mfee	-0.319***	-2.487***	-0.270***	-0.334***	-2.524***	-0.285***
	(0.087)	(0.399)	(0.088)	(0.088)	(0.399)	(0.089)
行业固定效应	是	是	是	是	是	是
年份固定效应	是	是	是	是	是	是
常数项	-0.014	0.181*	-0.018	-0.039	0.231**	-0.044
	(0.039)	(0.096)	(0.039)	(0.040)	(0.100)	(0.040)
观察值	6667	6667	6667	6652	6652	6652
R^2	0.043	0.231	0.047	0.047	0.232	0.051

注：***、**、*分别表示在1%、5%、10%的水平下显著，括号内数值为经过稳健标准误计算的t值。

第二，PSM检验。以数字化转型为对象对样本进行分组，大于中位数的企业赋值为1，设为处理组；小于中位数的企业赋值为0，设为对照组。将控制变量设为协变量，使用Logit回归观测样本倾向性得分并进行半径匹配。结果显示，匹配后标准化偏差均小于5%，t检验结果表明特征变量不存在显著差异。半径匹配平衡性检验显示，经过数字化转型程度匹配后，协变量标准化偏差明显降低，数字化程度大于中位数的样本和小于中位数的样本间差异显著降低，证明PSM匹配结果可靠。半径匹配ATT效应对应的t检验值远大于2.576（$p<0.01$），说明处理组平均处理效应显著。将PSM处理后的数据进行基准模型回归，结果见表9-4。可知，结论在经过PSM检验后依旧成立。

表9-4 PSM检验

变量	(1)	(2)	(3)	(4)	(5)	(6)
DI	0.008**	0.024**	0.008**	0.007*	0.023**	0.006*
	(0.004)	(0.011)	(0.004)	(0.004)	(0.011)	(0.004)
EGP				0.031***	-0.008	0.031***
				(0.008)	(0.021)	(0.008)

续表

变量	(1)	(2)	(3)	(4)	(5)	(6)
DIG×EGP				0.022**	0.035*	0.022**
				(0.009)	(0.021)	(0.009)
ENV			0.020***			0.020***
			(0.004)			(0.004)
Big4	0.050***	0.389***	0.043**	0.049***	0.389***	0.042**
	(0.019)	(0.037)	(0.018)	(0.018)	(0.037)	(0.018)
Fixed	0.061***	0.612***	0.049**	0.060***	0.605***	0.049**
	(0.023)	(0.072)	(0.023)	(0.023)	(0.072)	(0.023)
Gr	0.001	0.022	0.001	0.001	0.023	0.000
	(0.010)	(0.033)	(0.010)	(0.010)	(0.033)	(0.010)
Indr	0.001*	−0.007***	0.001*	0.001*	−0.007***	0.001*
	(0.001)	(0.002)	(0.001)	(0.001)	(0.002)	(0.001)
Dual	−0.014**	−0.038*	−0.013**	−0.016**	−0.039*	−0.015**
	(0.007)	(0.023)	(0.007)	(0.007)	(0.023)	(0.007)
Balance	−0.011***	0.005	−0.011***	−0.010**	0.005	−0.010**
	(0.004)	(0.014)	(0.004)	(0.004)	(0.014)	(0.004)
State	0.035***	0.049**	0.034***	0.036***	0.049**	0.035***
	(0.008)	(0.024)	(0.008)	(0.008)	(0.024)	(0.008)
Ac	−0.082	−0.320	−0.076	−0.060	−0.309	−0.054
	(0.053)	(0.278)	(0.053)	(0.053)	(0.280)	(0.052)
Mfee	−0.319***	−2.584***	−0.268***	−0.344***	−2.610***	−0.293***
	(0.098)	(0.433)	(0.099)	(0.098)	(0.434)	(0.099)
行业固定效应	是	是	是	是	是	是
年份固定效应	是	是	是	是	是	是
常数项	−0.015	0.195**	−0.019	−0.037	0.227**	−0.042
	(0.039)	(0.097)	(0.039)	(0.041)	(0.101)	(0.040)
观察值	6624	6624	6624	6609	6609	6609
R^2	0.043	0.232	0.046	0.048	0.232	0.051

注：***、**、*分别表示在1%、5%、10%的水平下显著，括号内数值为经过稳健标准误计算的t值。

第三，工具变量法。参考王莉静等（2024）的研究，使用企业数字化转型程度与同行业以及省份的数字化转型程度均值差额的三次方作为工具变量进行检验（*IV*），结果见表9-5。第（1）列为第一阶段回归，*IV* 对数字化转型的影响系数为 0.254 且在 1%的水平下显著，满足工具变量相关性要求。第（2）列为第二阶段回归，Kleibergen-Paap rk LM 统计量为 3692.2，远大于 Stock-Yogo 弱工具变量识别 F 检验在 1%的显著性水平下的临界值，拒绝弱工具变量假设，表明工具变量具有合理性。可知，数字化转型对绿色形象的影响系数为 0.012，且在 10%的水平下显著，原假设依旧成立。

表 9-5 工具变量法结果

变量	（1）	（2）
DI		0.012*
		（0.006）
IV	0.254***	
	（0.011）	
Big4	0.012	0.050***
	（0.034）	（0.013）
Fixed	-0.228***	0.062***
	（0.059）	（0.022）
Gr	0.075**	0.001
	（0.033）	（0.011）
Indr	0.006***	0.001*
	（0.002）	（0.001）
Dual	0.001	-0.014*
	（0.021）	（0.008）
Balance	0.043***	-0.011**
	（0.012）	（0.004）
State	0.050**	0.035***
	（0.021）	（0.008）
Ac	2.300***	-0.108
	（0.257）	（0.078）
Mfee	-2.996***	-0.286**
	（0.366）	（0.122）

续表

变量	(1)	(2)
Constant	-0.700***	-0.011
	(0.091)	(0.252)
Kleibergen-Paap rk LM		3692.2
行业固定效应	是	是
年份固定效应	是	是
观察值	6652	6652
R^2	0.481	0.043

注：***、**、*分别表示在1%、5%、10%的水平下显著，括号内数值为经过稳健标准误计算的t值。

第五节　本章小结

基于“双碳”目标下高碳企业构建绿色形象的迫切需求，本研究选取高碳企业作为研究对象，探讨了高碳企业数字化转型对其绿色形象构建的影响及作用机制，并剖析了环境信息披露的中介效应、高管环保背景的调节效应。实证结果显示，数字化转型能显著提升高碳企业的绿色形象，环境信息披露是重要的中介机制，高管环保背景能够增强这一中介效应。本研究基于信号理论从全新视角探究了高碳企业绿色形象构建的影响因素及实现路径，不仅是对现有研究中实质性绿色行为有利于绿色形象构建的研究结果的肯定，更是在此基础上的进一步探索，促使数字化绿色化协同理念为高碳企业所接受并主动运用于生产实践中。

第十章　研究结论与管理启示

第一节　研究结论

随着全球经济的不断发展，特别是数字经济的崛起，数字化转型已成为全球制造业企业应对竞争压力、提升创新能力、实现高质量发展的关键战略。当前，我国制造业转型升级的需求迫切，不仅要提高生产效率和创新能力，还要在“双碳”目标下实现可持续发展。为了更好地适应这一趋势，制造业企业不仅需要在技术和管理层面进行深刻变革，还需要通过数字技术的应用来提升整体竞争力。制造业是国民经济的重要支柱，然而其传统发展模式已暴露出资源浪费、环境污染、创新不足等问题。尤其是在面对碳减排压力加大和环境保护要求趋严的当下，利用数字技术开展数字化转型以兼顾环境效益与经济效益，成为我国制造业企业面临的现实问题。

为此，本书采用理论分析与实证研究相结合的范式，紧密围绕制造业企业数字化转型与高质量发展主题开展研究。首先，依据我国国情、制造业产业特征等明确提出研究问题，并通过构建研究框架阐述研究内容与意义。其次，在理论研究部分，通过对现有关于制造业企业、数字化转型、高质量发展等的研究的梳理，为后续的实证研究奠定理论基础。具体来说，全面梳理了相关理论与文献，重点从企业战略与领导、组织内部机制、生态环境与协同发展三个维度夯实研究基础，并对数字化转型、高质量发展等进行概念界定与文献梳理。运用内容分析法探索了关于数字化转型的影响因素与转型路径的研究成果，在“资源—能力—结果”框架下识别了影响企业数字化转型的前因变量，并基于生命周期理论刻画了企业数字化转型的实践路径及不同阶段的关键实践举措。采用 Citespace 数据可视化分析软件开展关键词贡献分析与聚类分析，并构建了“准备期—应用期—跃迁期”的数字化转型协同路径。最后，基于经验数据开展了实证研究。对我国制造业企业数字化转型与高质量发展（由突破式创新与绿色创新替代）现状进行了分析，从整体情况、区域差异和行业差异等角度开展分析并指出了现存问题。以制造业企业为研究对象，探索了数字化转型的前因变量（CEO 自恋特质）和组织后果（突破式创新与绿色创新），讨论了制造业企业通过管理特征、创新能力与绿色技术等推动自身高质量发展的潜在可能。进一步，聚焦高碳企业这一特殊制造业群体，深入分析了高碳企业利用数字技术开展数字化转型实现碳绩效提升的潜在模式，并实证检验了数字化转型在高碳企业绿色形象构建方面的作用机制。以上各实证研究的研究假设与结论汇总如表 10-1 所示。

表 10-1　研究假设与结论汇总

章节	假设	结果
第五章 CEO 自恋特质 与数字化转型	假设 1:CEO 自恋特质对企业数字化转型具有显著正向影响	支持
	假设 2:财富预期在 CEO 自恋特质与企业数字化转型之间起中介作用	支持
	假设 3:融资约束在 CEO 自恋特质与企业数字化转型之间起产生中介作用	支持
	假设 4:相比国有企业,CEO 自恋特质对非国有企业数字化转型的影响更显著	支持
	假设 5:CEO 权力越大,CEO 自恋特质对企业数字化转型的影响越大	支持

续表

章节	假设	结果
第六章 数字化转型与 突破式创新	假设1:数字化转型促进了制造业企业的突破式创新	支持
	假设2:数字化转型通过优化人力资本能力维度促进制造业企业的突破式创新	支持
	假设3:数字化转型通过优化人力资本动机维度促进制造业企业的突破式创新	支持
	假设4:数字化转型通过优化人力资本机会维度促进制造业企业的突破式创新	支持
第七章 数字化转型 与绿色创新	假设1:数字化转型显著正向影响制造业企业的绿色创新	支持
	假设2:动态能力在数字化转型与制造业企业绿色创新间起中介作用	支持
	假设3:环境规制对动态能力与制造业企业绿色创新起正向调节作用	支持
	假设4:市场竞争对动态能力与制造业企业绿色创新起负向调节作用	支持
	假设5:环境规制对动态能力在数字化转型与制造业企业绿色创新之间的中介效应具有正向调节作用,该正向调节作用主要发生在后半段	支持
	假设6:市场竞争对动态能力在数字化转型与制造业企业绿色创新之间的中介效应具有负向调节作用,该负向调节作用主要发生在后半段	支持
第八章 数字化转型与 高碳企业碳绩效	假设1:人工智能与区块链技术组合正向提升高碳企业碳绩效	支持
	假设2:云计算与区块链技术组合正向提升高碳企业碳绩效	支持
	假设3:大数据与区块链技术组合正向提升高碳企业碳绩效	支持
	假设4:人工智能、区块链、云计算与大数据技术组合正向提升高碳企业碳绩效	支持

续表

章节	假设	结果
第九章 数字化转型与高碳企业绿色形象	假设 1:高碳企业数字化转型正向影响高碳企业绿色形象	支持
	假设 2:高碳企业数字化转型通过提升环境信息披露质量促进其绿色形象构建	支持
	假设 3:高管环保背景可增强环境信息披露在数字化转型与绿色形象间的中介作用	支持

第二节　理论贡献与价值

本书聚焦制造业企业数字化转型赋能高质量发展的影响效应、作用机制与边界条件，遵循理论研究与实证研究的混合研究范式，针对不同研究问题开展了实证检验。整体的理论贡献与研究意义已在前文论述，下文针对各实证研究的理论贡献与学术价值进行讨论。

第一，通过融合高阶梯队理论和有限理性理论，在数字化转型领域构建了“心理特质—认知偏差—战略决策”三阶段理论框架，为高管特质研究提供了新的经验证据。区别于既有文献对 CEO 人口统计学特征的单一聚焦，本研究将心理学领域的人格自恋维度引入战略决策分析，系统揭示了管理者非理性特质对企业技术变革的驱动机制。其理论创新体现在以下层面：一是扩展了战略决策的有限理性模型，将自恋人格的过度自信、风险偏好等心理特征纳入高管决策的解释体系中，填补了数字化转型中非理性决策机制的研究局限。二是通过构建“财富预期—融资约束”的双路径中介模型，阐明了 CEO 自恋特质极可能因夸大转型受益认知而加速决策进程，也能凭借个人影响力突破资源获取障碍，为行为战略理论提供了微观传导机制的经验证据。三是识别了由企业所有权与 CEO 权力构成的制度—组织双重情境的调节效应，揭示了国有企业的科层约束抑制自恋特质的战略传导和高权力 CEO 的自主空间放大其心理偏差的决策影响，从而形成“心理特质—制度环节”的动态交互理论。

第二，通过重构 AMO 理论模型，建立了“技术赋能—人力资本重构—创新跃迁”的传导框架，为技术创新理论提供了新的经验证据，突破了传统创新理论的技术决定论桎梏，揭示了数字化转型通过能力强化、动机激活与机会创造三维度重塑人力资本的作用机理。具体而言，数字化转型不仅通过数字任务“倒逼”人力资本专业分析能力增强，还借助数字技术实现人力资本精准激励，更依托岗位设计拓展了人力资本的创新机会，由此描述了“技术—人力”共生演化图景。其研究创新体现在以下维度：一是构建了学历结构、薪酬水平与岗位结构的复合测量体系，为人力资本多维度协同效应的量化提供了新的方法。二是提出了数字化转型的“人力资本阈值”现象，揭示了企业只有跨越特定数字化水平才能释放人力资本的创新潜能，为后续研究提供了新的思路。三是通过实证研究设计了“基础层—中间层—顶层”的数字化转型三阶跃迁路径，指导企业依次推进基础设施投资、人才梯队建设与创新激励机制优化。这不仅弥合了微观个体技能与宏观产业需求的理论鸿沟，也为制造业突破“转型—创新”悖论提供了系统性解决方案。

第三，通过拓展动态能力理论，在绿色创新领域构建了“数字化转型—能力进化—创新产出”的动态演化模型。其理论突破体现在以下方面：一是阐明数字化转型通过环境感知精准化、资源获取智能化、能力重构敏捷化三大路径培育动态能力，解决了资源基础观在动态环境下的理论局限性。二是识别了环境规制的“压力转换效应”与市场竞争的“能力筛选效应”共同构成了政策—市场双元调节机制。三是提出了绿色创新的“数字赋能螺旋模型”，指出数字技术不仅能提升既有能力，更能通过数据积累催生新型绿色能力。

第四，聚焦高碳企业这一特殊制造业群体，立足“数字化绿色化”双化协同背景，突破现有文献对数字技术或整体数字化的单一聚焦，构建了“技术组态—能力协同—碳绩效”的理论分析框架，其理论贡献如下：一是提出数字技术协同效应，揭示区块链、物联网、大数据、人工智能等数字技术的组合应用可产生“数据可信化—检测实时化—分析智能化”的链式反应，形成“1+1>2”的碳治理增效。二是针对高碳企业构建“合法性—效率”双元驱动模型，识别了物联网技术应用的核心辅助角色，并发现了人工智能与区块链技术组合、云计算与区块链技术组合、大数据与区块链技术组合、全数字技术应用组合对高碳企业碳绩效的前因组态。三是运用“组态分析—计量检验”的混合研究范式，率先运用 fsQCA 方法识别出四类技术组态，继而通过 OLS 回归验证技术协同对高碳企业碳绩效的复杂影响机制，辨别了不同组合模式对高碳企业碳绩效的不同影响效应，为后续研究提供了新的思路。

第五，立足信号传递理论针对高碳企业构建“数字转型—绿色信息—形象重塑”模型，其理论贡献如下：一是识别了“数字可信信号”，揭示了数据化转型可增强高碳企业数据可追溯性、信息透明性和行为可验证性，“三位一体”破解传统绿色转型研究面临的“漂绿”识别困境。二是识别了高管环保背景在信号传递链中的认知强化作用，具有环保背景的 CEO 更擅长将数字工具转化为战略叙事能力，由此发展出“技术赋能—高管认知”交互理论，拓展了高阶理论的解释维度。三是破解了“合法性陷阱突破模型”，识别了数字化转型通过提升绿色信号强度、增强利益相关者参与等途径，帮助高碳企业跨越“原罪”障碍，打破了制度理论在特殊行业的应用局限。

整体而言，通过五重理论构建形成了多维融合理论。在纵向上，研究从个体心理特质到技术组态效能再延伸至组织能力演化与价值创造，构建了“决策驱动—技术赋能—能力进阶—价值实现”的完整解释链条。在横向上，在数字化转型的经济效益与环境效益两大维度建立理论联结，形成“创新—绿色”双元共生框架，揭示了多要素跨层演化规律，构建了“制度—市场—组织—技术”的情景模型。这种多维融合的理论贡献与研究价值，既突破了传统管理研究的单一视角局限，又为数字经济时代制造业企业战略决策提供了兼具解释力和实践张力的范式。

第三节　管理启示

整合以上研究结论与理论贡献，对制造业企业数字化转型赋能高质量发展提出以下管理建议与实践启示。

一　协同推进数字化与组织系统变革，筑牢高质量发展的技术与人力根基

数字化转型绝非单纯的技术更迭，实则是一场对组织内部架构、企业文化以及人力资源布局的全方位革新。企业倘若仅依赖数字工具的简单引入或自主研发，很难充分释放数字化转型的全部效能，必须高度重视“人—机—环境”“三位一体”的系统性适配。在人力资本维度，企业应大力引进数字化领域的专业人才，并搭建完善的培训体系。通过优化薪酬福利体系，激发员工投身数字化工作的热情；在岗位设计与人员任用环节，为员工创造更多数字化创新实践的机会。从管理模式出发，管理层应秉持敏捷的管理理念，积极推行扁平化、平台化以及虚实协同的新型管理模式。这不仅能有效促进跨部门协作的高效开展，让数据驱动决策得以切实落地，还能在企业内部孕育突破式创新与绿色创新的核心动力。

二　充分挖掘高管个性特征的正向潜能，平衡并管控潜在负面效应

关于 CEO 自恋特质与数字化转型的关联研究指出，企业数字化战略的走向在很大程度上取决于管理者的行为偏好和人格特质。制造业企业在选拔与考核 CEO 时，应将自恋等主观特质纳入综合考量范畴。CEO 自恋特质通常具备强烈的冒险精神与创新意愿，能够更为积极主动地推动高风险但高回报的数字化项目。然而，为防止因过度自恋导致资源浪费或重大决策失误，企业必须通过优化内部治理结构和完善制度加以约束。例如，成立决策委员会，引入第三方审核监督机制等。此外，通过合理调整企业产权性质（国有与民营）以及优化 CEO 权力架构，企业能够在充分释放高管个性特征的积极作用的同时，有效规避潜在的经营风险。

三　聚焦多元数字技术组合协同效应，为高碳及高能耗行业注入绿色发展新动能

在高碳行业，单一数字技术的减排成效相对有限，唯有多元数字技术（如人工智能、云计算、大数据与区块链）相互融合、协同发力，才能充分满足绿色化转型对可信数据、强大算力支持以及智能决策的全方位需求。企业可先选取双技术进行小范围投入试点，待积累经验后逐步拓展至对更广泛的多技术组合应用，确保资源配置与组织架构始终契合企业战略目标。对于高碳企业而言，区块链凭借其在数据安全和信任背书方面的独特优势，能够为人工智能、大数据和云计算提供高质量数据源，从而有力推动企业碳绩效提升与绿色形象塑造。若企业具备充足的资源和规模优势，还可进一步整合机器人、增材制造等新兴技术，为生态过程创新和循环经济商业模式开拓更多的发展空间。

四　把握数字化与绿色化双向联动效应，稳步迈向高质量可持续发展之路

数字化转型不仅能为制造业企业塑造全新的创新优势与竞争实力，还能与绿色转型战略形成良性互动、相互促进的良好局面。企业应紧密结合自身行业特性与市场环境，在深度运用数字化手段加速资源优化配置与生产线改造升级的过程中，将环境信息披露、绿色创新等目标融入核心管理与考核指标体系，实现社会价值与经济价值的同步提升。与此同时，企业要时刻警惕盲目扩张或过度冒进引发的资源浪费问题。通过整合供应商、投资者、政府部门以及社会公众等多方资源，构建开放包容的创新生态系统，在动态多变的市场环境中，兼顾短期经营业绩与长期可持续竞争力，为中国制造业在数字经济与“双碳”时代的高质量发展奠定坚实的基础。

五　政府积极作为，完善政策支撑与外部环境，为企业数字化转型和高质量发展保驾护航

外部政策环境与市场竞争态势对企业数字化转型进程及创新成果的产出有着极为显著的影响。政府可从以下两大关键方向精准发力：其一，在企业资金投入、人才培养、数字基础设施建设等关键领域，提供强有力的政策支持与激励举措。比如，实施财政补贴、税收减免政策，组织开展专项培训活动等。其二，制定灵活且适宜的环境规制政策。一方面，全力维护市场竞争秩序，另一方面，大力促进技术创新，避免出现由“市场过度竞争”或“平台垄断”引发的两极分化现象。同时，针对以数字技术为核心的新兴行业生态，及时制定并完善相关行业标准与法规，防范“赢者通吃”效应带来的负面冲击。唯有如此，企业数字化转型、绿色创新与市场竞争才能在国家战略层面实现有机协同。

第四节　研究不足与展望

本书虽然在理论和实证层面针对制造业企业数字化转型与高质量发展形成了一定的研究成果，但仍存在以下局限性有待未来改进。

首先，在测量方法上，当前对数字化转型的衡量多采用文本分析或关键词计数等方法，虽便捷但难以全方位刻画企业在技术部署、流程改造与文化变革等层面真实的数字化转型水平。未来研究可尝试整合多源数据，如企业内部数字化投资与运营数据、问卷量表及深度访谈等，以构建更完备的衡量指标体系，从而更加精准地评估企业数字化转型进程与成效。类似地，对 CEO 自恋特质的度量也以二手数据为主，无法充分捕捉领导者在心理层面更细微的差异。后续可借鉴成熟量表或设计多维度测验，将主观特质与客观行为证据结合，以提高测量的准确性与解释力。

其次，在研究对象上，当前主要聚焦制造业企业，特别是高碳行业的数字化转型与绿色发展这一独特情境，虽能精细展现“双碳”目标下的数字化转型实践，但仍面临推广性不足的问题。制造业之外的其他高碳领域（如交通运输、建筑、公共设施等）在技术需求、市场环境和碳排放特征方面或许存在显著差异，因此后续研究可进一步拓宽行业范围或进行跨行业对比，从而提高研究结论的外部效度，并洞察不同行业在数字化与绿色化协同路径上的差异化表现。

最后，在探讨数字化转型对企业创新、碳绩效和绿色形象的作用机制时，主要依赖内部组织变量与微观管理因素，如高管个性特征、人力资本、环境信息披露等。然而，数字化对企业高质量发展的影响往往还受到更广泛的外部情境制约，包括地区数字经济基础、平台经济监管政策、产业生态系统的支持等。未来研究可从宏观与中观层面延伸，利用多层次分析框架考察数字化转型与绿色创新或碳绩效提升在区域或行业生态层面的差异；也可结合纵深案例研究，对企业数字化转型过程中跨边界协同、外部资源整合与社会价值共创等进行更系统的实证分析。通过进一步丰富外部情境因素与非线性机制的讨论，可以为数字化转型带来更具全局视野和可操作性的指导方案。

参考文献

埃森哲中国：《数字化转型：可持续的进化历程》，《机器人产业》2022 年第 6 期。

安家骥、狄鹤、刘国亮：《组织变革视角下制造业企业数字化转型的典型模式及路径》，《经济纵横》2022 年第 2 期，第 54~59 页。

〔美〕奥托·夏莫：《U 型理论》，邱昭良、王庆娟、陈秋佳译，浙江人民出版社，2013。

柏培文、张云：《数字经济、人口红利下降与中低技能劳动者权益》，《经济研究》2021 年第 5 期，第 91~108 页。

〔美〕彼得·圣吉：《第五项修炼》，张成林译，中信出版社，2009。

毕茜、李虹媛、于连超：《高管环保经历嵌入对企业绿色转型的影响与作用机制》，《广东财经大学学报》2019 年第 5 期，第 4~21 页。

毕晓方、刘晟勇、傅绍正、邢晓辉：《盈余平滑影响企业突破式创新吗——外部利益相关者评价的视角》，《会计研究》2022 年第 12 期，第 91~102 页。

毕晓方、翟淑萍、姜宝强：《政府补贴、财务冗余对高新技术企业双元创新的影响》，《会计研究》2017 年第 1 期，第 46~52、95 页。

蔡莉、杨亚倩、卢珊、于海晶：《数字技术对创业活动影响研究回顾与展望》，《科学学研究》2019 年第 10 期，第 1816~1824、1835 页。

蔡莉、杨亚倩、詹天悦、盛乃珩：《数字经济下创新驱动创业过程中认知、行为和能力的跨层面作用机制——基于三一集团的案例研究》，《南开管理评论》2025 年第 5 期，第 1~24 页。

曹倩雯、曾军平：《税收营商环境优化与企业数字化转型——基于税收“放管服”改革的准自然实验》，《当代财经》2025 年第 1 期，第 1~15 页。

长青、魏京柔、张璐、赵爽、张强：《高阶梯队理论的溯源、知识架构及展望》，《管理学报》2024 年第 9 期，第 1411~1422 页。

钞小静、王宸威、王灿：《数字经济推动经济高质量发展的理论机制与实现路径》，《经济纵横》2024 年第 3 期，第 108~117 页。

陈冲、吴炜聪：《消费结构升级与经济高质量发展：驱动机理与实证检验》，《上海经济研究》2019 年第 6 期，第 59~71 页。

陈春花：《传统企业数字化转型能力体系构建研究》，《人民论坛·学术前沿》2019 年第 18 期，第 6~12 页。

陈德球、胡晴：《数字经济时代下的公司治理研究：范式创新与实践前沿》，《管理世界》2022 年第 6 期，第 213~240 页。

陈国权：《面向时空发展的组织学习理论》，《管理学报》2017 年第 7 期，第 982~989 页。

陈剑、黄朔、刘运辉：《从赋能到使能——数字化环境下的企业运营管理》，《管理世界》2020 年第 2 期，第 117~128、222 页。

陈瑾、李若辉：《新时代我国制造业智能化转型机理与升级路径》，《江西师范大学学报》（哲学社会科学版）2019 年第 6 期，第 145~152 页。

陈楠、蔡跃洲、马晔风：《制造业数字化转型动机、模式与成效——基于典型案例和问卷调查的实证分析》，《改革》2022 年第 11 期，第 37~53 页。

陈其齐、杜义飞、薛敏：《数字化转型及不确定环境下中国管理研究与实践的创新发展——第11届“中国·实践·管理”论坛评述》，《管理学报》2021年第3期，第337~342页。

陈庆江、王彦萌、万茂丰：《企业数字化转型的同群效应及其影响因素研究》，《管理学报》2021年第5期，第653~663页。

陈同扬、贺文静、李婉青：《数字化时代的人力资源管理与数字化人力资源管理系统辨析》，《科技管理研究》2022年第22期，第130~136页。

陈威如、王节祥：《依附式升级：平台生态系统中参与者的数字化转型战略》，《管理世界》2021年第10期，第195~214页。

陈晓颖、邱国栋：《从产品主导逻辑到服务主导逻辑：能力重构视角下企业的数字化转型研究》，《研究与发展管理》2022年第1期，第39~53页。

陈一华、张振刚、黄璐：《制造企业数字赋能商业模式创新的机制与路径》，《管理学报》2021年第5期，第731~740页。

陈煜波、马晔风：《数字人才——中国经济数字化转型的核心驱动力》，《清华管理评论》2018年第Z1期，第30~40页。

陈昭、刘映曼：《政府补贴、企业创新与制造业企业高质量发展》，《改革》2019年第8期，第140~151页。

陈中飞、江康奇、殷明美：《数字化转型能缓解企业“融资贵”吗》，《经济学动态》2022年第8期，第79~97页。

成琼文、陆思宇：《数字技术应用、经济不确定性与绿色创新》，《软科学》2023年第5期，第1~16页。

程志华、张珺：《新〈环保法〉实施对企业环境信息披露水平的影响研究》，《西安财经大学学报》2023年第5期，第69~80页。

迟晓英、宣国良：《价值链研究发展综述》，《外国经济与管理》2000年第1期，第25~30页。

崔淼、周晓雪：《在位企业的能力构建与数字化战略更新：一项质性元分析》，《研究与发展管理》2021年第1期，第39~52页。

代昀昊、孔东民：《高管海外经历是否能提升企业投资效率》，《世界经济》2017年第1期，第168~192页。

戴翔、杨双至：《数字赋能、数字投入来源与制造业绿色化转型》，《中国工业经济》2022年第9期，第83~101页。

戴亦舒、晏梦灵、董小英：《数字化创新中企业对政策关注与绩效关系研究》，《科学学研究》2020年11期，第2068~2076页。

单宇、许晖、周连喜、周琪：《数智赋能：危机情境下组织韧性如何形成？——基于林清轩转危为机的探索性案例研究》，《管理世界》2021年第3期，第84~104、7页。

邓少军、芮明杰：《组织动态能力演化微观认知机制研究前沿探析与未来展望》，《外国经济与管理》2010年第11期，第26~34页。

丁蕖：《从科层结构到平台结构：基于数字化时代企业权力的合法性重建》，《江苏行政学院学报》2021年第4期，第94~101页。

董晓松、许仁仁、赵星、罗群阳：《基于价值视角的制造业数字化服务转型机理与路径——仁和集团案例研究》，《中国软科学》2021年第8期，第152~161页。

董志勇、李成明：《“专精特新”中小企业高质量发展态势与路径选择》，《改革》2021年第10期，第1~11页。

杜传忠、王纯、郭树龙：《政府创新补贴对制造业企业数字化转型的影响研究》，《财政研究》2023年第12期，第69~82页。

杜运周、刘秋辰、陈凯薇、肖仁桥、李姗姗：《营商环境生态、全要素生产率与城市高质量发展的多元模式——基于复杂系统观的组态分析》，《管理世界》2022年第9期，第127~145页。

段姝、刘霞、李俏：《个人所得税减税激励何以提升企业全要素生产率？——以创新型人力资本为中介》，《经济社会体制比较》

2022 年第 6 期，第 29~39 页。

封伟毅：《数字经济背景下制造业数字化转型路径与对策》，《当代经济研究》2021 年第 4 期，第 105~112 页。

伏润民、常斌、缪小林：《我国省对县（市）一般性转移支付的绩效评价——基于 DEA 二次相对效益模型的研究》，《经济研究》2008 年第 11 期，第 62~73 页。

付剑茹、王可：《企业数字化发展何以促进创新》，《产业经济评论》2022 年第 5 期，第 51~69 页。

高会生、王成敏：《基于动态能力理论的实体零售企业数字化转型探析》，《商业经济研究》2020 年第 1 期，第 79~83 页。

龚新蜀、靳媚：《营商环境与政府支持对企业数字化转型的影响——来自上市企业年报文本挖掘的实证研究》，《科技进步与对策》2023 年第 2 期，第 90~99 页。

谷方杰、张文锋：《基于价值链视角下企业数字化转型策略探究——以西贝餐饮集团为例》，《中国软科学》2020 年第 11 期，第 134~142 页。

郭捷、杨立成：《环境规制、政府研发资助对绿色技术创新的影响——基于中国内地省级层面数据的实证分析》，《科技进步与对策》2020 年第 10 期，第 37~44 页。

韩丽、程云喜：《企业数字化领导力面临的挑战、短板及提升路径》，《领导科学》2021 年第 19 期，第 50~53 页。

何帆、刘红霞：《数字经济视角下实体企业数字化变革的业绩提升效应评估》，《改革》2019 年第 4 期，第 137~148 页。

贺小刚、贾植涵、彭屹、李新春：《财富预期与企业家冒险行为：进取还是越轨?》，《管理世界》2022 年第 10 期，第 226~243 页。

贺正楚、潘为华、潘红玉、吴艳：《制造企业数字化转型与创新效率：制造过程与商业模式的异质性分析》，《中国软科学》2023年第3期，第162~177页。

侯粲然、刘欢、王化成：《人力资本结构高级化与企业投资效率》，《会计与经济研究》2022年第1期，第46~67页。

胡海峰、白宗航、王爱萍：《供应链持股与企业高质量发展——基于全要素生产率视角》，《中国工业经济》2024年第9期，第137~155页。

胡海峰、宋肖肖、窦斌：《数字化在危机期间的价值：来自企业韧性的证据》，《财贸经济》2022年第7期，第134~148页。

胡善成、靳来群、魏晨雨：《政府所得税减免促进高新技术企业创新了吗?》，《浙江社会科学》2022年第9期，第24~35、156~157页。

胡亚男、余东华：《全球价值链嵌入、技术路径选择与制造业高质量发展》，《科技进步与对策》2021年第21期，第44~52页。

黄丽华、朱海林、刘伟华：《企业数字化转型和管理：研究框架与展望》，《管理科学学报》2021年第8期，第26~35页。

黄群慧、余泳泽、张松林：《互联网发展与制造业生产率提升：内在机制与中国经验》，《中国工业经济》2019年第8期，第5~23页。

黄速建、肖红军、王欣：《论国有企业高质量发展》，《中国工业经济》2018年第10期，第19~41页。

霍晓萍、董之皓：《数字化转型会促进异质股东资源协同吗?》，《经济与管理研究》2024年第5期，第129~144页。

纪炀、周二华、龙立荣：《所有制和市场竞争调节作用下的CEO自恋与企业研发投资研究》，《管理学报》2019年第8期，第1142~1152页。

贾丽桓、肖翔：《资本市场开放与企业高质量发展——基于代理成本与创新激励视角》，《现代经济探讨》2021 年第 12 期，第 105~115、132 页。

江鹃、刘建江、许调蓉：《数实融合促进企业高质量发展了吗》，《宏观经济研究》2024 年第 10 期，第 72~89 页。

姜英兵、徐传鑫、班旭：《数字化转型与企业双元创新》，《经济体制改革》2022 年第 3 期，第 187~193 页。

蒋峦、凌宇鹏、张吉昌、鲁竞夫：《数字化转型如何影响企业韧性？——基于双元创新视角》，《技术经济》2022 年第 1 期，第 1~11 页。

蒋永穆、谢强：《在高质量发展中促进共同富裕》，《社会科学辑刊》2022 年第 4 期，第 97~105、2 页。

焦豪、杨季枫、应瑛：《动态能力研究述评及开展中国情境化研究的建议》，《管理世界》2021 年第 5 期，第 191~210、14、22~24 页。

解学梅、朱琪玮：《合规性与战略性绿色创新对企业绿色形象影响机制研究：基于最优区分理论视角》，《研究与发展管理》2021 年第 4 期，第 2~14 页。

金碚：《关于“高质量发展”的经济学研究》，《中国工业经济》2018 年第 4 期，第 5~18 页。

靳小翠、郑宝红：《国有企业董事长的自恋性与企业社会责任研究》，《管理评论》2020 年第 10 期，第 229~244 页。

靳毓、文雯、何茵：《数字化转型对企业绿色创新的影响——基于中国制造业上市公司的经验证据》，《财贸研究》2022 年第 7 期，第 69~83 页。

荆浩、刘垭、徐娴英：《数字化使能的商业模式转型：一个制造企业的案例研究》，《科技进步与对策》2017 年第 3 期，第 93~97 页。

〔希〕克里斯·阿吉里斯、〔希〕唐纳德·舍恩：《组织学习（完整纪念版）》，慈玉鹏译，天津科学技术出版社，2021。

孔存玉、丁志帆：《制造业数字化转型的内在机理与实现路径》，《经济体制改革》2021 年第 6 期，第 98~105 页。

孔东民、韦咏曦、季绵绵：《环保费改税对企业绿色信息披露的影响研究》，《证券市场导报》2021 年第 8 期，第 2~14 页。

李柏洲、殷婧钰、苏屹：《研发资本、双元创新与企业绩效》，《哈尔滨工程大学学报》2019 年第 3 期，第 634~640 页。

李华民、龙宏杰、吴非：《异质性机构投资者与企业数字化转型》，《金融论坛》2021 年第 11 期，第 37~46、56 页。

李辉、梁丹丹：《企业数字化转型的机制、路径与对策》，《贵州社会科学》2020 年第 10 期，第 120~125 页。

李杰义、来碧波：《整体薪酬感知与创新自我效能感对员工创新行为的影响——基于长三角地区制造企业的实证研究》，《华东经济管理》2018 年第 12 期，第 63~70 页。

李晶、曹钰华：《基于组态视角的制造企业数字化转型驱动模式研究》，《研究与发展管理》2022 年第 3 期，第 106~122 页。

李静、楠玉：《人力资本错配下的决策：优先创新驱动还是优先产业升级?》，《经济研究》2019 年第 8 期，第 152~166 页。

李君、成雨、窦克勤、邱君降：《互联网时代制造业转型升级的新模式现状与制约因素》，《中国科技论坛》2019 年第 4 期，第 68~77 页。

李廉水、石喜爱、刘军：《中国制造业 40 年：智能化进程与展望》，《中国软科学》2019 年第 1 期，第 1~9、30 页。

李梦娜、周云波：《数字经济发展的人力资本结构效应研究》，《经济与管理研究》2022 年第 1 期，第 23~38 页。

李琦、侯省亮、倪志良：《财政补贴、经济增长目标与企业创新——来自政府工作报告的经验证据》，《西南民族大学学报》（人文社会科学版）2023 年第 7 期，第 115～125 页。

李琦、刘力钢、邵剑兵：《数字化转型、供应链集成与企业绩效——企业家精神的调节效应》，《经济管理》2021 年第 10 期，第 5～23 页。

李全、佘卓霖、杨百寅：《自恋型 CEO 对企业战略决策效果的影响机制研究》，《科学学与科学技术管理》2019 年第 2 期，第 84～98 页。

李盛楠、许敏、林周周：《研发人力资本效应下国际知识溢出对高技术产业创新绩效的影响研究》，《管理学报》2021 年第 9 期，第 1354～1362 页。

李史恒、屈小娥：《数字经济赋能制造业高质量发展：理论机制与实证检验》，《经济问题探索》2022 年第 10 期，第 105～117 页。

李树文、罗瑾琏、葛元骎：《大数据分析能力对产品突破性创新的影响》，《管理科学》2021 年第 2 期，第 3～15 页。

李树文、罗瑾琏、胡文安：《从价值交易走向价值共创：创新型企业的价值转型过程研究》，《管理世界》2022 年第 3 期，第 125～145 页。

李唐、李青、陈楚霞：《数据管理能力对企业生产率的影响效应——来自中国企业—劳动力匹配调查的新发现》，《中国工业经济》2020 年第 6 期，第 174～192 页。

李晓静、蒋灵多：《数字化与企业创新》，《国际商务》（对外经济贸易大学学报）2023 年第 1 期，第 139～156 页。

李新根、魏淑艳、刘冬梅：《国内数字化治理研究的热点主题与演进趋势——基于 CiteSpace 的知识图谱分析》，《东南学术》2022 年第 2 期，第 61～71、247 页。

李毅、何冰洋、胡宗义、周积琨：《环保背景高管、权力分布与企业环境责任履行》，《中国管理科学》2023 年第 9 期，第 13～21 页。

李莹、曲晓辉：《高管自恋与公司过度投资——基于产权异质性视角》，《税务与经济》2021年第5期，第91~99页。

李勇、缪彬：《企业碳绩效影响因素研究综述》，《财会月刊》2022年第10期，第63~69页。

李煜华、向子威、胡瑶瑛、褚祝杰：《路径依赖视角下先进制造业数字化转型组态路径研究》，《科技进步与对策》2022年第11期，第74~83页。

李煜华、向子威、廖承军：《先进制造业数字化转型组态路径研究——基于"技术-组织-环境"的理论框架》，《科技管理研究》2022年第3期，第119~126页。

李政大、李凤、赵雅婷：《环境信息披露的融资效应——来自重污染企业的证据》，《审计与经济研究》2024年第1期，第117~127页。

林琳、吕文栋：《数字化转型对制造业企业管理变革的影响——基于酷特智能与海尔的案例研究》，《科学决策》2019年第1期，第85~98页。

林润辉、王伦：《基于探索式创新的知识整合能力对突破式创新的影响——企业吸收能力与创新开放度的调节作用》，《科技管理研究》2023年第1期，第19~27页。

刘传江、赵晓梦：《强"波特假说"存在产业异质性吗？——基于产业碳密集程度细分的视角》，《中国人口·资源与环境》2017年第6期，第1~9页。

刘多：《全球数字经济新图景（2020年）——大变局下的可持续发展新动能》，中国信息通信研究院，2022。

刘冀徽、田青、吴非：《董事长研发背景与企业数字化转型——来自中国上市企业年报文本大数据识别的经验证据》，《技术经济》2022年第8期，第60~69页。

刘军、杨渊鋆、张三峰：《中国数字经济测度与驱动因素研究》，

《上海经济研究》2020 年第 6 期，第 81~96 页。

刘军伟、梁秋宸、刘华：《ESG 信息披露双元动机对企业绿色创新绩效的影响——绿色形象的中介作用与价值认知的调节作用》，《科技进步与对策》2025 年第 1 期，第 113~121 页。

刘敏、赵汉晖、吴懋：《企业数字化、环境信息披露质量和绿色技术创新》，《学术研究》2023 年第 8 期，第 92~99 页。

刘平峰、张旺：《数字技术如何赋能制造业全要素生产率?》，《科学学研究》2021 年第 8 期，第 1396~1406 页。

刘荣增、何春：《环境规制对城镇居民收入不平等的门槛效应研究》，《中国软科学》2021 年第 8 期，第 41~52 页。

刘淑春、闫津臣、张思雪、林汉川：《企业管理数字化变革能提升投入产出效率吗》，《管理世界》2021 年第 5 期，第 170~190 页。

刘洋、董久钰、魏江：《数字创新管理：理论框架与未来研究》，《管理世界》2020 年第 7 期，第 198~217、219 页。

刘洋、李亮：《制造企业数字化转型：全球视角与中国故事》，《研究与发展管理》2022 年第 1 期，第 1~7 页。

刘祎、尹云龙、杨旭：《数量或质量：环境信息披露对绿色创新的影响》，《科研管理》2024 年第 4 期，第 166~174 页。

刘宇、梁栋、张硕：《数字化与绿色化协同转型如何赋能高质量发展——来自中国上市公司的证据》，《中国流通经济》2025 年第 1 期，第 25~38 页。

刘玉斌、能龙阁：《数字化转型的溢出效应：扩散还是虹吸？——基于行业内领军企业与行业间产业链双重视角》，《经济与管理研究》2024 年第 6 期，第 38~57 页。

刘政、姚雨秀、张国胜、匡慧姝：《企业数字化、专用知识与组织授权》，《中国工业经济》2020 年第 9 期，第 156~174 页。

楼润平、张昊、麦诗诗：《制造业企业数字化投资与创新绩效：人力资本的中介作用》，《海南大学学报》（人文社会科学版）2022年第6期，第100~112页。

楼永、刘铭：《中小企业数字化变革：从迟徊观望到乘势而上——基于文本挖掘法的变革路径与绩效研究》，《工业技术经济》2022年第2期，第3~13页。

陆洋、王超贤：《数字化转型量化评估研究的比较分析与最新进展》，《科技进步与对策》2021年第9期，第152~160页。

逯苗苗、孙涛：《连锁董事、信用议价能力与企业双维绩效——来自2003~2016年中国制造业上市公司的经验证据》，《财经论丛》2019年第11期，第61~70页。

路博：《高管特征对上市公司经营绩效的影响效应》，《商业研究》2022年第2期，第133~141页。

吕靓欣：《董事会连锁关系与企业环境信息披露——基于沪深A股上市公司的证据》，《华东经济管理》2023年第2期，第120~128页。

罗斌元、陈艳霞：《数智化如何赋能经济高质量发展——兼论营商环境的调节作用》，《科技进步与对策》2022年第5期，第61~71页。

罗兴武、刘敏、黄菲菲、顾晔、陈帅：《数字化转型研究：主题框架和未来展望》，《研究与发展管理》2024年第6期，第166~180页。

罗仲伟、李先军、宋翔、李亚光：《从“赋权”到“赋能”的企业组织结构演进——基于韩都衣舍案例的研究》，《中国工业经济》2017年第9期，第174~192页。

马鸿佳、王亚婧、苏中锋：《数字化转型背景下中小制造企业如何编排资源利用数字机会？——基于资源编排理论的fsQCA研究》，《南开管理评论》2024年第4期，第90~100、208页。

马苓、刘硕、郑敏娜：《企业数字化转型、绿色创新与碳绩效——碳排放权交易政策与公众环境关注度的调节作用》，《研究与发展管理》

2024 年第 2 期，第 63~73 页。

毛聚、李杰、张博文：《CEO 复合职能背景与企业数字化转型》，《现代财经》（天津财经大学学报）2022 年第 9 期，第 37~58 页。

门理想：《公共部门数字领导力：文献述评与研究展望》，《电子政务》2020 年第 2 期，第 100~110 页。

孟韬、李佳雷：《动态能力理论研究现状与热点的文献可视化分析》，《科技进步与对策》2019 年第 11 期，第 153~160 页。

潘雄锋、袁赛：《企业碳披露、绿色创新与碳绩效》，《中国人口·资源与环境》2023 年第 1 期，第 112~123 页。

庞瑞芝、刘东阁：《数字化与创新之悖论：数字化是否促进了企业创新——基于开放式创新理论的解释》，《南方经济》2022 年第 9 期，第 97~117 页。

戚聿东、蔡呈伟：《数字化对制造业企业绩效的多重影响及其机理研究》，《学习与探索》2020 年第 7 期，第 108~119 页。

戚聿东、杜博、温馨：《国有企业数字化战略变革：使命嵌入与模式选择——基于 3 家中央企业数字化典型实践的案例研究》，《管理世界》2021 年第 11 期，第 137~158、10 页。

戚聿东、肖旭：《数字经济时代的企业管理变革》，《管理世界》2020 年第 6 期，第 135~152、250 页。

钱晶晶、何筠：《传统企业动态能力构建与数字化转型的机理研究》，《中国软科学》2021 年第 6 期，第 135~143 页。

乔朋华、周阳、李小青：《CEO 自恋、研发投资与企业价值》，《科技进步与对策》2019 年第 15 期，第 100~106 页。

任玎、吴非、常曦：《金融科技对企业数字化转型的影响与机制研究——基于“金融—经济”结构匹配视角的经验证据》，《人文杂志》2024 年第 12 期，第 84~95 页。

任颋、刘欣：《创造还是破坏：企业数字化应用对就业的影响》，

《南京财经大学学报》2021年第6期，第66~76页。

任英华、刘宇钊、李海彤：《人工智能技术创新与企业全要素生产率》，《经济管理》2023年第9期，第50~67页。

申广军：《“资本—技能互补”假说：理论、验证及其应用》，《经济学》（季刊）2016年第4期，第1653~1682页。

申明浩、谭伟杰：《数字化与企业绿色创新表现——基于增量与提质的双重效应识别》，《南方经济》2022年第9期，第118~138页。

石先梅：《制造业数字化转型的三重逻辑与路径探讨》，《当代经济管理》2022年第9期，第48~56页。

史宇鹏、王阳：《营商环境与企业数字化转型：影响表现与作用机制》，《北京交通大学学报（社会科学版）》2022年第2期，第14~28页。

宋立丰、刘莎莎、宋远方：《冗余价值共享视角下企业平台化商业模式分析——以海尔、小米和韩都衣舍为例》，《管理学报》2019年第4期，第475~484页。

宋清、刘奕惠：《市场竞争程度、研发投入和中小科技企业创新产出——基于风险投资调节的条件过程分析》，《中国软科学》2021年第10期，第182~192页。

苏敬勤、孙悦、高昕：《连续数字化转型背景下的数字化能力演化机理——基于资源编排视角》，《科学学研究》2022年第10期，第1853~1863页。

孙新波、张明超、王永霞：《工业互联网平台赋能促进数据化商业生态系统构建机理案例研究》，《管理评论》2022年第1期，第322~337页。

孙雪、宋宇、赵培雅：《智能化技术应用是否改善了人力资本要素错配》，《科学学研究》2023年第8期，第1389~1400页。

孙雪娇、翟淑萍、于苏：《柔性税收征管能否缓解企业融资约束——来自纳税信用评级披露自然实验的证据》，《中国工业经济》2019年第3期，第81~99页。

谭新雨：《创业制度环境何以激发科技人才创业意愿？——基于AMO理论视角》，《科学学研究》2024年第4期，第817~827页。

汤萱、高星、赵天齐、丁胜涛：《高管团队异质性与企业数字化转型》，《中国软科学》2022年第10期，第83~98页。

唐鹂鸣：《数字化转型与企业技术创新：倒U型关系形成机理及其检验》，《现代经济探讨》2022年第12期，第91~102页。

陶克涛、张术丹、赵云辉：《什么决定了政府公共卫生治理绩效？——基于QCA方法的联动效应研究》，《管理世界》2021年第5期，第128~138、156、10页。

田丹、丁宝：《企业高质量发展的测度及作用机制研究：基于组织韧性的视角》，《中国软科学》2023年第9期，第154~170页。

田秀娟、李睿：《数字技术赋能实体经济转型发展——基于熊彼特内生增长理论的分析框架》，《管理世界》2022年第5期，第56~74页。

涂心语、严晓玲：《数字化转型、知识溢出与企业全要素生产率——来自制造业上市公司的经验证据》，《产业经济研究》2022年第2期，第43~56页。

万相昱：《共享机制能否推动企业高质量发展？——来自机器学习的实证发现》，《劳动经济研究》2024年第6期，第13~46页。

万相昱、何甜甜：《数字化转型与企业内部薪酬差距问题研究——来自中国上市公司的经验证据》，《价格理论与实践》2022年第3期，第31~37页。

汪纯孝、伍晓奕、张秀娟：《企业薪酬管理公平性对员工工作态度和行为的影响》，《南开管理评论》2006年第6期，第5~12页。

汪建成、杨梅、李晓晔：《外部压力促进了企业绿色创新吗？——

政府监管与媒体监督的双元影响》，《产经评论》2021年第4期，第66~81页。

汪旭晖：《新时代的“新零售”：数字经济浪潮下的电商转型升级趋势》，《北京工商大学学报》（社会科学版）2020年第5期，第38~45页。

王芳、王宛秋、高雅、唐中君：《高技术制造业企业通过技术并购实现突破式创新的路径研究——基于模糊集的定性比较分析》，《科学学与科学技术管理》2022年第9期，第163~181页。

王锋正、刘向龙、张蕾、程文超：《数字化促进了资源型企业绿色技术创新吗？》，《科学学研究》2022年第2期，第332~344页。

王海花、杜梅：《数字技术、员工参与与企业创新绩效》，《研究与发展管理》2021年第1期，第138~148页。

王海花、谭钦瀛、李烨：《数字技术应用、绿色创新与企业可持续发展绩效——制度压力的调节作用》，《科技进步与对策》2023年第7期，第124~135页。

王海军、王淞正、张琛、郭龙飞：《数字化转型提高了企业ESG责任表现吗？——基于MSCI指数的经验研究》，《外国经济与管理》2023年第6期，第19~35页。

王核成、王思惟、刘人怀：《企业数字化成熟度模型研究》，《管理评论》2021年第12期，第152~162页。

王辉、林伟芬、谢锐：《高管环保背景与绿色投资者进入》，《数量经济技术经济研究》2022年第12期，第173~194页。

王静：《我国制造业全球供应链重构和数字化转型的路径研究》，《中国软科学》2022年第4期，第23~34页。

王珏、祝继高：《劳动保护能促进企业高学历员工的创新吗？——基于A股上市公司的实证研究》，《管理世界》2018年第3期，第139~152、166、184页。

王开科、吴国兵、章贵军：《数字经济发展改善了生产效率吗》，《经济学家》2020 年第 10 期，第 24~34 页。

王莉静、徐梦杰、徐莹莹、王微微：《企业数字化转型对服务化价值共创绩效的影响研究：基于合作网络视角》，《中国软科学》2024 年第 6 期，第 165~176 页。

王茂斌、叶涛、孔东民：《绿色制造与企业环境信息披露——基于中国绿色工厂创建的政策实验》，《经济研究》2024 年第 2 期，第 116~134 页。

王文娜、阳镇、梅亮、陈劲：《价值链数字化能产生创新赋能效应吗？——来自中国制造企业的微观证据》，《科学学与科学技术管理》2023 年第 2 期，第 33~55 页。

王霞、张丽君、秦耀辰、张晶飞：《中国高碳制造业碳排放时空演变及其驱动因素》，《资源科学》2020 年第 2 期，第 323~333 页。

王象路、罗瑾琏、姜新华、耿新：《高管团队信息技术背景与企业数字化转型战略——基于数字战略认知框架》，《科学学与科学技术管理》2024 年第 10 期，第 153~167 页。

王晓红、李娜、陈宇：《冗余资源调节、数字化转型与企业高质量发展》，《山西财经大学学报》2022 年第 8 期，第 72~84 页。

王新光：《管理者短视行为阻碍了企业数字化转型吗——基于文本分析和机器学习的经验证据》，《现代经济探讨》2022 年第 6 期，第 103~113 页。

王旭、张晓宁、牛月微：《“数据驱动”与“能力诅咒”：绿色创新战略升级导向下企业数字化转型的战略悖论》，《研究与发展管理》2022 年第 4 期，第 51~65 页。

王一鸣：《百年大变局、高质量发展与构建新发展格局》，《管理世界》2020 年第 12 期，第 1~13 页。

王永贵、李霞：《促进还是抑制：政府研发补助对企业绿色创新绩效的影响》，《中国工业经济》2023 年第 2 期，第 131～149 页。

王永伟、李彬、叶锦华、刘雨展：《CEO 变革型领导行为、数字化能力与竞争优势：环境不确定性的调节效应》，《技术经济》2022 年第 5 期，第 109～121 页。

王贞洁、王惠：《低碳城市试点政策与企业高质量发展——基于经济效率与社会效益双维视角的检验》，《经济管理》2022 年第 6 期，第 43～62 页。

温湖炜、王圣云：《数字技术应用对企业创新的影响研究》，《科研管理》2022 年第 4 期，第 66～74 页。

温忠麟、叶宝娟：《有调节的中介模型检验方法：竞争还是替补?》，《心理学报》2014 年第 5 期，第 714 页。

温忠麟、张雷、侯杰泰、刘红云：《中介效应检验程序及其应用》，《心理学报》2004 年第 5 期，第 614～620 页。

文东华、童卫华、彭希：《CEO 自恋、所有权性质和组织后果——来自中国上市公司的证据》，《经济管理》2015 年第 8 期，第 65～75 页。

文书洋、刘浩、王慧：《绿色金融、绿色创新与经济高质量发展》，《金融研究》2022 年第 8 期，第 1～17 页。

邬爱其、宋迪：《制造企业的数字化转型：应用场景与主要策略》，《福建论坛》（人文社会科学版）2020 年第 11 期，第 28～36 页。

吴非、胡慧芷、林慧妍、任晓怡：《企业数字化转型与资本市场表现——来自股票流动性的经验证据》，《管理世界》2021 年第 7 期，第 130～144 页。

吴江、陈婷、龚艺巍、杨亚璇：《企业数字化转型理论框架和研究展望》，《管理学报》2021 年第 12 期，第 1871～1880 页。

吴瑶、夏正豪、胡杨颂、谢康、王茜：《基于数字化技术共建“和而不同”动态能力——2011～2020 年索菲亚与经销商的纵向案例研究》，《管理世界》2022 年第 1 期，第 144~163、164、206 页。

夏同水、苗承青：《CEO 财务专长、CEO 权力与审计费用》，《会计之友》2021 年第 23 期，第 87~93 页。

肖静、曾萍：《数字化能否实现企业绿色创新的“提质增量”？——基于资源视角》，《科学学研究》2023 年第 5 期，第 1~19 页。

肖静华：《企业跨体系数字化转型与管理适应性变革》，《改革》2020 年第 4 期，第 37~49 页。

肖静华、吴小龙、谢康、吴瑶：《信息技术驱动中国制造转型升级——美的智能制造跨越式战略变革纵向案例研究》，《管理世界》2021 年第 3 期，第 161~179、225 页。

肖土盛、董启琛、张明昂、许江波：《竞争政策与企业劳动收入份额——基于〈反垄断法〉实施的准自然实验》，《中国工业经济》2023 年第 4 期，第 117~135 页。

肖土盛、孙瑞琦、袁淳、孙健：《企业数字化转型、人力资本结构调整与劳动收入份额》，《管理世界》2022 年第 12 期，第 220~237 页。

肖宇、夏杰长、倪红福：《中国制造业全球价值链攀升路径》，《数量经济技术经济研究》2019 年第 11 期，第 40~59 页。

谢菊兰、李露露、刘小妹、史燕伟：《AMO 理论框架下玩兴氛围对员工绩效的促进机制》，《心理学探新》2022 年第 1 期，第 76~82 页。

谢康、吴瑶、肖静华：《生产方式数字化转型与适应性创新——数字经济的创新逻辑（五）》，《北京交通大学学报》（社会科学版）2021 年第 1 期，第 1~10 页。

忻榕、陈威如、侯正宇：《平台化管理》，机械工业出版社，2019。

邢丽云、俞会新、任相伟：《网络嵌入、绿色动态能力与企业绿色创新——环境规制和管理者环境注意力的调节作用》，《科技进步与对策》2022年第14期，第105~113页。

邢明强、许龙：《数字化转型、动态能力与制造业企业绿色创新》，《统计与决策》2024年第3期，第184~188页。

徐朝辉、王满四：《数字化转型对企业员工薪酬的影响研究》，《中国软科学》2022年第9期，第108~119页。

徐梦、丁硕、杨忠海：《研发背景高管促进了企业数字化发展吗？——基于文本分析的经验证据》，《科学学与科学技术管理》2024年第10期，第136~152页。

徐细雄、段玲玲、林翠梁、严由亮：《数字化进程与企业风险防御：基于动态能力理论视角》，《外国经济与管理》2023年第8期，第51~67页。

徐向龙：《数字化转型与制造企业技术创新》，《工业技术经济》2022年第6期，第18~25页。

徐亚平、胡鑫：《研发人力资本提升机制及其实证分析——基于对外开放与知识消费互动视角》，《上海经济研究》2023年第1期，第70~84页。

徐子尧、张莉沙：《数字化转型与企业费用粘性——基于管理层自利视角的分析》，《金融经济学研究》2022年第4期，第1~14页。

许玲玲、余明桂、钟慧洁：《高新技术企业认定与企业劳动雇佣》，《经济管理》2022年第1期，第85~104页。

许龙、周嘉怡、刘兵：《企业数字化转型影响因素与实施路径》，《财会月刊》2023年第10期，第146~152页。

许为宾、魏丽霞、乔朋华：《CEO自恋与公司审计费用》，《南京审计大学学报》2021年第4期，第22~30页。

许志勇、宋泽：《研发投资、政策激励与企业高质量发展》，《管理评论》2023年第9期，第127~141页。

阳镇、陈劲、商慧辰：《何种经历推动数字化：高管学术经历与企业数字化转型》，《经济问题》2022 年第 10 期，第 1~11 页。

杨国超、芮萌：《高新技术企业税收减免政策的激励效应与迎合效应》，《经济研究》2020 年第 9 期，第 174~191 页。

杨瑾、李蕾：《数字经济时代装备制造企业颠覆式创新模式——基于扎根理论的探索》，《中国科技论坛》2022 年第 8 期，第 89~99 页。

杨林、和欣、顾红芳：《高管团队经验、动态能力与企业战略突变：管理自主权的调节效应》，《管理世界》2020 年第 6 期，第 168~188、201、252 页。

杨仁发、郑媛媛：《人力资本结构与制造业高质量发展：影响机制与实证检验》，《经济体制改革》2022 年第 4 期，第 112~119 页。

杨震宁、童奕铭：《数字技术同群效应、组间压力与企业创新模式》，《外国经济与管理》2025 年第 2 期，第 1~19 页。

杨志波、杨兰桥：《我国中小型制造企业智能化转型困境及破解策略》，《中州学刊》2020 年第 8 期，第 25~31 页。

姚小涛、亓晖、刘琳琳、肖婷：《企业数字化转型：再认识与再出发》，《西安交通大学学报》（社会科学版）2022 年第 3 期，第 1~9 页。

叶丹、姚梅芳、葛宝山、赵丽仪：《数字技术驱动传统非互联网企业数字创新绩效的作用机理——组织合法性的调节作用》，《科技进步与对策》2023 年第 11 期，第 11~18 页。

尹建华、双琦：《CEO 学术经历对企业绿色创新的驱动效应——环境注意力配置与产学研合作赋能双重视角》，《科技进步与对策》2023 年第 3 期，第 141~151 页。

尹夏楠、詹细明、唐少清：《制造企业数字化转型对财务绩效的影响机理》，《中国流通经济》2022 年第 7 期，第 96~106 页。

应瑛、张晓杭、孔小磊、胡程莉：《制度视角下的制造企业数字化转型过程：一个纵向案例研究》，《研究与发展管理》2022 年第 1 期，第 8~20、106 页。

尤志华、李海刚、韩丽川：《CEO 自恋对创新绩效的影响研究——基于企业异质性的调节作用》，《上海管理科学》2020 年第 2 期，第 56~62 页。

于津平、夏文豪：《对外直接投资推动企业数字化转型了吗——来自中国上市公司的经验证据》，《国际经贸探索》2024 年第 5 期，第 58~74 页。

于伟：《企业数字化转型的综合模型及竞争优势建构》，《技术经济与管理研究》2022 年第 2 期，第 63~68 页。

于翔、牛彪、苑泽明：《价值链视角下“人数”协同对企业高质量发展的影响研究》，《科研管理》2025 年第 3 期，第 1~12 页。

余东华、王梅娟：《数字经济、企业家精神与制造业高质量发展》，《改革》2022 年第 7 期，第 61~81 页。

余菲菲、曹佳玉、杜红艳：《数字化悖论：企业数字化对创新绩效的双刃剑效应》，《研究与发展管理》2022 年第 2 期，第 1~12 页。

余菲菲、王丽婷：《数字技术赋能我国制造企业技术创新路径研究》，《科研管理》2022 年第 4 期，第 11~19 页。

余明桂、马林、王空：《商业银行数字化转型与劳动力需求：创造还是破坏?》，《管理世界》2022 年第 10 期，第 212~230 页。

袁显平、李盼：《高管环保认知、研发投入与企业绿色创新绩效》，《财会月刊》2023 年第 18 期，第 20~27 页。

曾德麟、蔡家玮、欧阳桃花：《数字化转型研究：整合框架与未来展望》，《外国经济与管理》2021 年第 5 期，第 63~76 页。

曾皓：《税收激励促进了企业数字化转型吗？——基于前瞻性有效税率的经验证据》，《现代财经》（天津财经大学学报）2022 年第 10 期，第 38~55 页。

张超、陈凯华、穆荣平：《数字创新生态系统：理论构建与未来研究》，《科研管理》2021 年第 3 期，第 1~11 页。

张吉昌、龙静：《数字技术应用如何驱动企业突破式创新》，《山西财经大学学报》2022年第1期，第69~83页。

张杰、陈志远、吴书凤、孙文浩：《对外技术引进与中国本土企业自主创新》，《经济研究》2020年第7期，第92~105页。

张杰、付奎：《信息网络基础设施建设能驱动城市创新水平提升吗？——基于“宽带中国”战略试点的准自然试验》，《产业经济研究》2021年第5期，第1~14、127页。

张可、高庆昆：《基于突破性技术创新的企业核心竞争力构建研究》，《管理世界》2013年第6期，第180~181页。

张璐、王岩、苏敬勤、长青、张强：《资源基础理论：发展脉络、知识框架与展望》，《南开管理评论》2023年第4期，第1~22页。

张培、张苗苗：《动态能力视角下制造企业数字化转型路径——基于步科公司的案例研究》，《管理学季刊》2021年第2期，第79~100、149~150页。

张钦成、杨明增：《企业数字化转型与内部控制质量——基于“两化融合”贯标试点的准自然实验》，《审计研究》2022年第6期，第117~128页。

张娆、刘晨、杨小伟：《绿色并购有助于重污染企业塑造绿色形象吗?》，《财经理论与实践》2024年第1期，第74~82页。

赵剑波、史丹、邓洲：《高质量发展的内涵研究》，《经济与管理研究》2019年第11期，第15~31页。

赵婷婷、杨国亮：《数字化转型与制造企业创新决策》，《哈尔滨商业大学学报》（社会科学版）2020年第5期，第21~37页。

赵晓梦、陈璐瑶、刘传江：《非正式环境规制能够诱发绿色创新吗？——基于ENGOs视角的验证》，《中国人口·资源与环境》2021年第3期，第87~95页。

赵玉珍、乔亚杰、周黎、赵俊梅：《减排措施如何提升高能耗企业财务绩效——碳绩效的中介作用》，《系统工程》2021年第6期，第14~24页。

甄红线、郭东：《城投平台入股与企业数字化转型——基于资源效应与治理效应的双重视角》，《当代财经》2025年第3期，第1~12页。

郑帅、王海军：《数字化转型何以影响枢纽企业创新绩效？——基于模块化视角的实证研究》，《科研管理》2022年第11期，第73~82页。

中国社会科学院工业经济研究所课题组等：《新型工业化内涵特征、体系构建与实施路径》，《中国工业经济》2023年第3期，第5~19页。

钟雨龙、陈璋：《防疫常态化背景下我国中小企业数字化转型的发展研究》，《商业经济研究》2021年第10期，第113~116页。

周嘉、马世龙：《从赋能到使能：新基建驱动下的工业企业数字化转型》，《西安交通大学学报》（社会科学版）2022年第3期，第20~30页。

周密、邢明强、许龙：《面向新质生产力提升的数字化转型与制造业企业突破式创新研究》，《贵州财经大学学报》2024年第4期，第99~109页。

周卫华、刘一霖：《管理者能力、企业数字化与内部控制质量》，《经济与管理研究》2022年第5期，第110~127页。

周志方、李祎、肖恬、曾辉祥：《碳风险意识、低碳创新与碳绩效》，《研究与发展管理》2019年第3期，第72~83页。

朱长宁、李宏伟：《数字化转型对企业高质量发展的影响机制研究——来自中国A股上市制造业企业的证据》，《经济问题》2024年第9期，第78~86、110页。

朱秀梅、林晓玥：《企业数字化转型：研究脉络梳理与整合框架构建》，《研究与发展管理》2022年第4期，第141~155页。

朱秀梅、林晓玥：《企业数字化转型价值链重塑机制——来自华为集团与美的集团的纵向案例研究》，《科技进步与对策》2023年第17期，第13~24页。

邹梦婷、凌丹、黄大禹、谢获宝：《制造业数字化转型与产业链现代化关联性研究》，《科学学研究》2023年第4期，第1~16页。

Acemoglu D., Restrepo P., "The Race between Man and Machine: Implications of Technology for Growth, Factor Shares, and Employment," *American Economic Review*, 2018, 108 (6), pp. 1488-1542.

Adner R., "Match Your Innovation Strategy to Your Innovation Ecosystem," *Harvard Business Review*, 2006, 84 (4), pp. 98-107, 148.

Albort-Morant G., Leal-Millán A., Cepeda-Carrión G., "The Antecedents of Green Innovation Performance: A Model of Learning and Capabilities," *Journal of Business Research*, 2016, 69 (11), pp. 4912-4917.

Alchian A. A., Demsetz H., "Production, Information Costs, and Economic Organization," *The American Economic Review*, 1972, 62 (5), pp. 777-795.

Alzamora-Ruiz J., del Mar Fuentes-Fuentes M., Martinez-Fiestas M., "Together or Separately? Direct and Synergistic Effects of Effectuation and Causation on Innovation in Technology-based SMEs," *International Entrepreneurship and Management Journal*, 2021, 17 (4), pp. 1917-1943.

Amernic J. H., Craig R. J., "Accounting As a Facilitator of Extreme Narcissism," *Journal of Business Ethics*, 2010, 96 (1), pp. 79-93.

Amores-Salvadó J., Castro G. M., Navas-López J. E., "Green Corporate Image: Moderating the Connection Between Environmental Product Innovation and Firm Performance," *Journal of Cleaner Production*, 2014 (83) pp. 356-365.

André Hanelt, René Bohnsack, David Marz, Cláudia Antunes

Marante, "A Systematic Review of the Literature on Digital Transformation: Insights and Implications for Strategy and Organizational Change," *Journal of Management Studies*, 2021, 58 (5), pp. 1159-1197.

Antoinette R., Harry C., "Narcissus Enters the Courtroom: CEO Narcissism and Fraud," *Journal of Business Ethics*, 2013, 117 (2), pp. 413-429.

Argyris C., Schön D. A., *Organizational Learning: A Theory of Action Perspective*, MA: Addison-Wesley, 1978.

Awan U., Sroufe R., Shahbaz M., "Industry 4.0 and the Circular Economy: A literature Review and Recommendations for Future Research," *Business Strategy and the Environment*, 2021, 30 (4), pp. 2038-2060.

Baker T., Nelson R. E., "Creating Something from Nothing: Reso urce Construction through Entrepreneurial Bricolage," *Administrative Science Quarterly*, 2005, 50 (3), pp. 329-366.

Barney J., "Firm Resources and Sustained Competitive Advantage," *Journal of Management*, 1991, 17 (1), pp. 99-120.

Barrett M., Davidson E., Prabhu J., Vargo S. L., "Service Innovation in the Digital Age: Key Contributions and Future Directions," *MIS Quarterly*, 2015, 39 (1), pp. 135-154.

Benlian A., Kettinger W. J., Sunyaev A., Winkler T. J., "Special Section: The Transformative Value of Cloud Computing: A Decoupling, Platformization, and Recombination Theoretical Framework," *Journal of Management Information Systems*, 2018, 35 (3), pp. 719-739.

Blumberg M., Pringle C. D., "The Missing Opportunity in Organizational Research: Some Implications for a Theory of Work Performance", *The Academy of Management Review*, 1982, 7 (4), p. 560.

Bostrom R. P. , Heinen J. S. , " MIS Problems and Failures: A Socio-technical Perspective, Part II: The Application of Socio-technical Theory," *MIS Quarterly*, 1977b, pp. 11-28.

Bostrom R. P. , Heinen J. S. , " MIS Problems and Failures: A Socio - technical Perspective, Part I: The Causes," *MIS Quarterly*, 1977a, pp. 17-32.

Boyd B. K. , Takacs Haynes K. , Hitt M. A. , Bergh D. D. , Ketchen D. J. , " Contingency Hypotheses in Strategic Management Research: Use, Disuse, or Misuse?" *Journal of Management*, 2012, 38 (1), pp. 278-313.

Brown S. L. , Eisenhardt K. M. , "The Art of Continuous Change: Linking Complexity Theory and Time - paced Evolution in Relentlessly Shifting Organizations," *Administrative Science Quarterly*, 1997, pp. 1-34.

Brynjolfsson E. , McAfee A. , *The Second Machine Age: Work, Progress, and Prosperity in a Time of Brilliant Technologies*, W. W. Norton & Company, 2014.

Buchholz F. , Jaeschke R. , Lopatta K. , " The Use of Optimistic Tone by Narcissism CEOs," *Accounting, Auditing and Accountability Journal*, 2018, 31 (2), pp. 531-562.

Bughin J. , "The Best Response to Digital Disruption," MIT Sloan Management Review, 2017, 58 (4), pp. 80-86.

Buyl T. , Boone C. , Wade J. B. , "CEO Narcissism, Risk-taking, and Resilience: An Empirical Analysis in U. S. Commercial Banks," *Journal of Management*, 2019, *45* (4), pp. 1372-1400.

Calderon-Monge E. , Ribeiro-Soriano D. , "The Role of Digitalization in Business and Management: A Systematic Literature Review," *Review of*

Managerial Science, 2024, 18 (2), pp. 449-491.

Campbell W. K., Hoffman B. J., Campbell S. M., "Narcissism in Organizational Contexts," *Human Resource Management Review*, 2011, 21 (4), pp. 268-284.

Carpenter M. A., Geletkanycz M. A., Sanders Wm. G., "Upper Echelons Research Revisited: Antecedents, Elements, and Consequences of Top Management Team Composition," *Journal of Management*, 2004, 30 (6), pp. 749-778.

Cennamo C., Dagnino G. B., Di Minin A., Lanzolla G., "Managing Digital Transformation: Scope of Transformation and Modalities of Value Co-Generation and Delivery," *California Management Review*, 2020, 62 (4), pp. 5-16.

Chan Y. E., Krishnamurthy R., Sadreddin A., "Digitally-enabled University Incubation Processes," *Technovation*, 2022, 118, pp. 102-560.

Chatterjee A., Hambrick D. C., "It is All About Me: Narcissistic Chief Executive Officers and Their Effects on Company Strategy and Performance," *Administrative Science Quarterly*, 2007, 52 (3), pp. 351-386.

Chen Y. S., "The Driver of Green Innovation and Green Image-Green Core Competence," *Journal of Business Ethics*, 2008, 81 (3), pp. 531-543.

Choi J. N., "Individual and Contextual Predictors of Creative Performance: The Mediating Role of Psychological Processes," *Creativity Research Journal*, 2004, 16 (2-3), pp. 187-199.

Coase R. H., "The Nature of the Firm," *Economica*, 1937, 4 (16), pp. 386-405.

Coase R. H., "The Problem of Social Cost," *Journal of Law and Economics*, 1960, 3 (3), pp. 1-44.

Coase R. H., "The Problem of Social Cost," C. Gopalakrishnan ed., *Classic Papers in Natural Resource Economics*, 2000, pp. 87-137.

Cohen M. C., Lobel R., Perakis G., "Dynamic Pricing Through Data Sampling," *Production and Operations Management*, 2018, 27 (6), pp. 1074-1088.

Cohen S. L., Tripsas M., "Managing Technological Transitions by Building Bridges," *Academy of Management Journal*, 2018, 61 (6), pp. 2319-2342.

Conlisk J., "Why Bounded Rationality?" *Journal of Economic Literature*, 1996, 34 (2), pp. 669-700.

Cozzolino A., Verona G., Rothaermel F. T., "Unpacking the Disruption Process: New Technology, Business Models, and Incumbent Adaptation," *Journal of Management Studies*, 2018, 55 (7), pp. 1166-1202.

Crook T. R., Ketchen D. J., Combs J. G., Todd S. Y., "Strategic Resources and Performance: A Meta-analysis," *Strategic Management Journal*, 2008, 29 (11), pp. 1141-1154.

Crossan M. M., Lane H. W., White R. E., "An Organizational Learning Framework: From Intuition to Institution," *The Academy of Management Review*, 1999, 24 (3), p. 522.

Cui J., Dai J., Wang Z., Zhao X., "Does Environmental Regulation Induce Green Innovation? A Panel Study of Chinese Listed Firms," *Technological Forecasting and Social Change*, 2022, 176, p. 121492.

David H. Z., Guoli C., "Narcissism, Director Selection, and Risk-taking Spending," *Strategic Management Journal*, 2015, 36 (13), pp. 2075-2098.

Davis F. D., Bagozzi R. P., Warshaw P. R., "User Acceptance of Computer Technology: A Comparison of Two Theoretical Models," *Management Science*, 1989, 35 (8), pp. 982-1003.

Davis F. D., "Perceived Usefulness, Perceived Ease of Use, and User Acceptance of Information Technology," *MIS Quarterly*, 1989, pp. 319-340.

Davis M. C., Challenger R., Jayewardene D. N., Clegg C. W., "Advancing Socio-technical Systems Thinking: A Call for Bravery," *Applied Ergonomics*, 2014, 45 (2), pp. 171-180.

Eisenhardt K. M., Martin J. A., "Dynamic Capabilities: What are They?" *Strategic Management Journal*, 2000, 21 (10-11), pp. 1105-1121.

Emmons R., "Narcissism-Theory and Measurement," *Journal of Personality and Social Psychology*, 1987, 52 (1), pp. 11-17.

Ettlie J. E., "Organizational Policy and Innovation Among Suppliers to the Food Processing Sector," *The Academy of Management Journal*, 1983, 26 (1), pp. 27-44.

Fiss P. C., "Building Better Causal Theories: A Fuzzy Set Approach to Typologies in Organization Research," *Academy of Management Journal*, 2011, 54 (2), pp. 393-420.

Fitzgerald S., Jimenez D., Findling S., Yorifuji Y., Kumar M., Wu L., Carosella G., Ng S., Parker R., Carter P., "IDC FutureScape: Worldwide Digital Transformation 2021 Predictions," *IDC*, *October*, 2020.

Frank A. G., Mendes G. H. S., Ayala N. F., Ghezzi A., "Servitization and Industry 4.0 Convergence in the Digital Transformation of Product Firms: A Business Model Innovation Perspective," *Technological Forecasting and Social Change*, 2019, 141, pp. 341-351.

Fraser J., Ansari S., "Pluralist Perspectives and Diverse Respon ses: Exploring Multiplexed Framing in Incumbent R5esponses to Digital Disruption," *Long Range Planning*, 2021, 54 (5), p. 102016.

Gawer A., Cusumano M. A., *Platform Leadership: How Intel, Microsoft, and Cisco Drive Industry Innovation* (First Edition), Harvard Business Review Press, 2002.

Geels F. W. "From Sectoral Systems of Innovation to Socio-technical Systems: Insights About Dynamics and Change from Sociology and Institutional Theory," *Research policy*, 2004, 33 (6-7), pp. 897-920.

Gregory V., "Understanding Digital Transformation," *The Journal of Straetegic Information Systems*, 2019, 1 (3), pp. 118-144.

Grönroos C., Voima P., "Critical Service Logic: Making Sense of Value Creation and Co-creation," *Journal of the Academy of Marketing Science*, 2013, 41 (2), pp. 133-150.

Hadlock C. J., Pierce J. R., "New Evidence on Measuring Financial Constraints: Moving Beyond the KZ Index," *The Review of Fiancial Studies*, 2010, 23 (5), pp. 1909-1940.

Hajli M., Sims J. M., Ibragimov V., "InformationTechnology (IT) Productivity Paradox in the 21st Century," *International Journal of Productivity and PerformanceManagement*, 2015, 64 (4), pp. 319-331.

Hambrick D. C., Finkelstein S., "Managerial Discretion: A Bridge Between Polar Views of Organizational Outcomes," *Research in organizational behavior*, 1987, 9 (4), pp. 369-406.

Hambrick D. C., Mason P. A., "Upper Echelons: The Organization as a Reflection of Its Top Managers," *The Academy of Management Review*, 1984, 9 (2), p. 193.

Hambrick D. C., "Upper Echelons Theory: An Update," *Academy of Management Review*, 2007, 32 (2), pp. 334-343.

Hodapp D., Hanelt A., "Interoperability in the Era of Digital Innovation: An Information Systems Research Agenda," *Journal of Information Technology*, 2022, 37 (4), pp. 407-427.

Hopkins J. L., "An Investigation Into Emerging Industry 4.0 Technologies as Drivers of Supply Chain Innovation in Australia," *Computers in Industry*, 2021, 125, p. 103323.

Huber G. P., "Organizational Learning: The Contributing Processes and the Literatures," *Organization Science*, 1991.

Iansiti M., Lakhani K. R., *Competing in the Age of AI: Strategy and Leadership When Algorithms and Networks Run the World*, Harvard Business Press, 2020.

Iansiti M., Levien R., "Strategy as Ecology," *Harvard Business Review*, 2004, 82 (3), pp. 68-78, 126.

Jacobides M. G., Cennamo C., Gawer A., "Towards a Theory of Ecosystems," *Strategic Management Journal*, 2018, 39 (8), pp. 2255-2276.

Kashmiri S., Nicol C. D., Arora S., "Me, Myself and I: Influence of CEO Narcissism on Firems' Innovation Strategy and the Likelihood of Product harm Crises," *Journal of the Academy of Marketing Science*, 2017, 45 (5), pp. 633-656.

Kohli R., Melville N. P., "Digital Innovation: A Review and Synthesis," *Information Systems Journal*, 2019, 29 (1), pp. 200-223.

Lerner J., Wulf J., "Innovation and Incentives: Evidence from Corporate R&D," (Working Paper No. 11944), National Bureau of Economic Research, 2006.

Levine D. I., Appelbaum E., Bailey T., Berg P., Kalleberg A. L., "Manufacturing Advantage: Why High-Performance Work Systems Pay

Off," *Industrial and Labor Relations Review*, 2001, 55 (1), p. 175.

Li D., Fast-Berglund Å., Paulin D., "Current and Future Industry 4.0 Capabilities for Information and Knowledge Sharing," *The International Journal of Advanced Manufacturing Technology*, 2019, 105 (9), pp. 3951-3963.

Li L., Gao P., Mao J. Y., "Research on IT in China: A Call for Greater Contextualization," *Journal of Information Technology*, 2014, 29 (3), pp. 208-222.

Li L., Su F., Zhang W., Mao J. Y., "Digital Transformation by SME Entrepreneurs: A Capability Perspective," *Information Systems Journal*, 2018, 28 (6), pp. 1129-1257.

Liu D. Y., Chen S. W., Chou T. C., "Resource Fit in Digital Transformation," *Management decision*, 2011, 49 (10), pp. 1728-1742.

Lokuge S., Sedera D., Grover V., "Organizational Readiness for Digital Innovation: Development and Empirical Calibration of a Construct," *Information & Management*, 2019, 56 (3), pp. 445-461.

Lusch R. F., Vargo S. L., O'brien M., "Competing Through Service: Insights from Service-dominant Logic," *Journal of Retailing*, 2007, 83 (1), pp. 5-18.

March J. G., "Exploration and Exploitation in Organizational Learning," *Organization Science*, 1991, 2 (1), pp. 71-87.

Marquez-Illescas G., Zebadee A. A., Zhou L., "Hear Me Write: Does CEO Narcissism Affect Disclosure?" *Journal of Business Ethics*, 2019, 159 (2), pp. 401-417.

Mikalef P., Pateli A., "Information Technology-En-abled Dynamic Capabilities and Their Indirect Effect On Competitive Performance: Findings from PLS-SEM and fsQCA," *Journal of Business Research*,

2017, 70 (1), pp. 1-16.

Mitchell M. S., Cropanzano R. S., Quisenberry D. M., "Social Exchange Theory, Exchange Resources, and Interpersonal Relationships: A Modest Resolution of Theoretical Difficulties, Törnblom K., Kazemi A. ed., *Handbook of Social Resource Theory*, Springer New York, 2012, pp. 99-118

Mlachila M., Tapsoba R., Tapsoba S. J. A., "A Quality of Growth Index for Developing Countries: A Proposal," *Social Indicators Research*, 2017, 134 (2), pp. 675-710.

Moore J. F., *The Death of Competition: Leadership and Strategy in the Age of Business Ecosystems* (Reprint edition), Harper Paper Backs, 1997.

Moore J. F., "Predators and Prey: A New Ecology of Competition," *Harvard Business Review*, 1993, 71 (3), pp. 75-86.

Nasiri M., Saunila M., Ukko J., "Digital Orientation, Digital maturity, and Digital Intensity: Determinants of Financial Success in Digital Transformation Settings," *International Journal of Operations & Production Management*, 2022, 42 (13), pp. 274-298.

Ning J., Jiang X., Luo J., "Relationship Between Enterprise Digitalization and Green Innovation: A Mediated Moderation Model," *Journal of Innovation & Knowledge*, 2023, 8 (1), p. 100326.

Nora S., Minc A., "Computerizing Society," *Society*, 1980, 17 (2), pp. 25-30.

Olsen K. J., Dworkis K. K., Young S. M., "CEO Naicissism and Accounting: A Picture of Profits," *Journal of Management Accounting Research*, 2014, 26 (2), pp. 243-267.

Patel P. C., Cooper D., "The Harder They Fall, The Faster they

Rise: Approach and Avoidance Focus in Narcissistic CEOs," *Strategic Management Journal*, 2014, 35 (10), pp. 1528-1540.

Payne A. F., Storbacka K., Frow P., "Managing the Co-creation of Value," *Journal of the Academy of Marketing Science*, 2008, 36 (1), pp. 83-96.

Peng M. W., Luo Y., "Managerial Ties And Firm Performance in a Transition Economy: The Nature of a Micrr-macro Link," *Academy of Management Journal*, 2000, 43 (3), pp. 486-501.

Penrose E. T., *The Theory of the Growth of the Firm*, Oxford University Press, 2009.

Per Krusell Lee E. Ohanian José-Víctor Ríos-Rull, Giovanni L. Violante., "Capital-skill Complementarity and Inequality: A Macroeconomic Analysis," *Econometrica*, 2000, 68 (5), pp. 1029-1053.

Peteraf M. A., "The Cornerstones of Competitive Advantage: A Resource-based View," *Strategic Management Journal*, 1993, 14 (3), pp. 179-191.

Petrenko O. V., Aime F., Ridge J., Hill A., "Corporate Social Responsibility or CEO Narcissism? CSR Motivations and Organizational Performance," *Strategic Management Journal*, 2016, 37 (2), pp. 262-279.

Popli M., Ahsan F. M., Mukherjee D., "Upper Echelons and Firm Internationalization: A Critical Review and Future Directions," *Journal of Business Research*, 2022, 152, pp. 505-521.

Porter M. E., Heppelmann J. E., "How Smart, Connected Products are Transforming Companies," *Harvard Business Review*, 2015, 93 (10), pp. 96-114.

Prahalad C. K., *The Future of Competition: Co-creating Unique*

Value with Customers, Harvard Business Press, 2004.

Ramaswamy V., Ozcan K., *The Co-creation Paradigm*, Stanford University Press, 2014.

Ramaswamy V., Ozcan K., "Offerings as Digitalized Interactive Platforms: A Conceptual Framework and Implications," *Journal of Marketing*, 2018, 82 (4), pp. 19-31.

Ramírez S., Gallego J., Tamayo M., "Human Capital, Innovation and Productivity in Colombian Enterprises: A Structural Approach Using Instrumental Variables," *Economics of Innovation and New Technology*, 2020, 29 (6), pp. 625-642.

Ranjan K. R., Read S., "Value Co-creation: Concept and Measurement," *Journal of the Academy of Marketing Science*, 2016, 44 (3), pp. 290-315.

Raskin R. N., Hall C. S., "A Narcissistic Personality Inventory," *Psychological Reports*, 1979, 45 (2), pp. 590-590.

Raskin R. N., Terry H. A., "A principal-components Analysis of the Narcissistic Personality Inventory and Further Evidence of Its Construct Validity," *Journal of Personality and Social Psychology*, 1988, 54 (5), pp. 890-902.

Rialti R., Zollo L., Ferraris A., Alon I., "Big Data Analytics Capabilities and Performance: Evidence From a Moderated Multi-mediation Model," *Technological Forecasting and Social Change*, 2019, 149, p. 119781.

Sabrina T., Howell, "Financing Innovation: Evidence from R&D Grants," *American Economic Review*, 2017, 107 (4), pp. 1136-1164.

Sanchez-Riofrio A. M., Lupton N. C., Rodríguez-Vásquez J. G., "Does Market Digitalization Always Benefit Firms? The Latin American

Case," *Management Decision*, 2022, 60 (7), pp. 1905–1921.

Senyo P. K., Liu K., Effah J., "Digital Business Ecosystem: Literature Review and a Framework for Future Research," *International journal of information management*, 2019, 47, pp. 52–64.

Sheremata W. A., "Centrifugal and Centripetal Forces in Radical New Product Development under Time Pressure," *The Academy of Management Review*, 2000, 25 (2), pp. 389–408.

Sirmon D. G., Hitt M. A., Ireland R. D., Gilbert B. A., "Resource Orchestration to Create Competitive Advantage: Breadth, Depth, and Life Cycle Effects," *Journal of Management*, 2011, 37 (5), pp. 1390–1412.

Strumsky D., Lobo J., "Identifying the Sources of Technological Novelty in the Process of Invention," *Research Policy*, 2015, 44 (8), pp. 1445–1461.

Teece D. J., Pisano G., Shuen A., "Dynamic Capabilities and Strategic Management," *Strategic Management Journal*, 1997, 18 (7), pp. 509–533.

Teece D. J., "Explicating Dynamic Capabilities: The Nature and Microfoundations of (Sustainable) Enterprise Performance," *Strategic Management Journal*, 2007, 28 (13), pp. 1319–1350.

Teubner R. A., Stockhinger J., "Literature Review: Understanding Information Systems Strategy in the Digital Age," *The Journal of Strategic Information Systems*, 2020, 29 (4), p. 101642.

Trist E. L., Bamforth K. W., "Some Social and Psychological Consequences of the Longwall Method of Coal-Getting: An Examination of the Psychological Situation and Defences of a Work Group in Relation to the Social Structure and Technological Content of the Work System," *Human*

Relations, 1951, 4 (1), pp. 3–38.

Tsai F. S., Hsieh L. H. Y., Fang S. C., Lin J. L., "The Co-evolution of Business Incubation and National Innovation Systems in Taiwan," *Technological Forecasting and Social Change*, 2009, 76 (5), pp. 629–643.

Vargo S. L., Lusch R. F., "Service-dominant Logic: Continuing the Evolution," *Journal of the Academy of Marketing Science*, 2008, 36 (1), pp. 1–10.

Venkatesh V., Davis F. D., "A Theoretical Extension of the Technology Acceptance Model: Four Longitudinal Field Studies," *Management Science*, 2000, 46 (2), pp. 186–204.

Venkatesh V., Morris M. G., Davis G. B., Davis F. D., "User Acceptance of Information Technology: Toward a Unified View," *MIS Quarterly*, 2003, pp. 425–478.

Venkatraman V., *The Digital Matrix: New Rules for Business Transformation Through Technology*, Life Tree Media, 2017.

Vial G., "Understanding Digital Transformation: A Review and a Research Agenda, *The Journal of Strategic Information Systems*, 2019, 28 (2), pp. 118–144.

Warner K. S. R., Wäger M., "Building Dynamic Capabilities for Digital Transformation: An Ongoing Process of Strategic Renewal," *Long Range Planning*, 2019, 52 (3), pp. 326–349.

Wernerfelt B., "A Resource-based View of the Firm," *Strategic Management Journal*, 1984, 5 (2), pp. 171–180.

Wessel L. K., Baiyere A., Ologeanu Taddei R., Cha J., Jensen T. B., "Unpacking the Difference between Digital Transformation and IT-enabled Organizational Transformation," *Journal of the Association for*

Information Systems, 2021, 22 (1), pp. 102–129.

Williamson O. E., *Markets and Hierarchies: Analysis and Antitrust Implications, A Study in the Economics of Internal Organization*, The Free Press, 1975.

Williamson O. E., *The Economic Institutions of Capitalism*, The Free Press, 1998.

Williamson O. E., *The Mechanisms of Governance*, Oxford University Press, 1999.

Xie Z., Wu R., Wang S., "How Technological Progress Affects the Carbon Emission Efficiency? Evidence from National Panel Quantile Regression," *Journal of Cleaner Production*, 2021, 307, p. 127133.

Xu L., Zhou Y., Chen L., "Digital Transformation and Breakthrough Innovation in Chinese Manufacturing Firms: Based on Ability–Motivation–Opportunity (AMO) Framework of Human Capital," *Sage Open*, 2024, 14 (3), p. 2158.

Yoo Y., Boland R. J., Lyytinen K., Majchrzak A., "Organizing for Innovation in the Digitized World," 2012, *Organization Science*, 2012, 23 (5), pp. 1398–1408.

Yoo Y., Henfridsson O., Lyytinen K., "The New Organizing Logic of Digital Innovation: An Agenda for Information Systems Research," *Information Systems Research*, 2010, 21 (4), pp. 724–735.

Zhang M., Li B., Yin S., "Configurational Paths to Regional Innovation Performance: The interplay of Innovation Elements Based on A Fuzzy-set Qualitative Comparative Analysis approach," *Technology Analysis & Strategic Management*, 2020, 32 (12), pp. 1422–1435.

Zollo M., Winter S. G., "Deliberate Learning and the Evolution of Dynamic Capabilities," *Organization Science*, 2002, 13 (3), pp. 339–351.

后　记

本书得到河北省社会科学基金项目“创新生态视域下河北省制造企业双化协同的转型机制与实现路径研究”（HB24GL015）的资助。

在数字化浪潮与可持续发展需求的双重驱动下，制造业企业正面临着前所未有的机遇与挑战。本书的撰写，既是深入探索数字技术在组织与管理领域广泛应用的学术实践，也是思考我国制造业企业转型升级、实现高质量发展的学习过程。我深刻体会到，数字化转型绝不仅仅是“技术升级”的代名词，更是一场涉及商业模式、组织管理、文化重塑与生态协同的全方位变革。制造业企业要实现从量的积累到质的飞跃，就必须使数字化转型与绿色发展、持续经营理念融合。

本书的顺利完成，受益于广大学者的学术观点和管理智慧，在此，致以最崇高的敬意。在项目申报、研究实施与书稿撰写过程中，得到了河北经贸大学工商管理学院李桂荣教授、石晓飞教授、杨在军教授等的指导，特表感谢。河北经贸大学工商管理学院的周嘉怡、周云昇、窦博文、杨宏博、鲍艳冬、宋立涛、王琳珂、陈智怡和崔卓伦等硕士研究生参与了数据的收集与整理、初稿的校对与修正等工作，在此一并表示感谢。

本书对数字化转型赋能制造业企业高质量发展进行了系统研究，但我深知，面对不断变革的技术迭代、复杂多变的外部环境以及企业自身异质性特征，任何研究都不可避免地存在局限与不足，对于潜在纰漏，真诚期待学者与实践者的批评之争。

最后，再次诚挚感谢每一位在本书编撰过程中给予帮助与支持的同仁、友人与读者。衷心希望能够借由此书为中国制造业数字化绿色化双化协同提供有益的借鉴与参考。

2025 年 2 月 2 日

图书在版编目(CIP)数据

数字化转型赋能制造业企业高质量发展：理论机制与实证检验 / 许龙著. --北京：社会科学文献出版社，2025.7. --ISBN 978-7-5228-5420-5

Ⅰ. F426.4

中国国家版本馆 CIP 数据核字第 20259NR473 号

数字化转型赋能制造业企业高质量发展：理论机制与实证检验

著　　者 / 许　龙

出 版 人 / 冀祥德
责任编辑 / 吴　敏
责任印制 / 岳　阳

出　　版 / 社会科学文献出版社
　　　　　地址：北京市北三环中路甲 29 号院华龙大厦　邮编：100029
　　　　　网址：www.ssap.com.cn
发　　行 / 社会科学文献出版社（010）59367028
印　　装 / 三河市龙林印务有限公司

规　　格 / 开 本：787mm × 1092mm　1/16
　　　　　印 张：21.25　字 数：288 千字
版　　次 / 2025 年 7 月第 1 版　2025 年 7 月第 1 次印刷
书　　号 / ISBN 978-7-5228-5420-5
定　　价 / 89.00 元

读者服务电话：4008918866